Systemkopf Deutschland Plus

Michael Hüther / Randolf Rodenstock /
Burkhard Schwenker / Jürgen R. Thumann (Hrsg.)

Systemkopf Deutschland Plus

Die Zukunft der Wertschöpfung am Standort Deutschland

DEUTSCHER
INSTITUTS-VERLAG

Bibliografische Information der Deutschen Nationalbibliothek.
Die Deutsche Nationalbibliothek verzeichnet diese Publikation in der Deutschen Nationalbibliografie. Detaillierte bibliografische Daten sind im Internet über http://dnb.d-nb.de abrufbar.

ISBN 978-3-602-14806-6

Gustav-Heinemann-Ufer 84–88, 50968 Köln
Postfach 51 06 70, 50942 Köln
Telefon 0221 4981-452
Fax 0221 4981-445
div@iwkoeln.de
www.divkoeln.de

Druck: Bercker Graphischer Betrieb GmbH & Co. KG, Kevelaer

Inhalt

Vorwort

Auch im Jahr 2008 wird die deutsche Wirtschaft ihren konjunkturellen Aufschwung fortsetzen. Zum dritten Mal in Folge kann sie ein Wachstum mit einer Zwei vor dem Komma erreichen – eine Dynamik, die das Land lange Zeit vermisst hat. Allerdings verliert der Aufschwung an Fahrt. Die Wachstumsrisiken haben zugenommen, das Geschäftsklima hat sich eingetrübt, das Verbrauchervertrauen ist gesunken. Während sich die meisten Unternehmen gut auf den internationalen Märkten positioniert, ihre Strukturen konsolidiert und sich überdies auch für schwächere Zeiten vorbereitet haben, ist der Standort Deutschland im Zuge des Aufschwungs nicht allzu weit vorangekommen. Das Wachstum des Produktionspotenzials hat sich nur auf bescheidene 1,6 Prozent erhöht. Somit besteht die Gefahr, dass die Strukturprobleme, welche die deutsche Standortdebatte vor einigen Jahren geprägt haben, schon bald wieder in unverminderter Schärfe auf der Agenda stehen.

Hier setzt die Studie „Systemkopf Deutschland Plus" an. Sie soll der wirtschaftspolitischen Diskussion über die Zukunft des Standorts Deutschland neue Impulse geben und gleichzeitig Lösungsansätze für Politik und Unternehmen im internationalen Standortwettbewerb aufzeigen. Die vom Bundesverband der Deutschen Industrie, dem Institut der deutschen Wirtschaft Köln, von Roland Berger Strategy Consultants und der Vereinigung der Bayerischen Wirtschaft gemeinsam konzipierte und erarbeitete Studie geht den Fragen nach, welche Glieder der Wertschöpfungskette am Standort Deutschland in besonderer Weise Zukunftspotenzial haben und was dies für unternehmerische Strategien und für die staatliche Wirtschaftspolitik bedeutet.

Ausgangspunkt der Studie ist die These, dass deutsche Unternehmen auf den Weltmärkten vor allem durch eine Strategie der Differenzierung Wettbewerbsvorsprünge erlangen können. Unternehmerische Wertschöpfungsketten werden daraufhin untersucht, welche Funktionen über die höchsten Differenzierungs- und damit Wertschöpfungspotenziale verfügen. Solche betrieblichen Schlüsselfunktionen werden in der Studie Systemkopf-Funktionen genannt. Systemkopf-Unternehmen sind innovativer, erfolgreicher und wettbewerbsfähiger als viele andere Unternehmen. Sie organisieren mit Effizienz und Erfolg globale Wertschöpfungsnetzwerke und sind dennoch zu einem guten Teil standorttreu. Dadurch können sie auch für andere Unternehmen zum Leitbild werden.

Auch für die Politik ist das Phänomen der Systemkopf-Unternehmen eine Herausforderung und Gestaltungsaufgabe. Zwar sind viele Systemköpfe aus eigener Kraft erfolgreich und fühlen sich durch ihre globale Orientierung von der nationalen Politik teilweise unabhängig. Dennoch muss die Standortpolitik unbedingt dafür Sorge tragen, dass für die betreffenden Unternehmen die Rahmenbedingungen günstig sind und sie sich entfalten können. Nur so können breitere Teile der Wirtschaft vom Erfolg der Systemköpfe profitieren, was durch das „Plus" im Titel der Studie ausgedrückt werden soll. Es muss gelingen, die Strahlkraft wettbewerbsfähiger Unternehmen so zu mobilisieren, dass auch nachgelagerte Stufen der Wertschöpfungskette erfasst werden. Dies ist eine wichtige Voraussetzung für Beschäftigungsmöglichkeiten in der Breite entlang der verschiedenen Qualifikationsstrukturen in der Bevölkerung.

Inwieweit es gelingt, hochproduktive Teile der weltwirtschaftlichen Wertschöpfungskette am Standort Deutschland zu halten, ist für die Zukunft unseres Landes von herausragender Bedeutung. Die Diskussion darüber gehört ganz oben auf die unternehmerische und auch die wirtschaftspolitische Agenda. Mit der vorliegenden Studie wollen wir hierzu Denk- und Handlungsanstöße geben.

Michael Hüther / Randolf Rodenstock / Burkhard Schwenker / Jürgen R. Thumann

Berlin, im Juni 2008

Kapitel 1

Christian Krys / Andreas Spannbauer

Systemkopf Deutschland Plus – Erfolgreich durch die Globalisierung

Inhalt

1 Die Erweiterung des strategischen Spektrums

Die Verflechtung der Weltwirtschaft verschärft zwar den Wettbewerbsdruck, sie erweitert aber gleichzeitig auch den strategischen Spielraum der Unternehmen. Neben der internen und externen Leistungserstellung im Inland stehen den Unternehmen zunehmend Offshoring-Möglichkeiten offen (Abbildung 1.1) – sei es über ausländische Tochtergesellschaften (Captive Offshoring), sei es über externe Lieferanten und Kooperationspartner im Ausland (Offshore Outsourcing). Jedes Unternehmen, das direkt oder indirekt in einer globalen Branche tätig ist, muss daher die Frage beantworten, mit welchen Wertschöpfungsstrategien es unter den Bedingungen einer globalisierten Ökonomie konkurrieren will.

Die Erweiterung des strategischen Spektrums von Unternehmen Abbildung 1.1

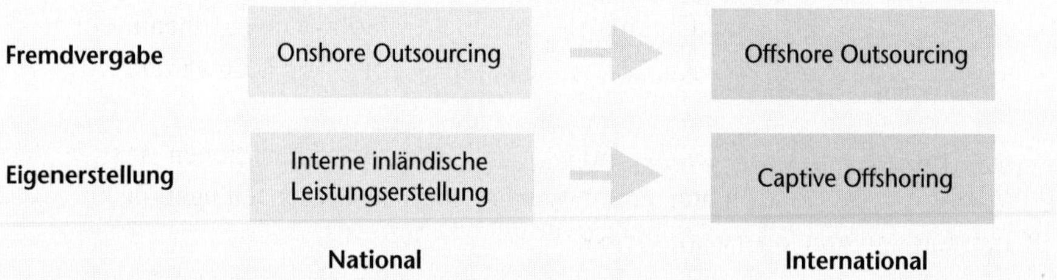

Eigene Darstellung

Viele – vor allem große – deutsche Unternehmen haben in den vergangenen Jahren auf diese veränderte Ausgangslage mit einer konsequenten Globalisierung ihrer Aktivitäten reagiert. Dabei kaufen sie nicht nur zahlreiche Vorleistungen aus dem Ausland ein, sondern haben dort auch in großem Maße Beschäftigung aufgebaut: Mittlerweile arbeiten rund 4,6 Millionen Erwerbstätige für deutsche Firmen im Ausland. Das entspricht 12 Prozent der gesamten Inlandsbeschäftigung. Die stetig steigenden Direktinvestitionen deutscher Unternehmen in anderen Ländern zeigen zudem an, dass die Globalisierung längst noch nicht auf ihrem Höhepunkt angekommen ist. Andererseits häufen sich Meldungen, dass Unternehmen im Ausland schlechte Erfahrungen – zum Beispiel mit der Qualität der dort erzeugten Produkte – gemacht haben und Verlagerungen wieder rückgängig machen. Einzelfälle oder Tendenz?

Die Frage, welchen Mustern die Wertschöpfungsstrategien deutscher Unternehmen folgen und wie erfolgreich sie sind, ist noch weitgehend unbeantwortet. Die Erweiterung des strategischen Spektrums öffnet einen Optionenraum: Doch wie füllen ihn die Unternehmen konkret aus? Welche Teile der Wertschöpfungskette bleiben weiterhin am Standort Deutschland und welche Prozesse werden ins Ausland verlagert – und mit welchen Konsequenzen? Zur Beantwortung dieser Fragen will die vorliegende Studie einen wichtigen Beitrag leisten.

Die zentrale Hypothese dieser Studie, die in Abschnitt 3 detailliert erläutert wird, lautet: Die deutsche Wirtschaft konzentriert sich im Inland auf wesentliche dispositive und hochwertige – und damit humankapital- und wertschöpfungsintensive – Unternehmensfunktionen. Diese Unternehmensfunktionen nennen wir Systemkopf-Funktionen, was auf den Charakter als steuernde Funktionen beziehungsweise Kernfunktionen hinweisen soll. Der Titel der Studie – „Systemkopf Deutschland Plus" – soll darauf aufmerksam machen, dass die deutsche Volkswirtschaft einen Status als Systemkopf innerhalb der Weltwirtschaft einnehmen kann, wenn die Unternehmen dem Spezialisierungsmuster der Konzentration auf Systemkopf-Funktionen im Inland folgen.

Das „Plus" steht dabei für mögliche positive Rückwirkungen auf den Standort Deutschland insgesamt. Mit anderen Worten: Wenn Unternehmen aufgrund der Konzentration auf Systemkopf-Funktionen erfolgreich sind, können die hochwertigen Funktionen eventuell auch weniger qualifizierte Tätigkeiten an den Standort binden.

Zentrale Fragen der Studie sind:

- Wie werden Wertschöpfungsketten im In- und Ausland organisiert?
- Welche Unternehmensfunktionen wandern ins Ausland, welche bleiben im Inland?
- Findet in Deutschland eine Konzentration auf dispositive und hochwertige Tätigkeiten statt?
- Sind Unternehmen mit der Konzentration auf Systemkopf-Funktionen erfolgreich?
- Welche Motive stehen hinter den unternehmerischen Entscheidungen bezüglich der Konfiguration von Wertschöpfungsketten?
- Welche Rolle spielen Netzwerke bei der Wertschöpfungskonfiguration?
- Welche Beschäftigungschancen ergeben sich aus der Entwicklung im Inland?
- Hat die Entwicklung positive Rückwirkungen auf den Standort Deutschland insgesamt?
- Welche Handlungsempfehlungen für Unternehmen und Politik lassen sich aus den Ergebnissen ableiten?

Antworten auf diese Fragen sind nur vor dem Hintergrund des umfassenden Strukturwandels der deutschen Wirtschaft möglich, mit dem wir uns im nächsten Abschnitt beschäftigen.

2 Strukturwandel und Strategieoptionen

2.1 Drei Trends im Strukturwandel

In einer Marktwirtschaft ist Strukturwandel stets das Ergebnis dezentraler Marktprozesse. Zukünftige Entwicklungen lassen sich daher nie mit Sicherheit prognostizieren. Es sind aber drei große Trends erkennbar, die den Strukturwandel entwickelter Volkswirtschaften wie der deutschen maßgeblich beeinflussen: Globalisierung, Tertiarisierung und das sogenannte Upskilling.

Globalisierung

Der Megatrend Globalisierung steht in dieser Studie im Mittelpunkt. Mit Globalisierung ist die Intensivierung der internationalen volkswirtschaftlichen Verflechtungen gemeint, die unter anderem auf den technischen Fortschritt in den Bereichen Information und Kommunikation, Transport und Verkehr sowie auf die Liberalisierung der Kapitalmärkte und des Welthandels zurückzuführen ist. Wie eingangs erwähnt erweitert die Globalisierung das strategische Spektrum von Unternehmen: Die zunehmende internationale Arbeitsteilung, die hinter diesem Schlagwort steht, impliziert ein umfassendes Offshoring. Unternehmen konzentrieren sich zunehmend auf ihre Kernqualifikationen und lagern andere Tätigkeiten ins Ausland aus.

Der primäre volkswirtschaftliche Grund für die steigende Bedeutung solcher „Make-or-buy"-Entscheidungen ist die stete Wirkung des Wettbewerbs zwischen den Unternehmen und den Unternehmensstandorten. Neue Anbieter aus den Schwellenländern haben technologisch aufgeholt und bieten heute arbeitsintensive Industrieprodukte kostengünstiger an. In der Regel sind die Produkte standardisiert und weisen ein geringes Differenzierungspotenzial auf. Handelt es sich hierbei um Endprodukte, setzt das die entsprechenden Branchen in den etablierten Industrieländern unter existenziellen Druck, da sie einem Preiswettbewerb kaum standhalten können. Handelt es sich um Zulieferteile, die in höherwertige, differenzierte Produkte eingebaut werden, führt es zur „Buy"-Entscheidung der Hersteller in den etablierten Industrieländern: Wertschöpfungsketten werden zerlegt und arbeitsintensive Bereiche im Rahmen des Offshoring in Niedriglohnländer verlegt.

Offshoring wird häufig als latente Gefahr für die deutsche Industrieproduktion gesehen. Zugleich stärkt dieser Prozess aber die Wettbewerbsfähigkeit der verbleibenden Produktion in Deutschland. Verbunden mit dem Offshoring findet nämlich eine Konzentration der Industrieländer auf Hightech- und Highskill-Bereiche statt, deren Produkte mit steigendem Wohlstand zunehmend in Schwellen- und Entwicklungsländern Abnehmer finden.

Neben der „Make-or-buy"-Entscheidung sind zwei weitere Facetten der Globalisierung wichtig. Erstens internationalisieren Unternehmen nicht nur aus Kostengründen: Absatzmotive spielen ebenfalls eine große Rolle, denn zahlreiche ausländische Märkte wachsen schneller als der deutsche Markt und versprechen dementsprechend große Absatzchancen. Darüber hinaus folgen Unternehmen häufig ihren großen Kunden ins Ausland oder die dortige Politik verlangt den Einsatz von einheimischer Wertschöpfung („Local Content"), sodass Unternehmen neben dem Vertrieb oftmals auch Produktion im Ausland aufbauen.

Zweitens wird immer wieder übersehen, dass die entwickelten Industrienationen bei der Globalisierung untereinander nach wie vor die wichtigsten Partner sind. Der intraregionale Handel zwischen den Industrieländern hat nämlich in der Globalisierungsphase viel stärker zugenommen als der Handel zwischen den Industrie-, Schwellen- und Entwicklungsländern. Außerdem investieren Unternehmen aus Industrieländern immer noch bei Weitem mehr in anderen etablierten Industrieländern als in asiatischen Schwellenländern oder in Osteuropa. Die deutschen Direktinvestitionen in den Euro-Ländern und in den USA betrugen im Jahr 2005 nahezu das 24-Fache beziehungsweise mehr als das 14-Fache der deutschen Direktinvestitionen in China. Allein in den Niederlanden investierten deutsche Unternehmen 2005 fast siebenmal so viel wie in China und fast sechsmal so viel wie in Ungarn, dem größten deutschen Investitionsziel in Osteuropa.

Tertiarisierung

Unter dem Megatrend Tertiarisierung versteht man die zunehmende Bedeutung von Dienstleistungen, die neben einer generell stärkeren Kundenorientierung vor allem auf die wachsende Nachfrage nach Komplettlösungen und maßgeschneiderten Produkten zurückgeht. Derartige Lösungen und Produkte beinhalten heutzutage – ganz besonders im Investitionsgüterbereich, aber auch bei Konsumgütern – immer häufiger einen umfangreichen Dienstleistungsanteil. Diese Dienstleistungen stehen nicht allein und ersetzen keine Industrieprodukte. Sie werden vielmehr um Industrieprodukte herum entwickelt, wirken also komplementär statt substituierend. Da sie einen gewichtigen Teil der neuen Dienstleistungen ausmachen, führt die Tertiarisierung – entgegen einem weit verbreiteten Verständnis – nicht zwangsläufig zur Bedeutungsabnahme des industriellen Sektors, sondern kann im Gegenteil zu seiner Stärkung beitragen.

Upskilling

Der Begriff „Upskilling“ bezeichnet den Megatrend in Richtung einer Wissensintensivierung. Bei der Erstellung von industriellen Produkten und Dienstleistungen nimmt die Bedeutung des eingesetzten Humankapitals aufgrund der zunehmenden Komplexität von Bedürfnissen und Gütern zu. Die Industrieländer haben in den vergangenen Jahrzehnten im Hochtechnologiebereich deutlich zugelegt, nicht zuletzt deswegen, weil sie in den Schwellen- und Entwicklungsländern neue Märkte für ihre wertschöpfungs- und technologieintensiven Güter erschlossen haben. Durch diesen Bedeutungsgewinn des Hochtechnologiebereichs werden in den Industrieländern mehr hochqualifizierte Fachkräfte benötigt, während Kräfte mit einfacher Qualifikation es zunehmend schwerer haben, eine Beschäftigung zu finden.

2.2 Strategieoptionen für die deutsche Wirtschaft

Vor dem Hintergrund der beschriebenen Megatrends Globalisierung, Tertiarisierung und Upskilling ergeben sich bezüglich der Konfiguration von Wertschöpfungsketten verschiedene Strategieoptionen für die deutsche Wirtschaft: Wertschöpfungsketten können zerlegt, bestimmte Teile der Wertschöpfungskette können vertieft und es können auch Wertschöpfungsketten neu geschaffen werden. Dabei sind auch Kombinationen der Strategieoptionen denkbar (Abbildung 1.2).

Im Folgenden stellen wir die Strategieoptionen und die dahinter stehenden theoretischen Ansätze vor.

Zerlegung von Wertschöpfungsketten

Aus Sicht der klassischen Außenhandelstheorie mit ihrer Annahme der vollkommenen Konkurrenz (Ricardo-Theorem) bestimmen Faktorausstattung und komparative Vorteile die Gestalt der internationalen Arbeitsteilung. Die Regionen spezialisieren sich auf jene Bereiche, in denen sie komparative Vorteile aufweisen. Hochlohnländer konzentrieren sich daher auf kapitalintensive Tätigkeiten, während in Niedriglohnländern arbeitsintensive Tätigkeiten ausgeführt werden. Die Produkte sind weitgehend standardisiert, sodass der Preis der entscheidende Wettbewerbsparameter ist. Global agierende Unter-

Trends und Strategieoptionen Abbildung 1.2

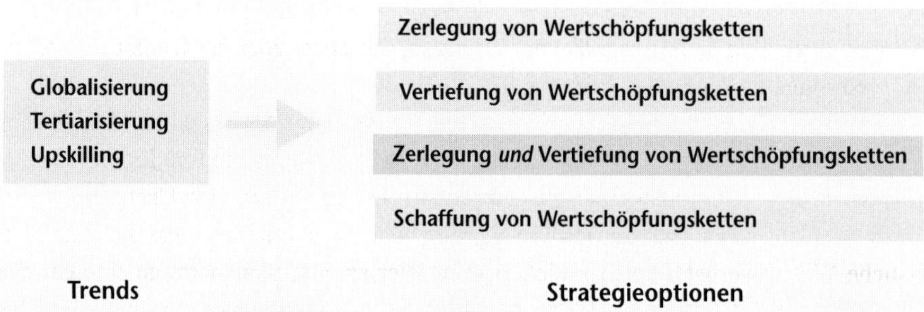

Eigene Darstellung

nehmen suchen für jede Unternehmenstätigkeit weltweit denjenigen Standort, der das günstigste Verhältnis von Produktivität und Kosten bietet. Entsprechend werden Wertschöpfungsketten zerlegt.

Vertiefung von Wertschöpfungsketten

Die zweite Dimension der Globalisierung, der intensive Wettbewerb zwischen den Industrieländern in der Herstellung vergleichbar wertschöpfungs- und technologieintensiver Güter, kann mit der klassischen Außenhandelstheorie nicht erklärt werden. Dieser intraindustrielle Wettbewerb lässt sich vielmehr durch unvollkommene Konkurrenz im Sinne von Chamberlin beschreiben, bei der es vor allem um die Fähigkeit geht, zu differenzieren und dynamische Vorteile zu erzielen. Um eine solche Differenzierungsstrategie zu verfolgen, müssen Unternehmen besonders auf humankapitalintensive und wertschöpfungsintensive Funktionen setzen. Begünstigt wird sie daher durch eine große Innovationskraft, gut ausgebildete Mitarbeiter mit hoher Kreativität und die Fähigkeit zur Beherrschung hochkomplexer Systeme.

Der Ansatz der unvollkommenen Konkurrenz basiert auf der Grundidee, dass Produktdifferenzierungen den Unternehmen Preissetzungsspielräume eröffnen. Mithilfe dieses Ansatzes lässt sich erklären, warum beispielsweise deutsche Autohersteller in Frankreich und französische Autohersteller in Deutschland Autos verkaufen. Die klassische Außenhandelstheorie allein kann dafür keine Erklärung liefern. Nach dem Ansatz der unvollkommenen Konkurrenz reichen kleinere Modifikationen am Produkt oder Marktauftritt aus, um sich von der Konkurrenz abzusetzen. Um diese Modifikationen hervorzubringen und zu verkaufen, muss die Wertschöpfungskette vertieft werden, hochwertige Unternehmensfunktionen wie zum Beispiel Forschung und Entwicklung (FuE), Design, Marketing und Vertrieb müssen also ausgebaut werden. Die Modifikationen schaffen temporär neue Märkte, in denen die differenzierenden Unternehmen die jeweils einzigen Anbieter sind.

Bei unvollkommener Konkurrenz bestimmen die Fähigkeit zur Differenzierung, die Flexibilität, die Reagibilität und die Schnelligkeit über die Wettbewerbsfähigkeit. Oft reichen marginale Vorsprünge wie das Angebot integrierter Dienstleistungen oder ein besonderes Produktimage aus, um sich von der Konkurrenz abzusetzen, allerdings können die

Konkurrenten diese Vorsprünge schnell aufholen. Deshalb wird auch von dynamischen Vorteilen beziehungsweise temporärer Divergenz gesprochen, die sich die Unternehmen ständig erarbeiten müssen. Sogenanntes permanentes Engineering und die Hervorbringung von Innovationen sind dabei die Voraussetzungen, um gegenüber der Konkurrenz temporäre Vorsprünge erzielen zu können.

Dazu ist es nicht zwingend erforderlich, mit Innovationen als Erster am Markt zu sein. Auch sogenannte Second Mover, die vorhandene Innovationen so in ihre Produkte einbinden, dass sie für die Kunden einen Zusatznutzen schaffen, haben gute Chancen im Wettbewerb. Neben der Fähigkeit zur Differenzierung durch Innovationen muss gleichzeitig die preisliche Wettbewerbsfähigkeit gesichert sein. Hier spielen Skalenerträge eine entscheidende Rolle. Dafür benötigen Unternehmen die Schlüsselkompetenz, maßgeschneiderte Produkte mit den Methoden der Massenproduktion herstellen zu können. Dies erfordert von ihnen insbesondere die Fähigkeit zur Beherrschung von Komplexität.

Zerlegung und Vertiefung von Wertschöpfungsketten

Zwei Theorien legen nahe, dass die oben angeführten Strategieoptionen der Zerlegung und Vertiefung von Wertschöpfungsketten von Unternehmen gleichzeitig durchgeführt werden.

Zum einen wird eine derartige Kombination durch die Theorie multinationaler Unternehmen unterstützt. Multinationale Unternehmen sparen Handelskosten durch horizontale Direktinvestitionen, sie fertigen also vor Ort im Ausland für diesen Markt. In der inländischen Zentrale erzeugen sie sogenannte Headquarter-Dienstleistungen wie Unternehmenssteuerung, FuE und Marketing, die von allen Tochtergesellschaften im In- und Ausland ohne zusätzliche Kosten genutzt werden können. Es geht hier also um unternehmensspezifische öffentliche Güter, mit denen Skaleneffekte generiert werden können, wenn neue Standorte eröffnet werden. In der Theorie führt die Erstellung der Headquarter-Dienstleistungen zu mehr Beschäftigung im Inland in hochqualifizierten Tätigkeiten. Die Vertiefung dieser Tätigkeiten im Inland unterstützt gleichzeitig den Aufbau von Unternehmensteilen mit geringer qualifizierten Tätigkeiten – wie der Produktion – im Ausland und gegebenenfalls die Verlagerung dorthin.

Zum anderen legt der Ansatz der Konzentration auf Kernkompetenzen nahe, dass Unternehmen gewisse Wertschöpfungsstufen vertiefen und gleichzeitig andere Wertschöpfungsstufen auslagern. Durch die Vertiefung ihrer hochwertigen und dispositiven Unternehmensfunktionen konzentrieren sich Unternehmen aus funktionaler Sicht auf ihre Kernkompetenzen und verschaffen sich durch diese Spezialisierung entsprechend der Theorie der unvollkommenen Konkurrenz Differenzierungsvorteile gegenüber ihren Wettbewerbern. Gleichzeitig erlangen sie Kostenvorteile durch die Auslagerung von Wertschöpfungsstufen, die nicht zu ihren Kernkompetenzen gehören.

Schaffung von Wertschöpfungsketten

Basisinnovationen sind grundlegende Neuerungen, die im Sinne des Ökonomen Joseph Schumpeter eine „schöpferische Zerstörung“ auslösen: Alte Technologien verlieren an Bedeutung, neue Technologiebereiche werden erschlossen. Beispiele für Basisinnovationen sind die Petrochemie oder die Informationstechnik. Basisinnovationen können neue Wertschöpfungsketten schaffen, wie zum Beispiel das Internet die Voraussetzung für E-Business schuf.

Aus Sicht der Neuen Wachstumstheorie haben Basisinnovationen eine höhere Bedeutung als permanente Verbesserungen: Durch Basisinnovationen, etwa im Bereich der Spitzentechnologie, können dauerhafte Divergenzen begründet werden. Das durch Basisinnovationen erzielte Know-how diffundiert nicht oder nur begrenzt. Da unterstellt wird, dass die Grenzproduktivitäten nicht abnehmen, können die Regionen mit Basisinnovationen unbegrenzt Produktionsfaktoren akkumulieren. Daher kommt es auch nicht zu einer Konvergenz, sondern zu inselartigem Wachstum, wobei nur der First Mover die Hightech-Märkte beherrscht und Monopolrenten realisieren kann.

Basisinnovationen haben jedoch einen entscheidenden Nachteil: Sie sind kaum planbar. Die Chancen lassen sich aber durch einen dauerhaften Vorsprung im Innovationswettbewerb steigern. Dieser kann nur in Regionen mit außerordentlich guten Rahmenbedingungen – Spitzenuniversitäten, ausgewählte Fachkräfte in großer Zahl, sehr viel Forschung und Entwicklung in Unternehmen – erzielt werden. Ein Beispiel für eine solche Region ist das Silicon Valley in Kalifornien.

3 Die Hypothese vom „Systemkopf Deutschland Plus"

Vor dem Hintergrund der genannten Strategieoptionen wird angenommen, dass viele deutsche Unternehmen auf den Strukturwandel mit einer Kombination aus Vertiefung und Zerlegung ihrer Wertschöpfungskette reagieren. Das heißt: Die Unternehmen sind weniger als First Mover mit Basisinnovationen international erfolgreich, sondern durch permanentes Engineering mit kontinuierlich verbesserten Produkten und durch die Beherrschung von Komplexität. Sie konzentrieren sich in der Zentrale auf Kernfunktionen und stellen die dort erzeugten Headquarter-Dienstleistungen ihren Tochtergesellschaften zur Verfügung. Gleichzeitig nutzen die Unternehmen die Chancen der Globalisierung zur weltweiten Zerlegung von Wertschöpfungsketten und zur Optimierung von Prozessen. Die Hypothese unserer Studie lautet dementsprechend:

Deutsche Unternehmen verfolgen zunehmend Systemkopf-Strategien: Sie konzentrieren sich auf hochwertige und dispositive Tätigkeiten, organisieren Wertschöpfungsketten und lagern Einfacharbeit aus.

Unter dispositiven und hochwertigen Tätigkeiten werden insbesondere Forschung, Entwicklung, Konstruktion, Unternehmensplanung, Strategie, Personalwirtschaft, Finanzen, Marketing, Design und hochwertige Produktion verstanden – je nach Branche und Unternehmensstrategie können die Schwerpunkte unterschiedlich sein.

Die Definition der hochwertigen und dispositiven Tätigkeiten gründet auf dem ressourcenbasierten Ansatz von Barney: Wettbewerbsvorteile von Unternehmen resultieren aus dem Besitz einzigartiger Ressourcen, die Konkurrenten – zumindest kurzfristig – weder imitieren noch substituieren können. Gerade nicht-materielle Ressourcen wie Fähigkeiten und Kompetenzen, eingespielte Prozesse und Wissen sind bedeutsam, weil sie weniger schnell kopiert werden können als materielle. Das Vorhandensein einzigartiger Ressourcen ist charakteristisch für die oben aufgeführten Unternehmensfunktionen.

Auf makroökonomischer Ebene bedeutet ein solches Szenario eine extreme Spezialisierung, bei der sich Hochlohnländer nur auf humankapitalintensive Teile der Wertschöpfungskette einschließlich der hochproduktiven Dienstleistungen konzentrieren und vor allem einfache Produktionstätigkeiten aufgeben.

In der vorliegenden Studie spiegeln wir die Systemkopf-Hypothese an der unternehmerischen Praxis. Wir untersuchen empirisch, wie deutsche Unternehmen ihre Wertschöpfungsketten international konfigurieren, wie weit sie sich im Inland schon als Systemköpfe aufgestellt haben, ob sie damit erfolgreich sind und ob das Systemkopf-Konzept generell ein Modell für deutsche Unternehmen sein kann, sich im Wettbewerb durchzusetzen.

Ergänzend dazu soll untersucht werden, inwieweit Unternehmen mit Lieferanten, Kunden und anderen Unternehmen zusammenarbeiten, um Produkte und Dienstleistungen zu verbessern (Netzwerke oder Cluster). Ein solches bewusstes Kooperationsnetzwerk ermöglicht den Unternehmen ebenfalls die Spezialisierung und Differenzierung im internationalen Wettbewerb und kann eine Alternative oder Ergänzung zur rein marktförmigen Organisation von Wertschöpfungsketten sein.

Wir schauen uns auch an, ob der Systemkopf-Ansatz weiter reichende positive Abstrahleffekte besitzt: Profitiert auch weniger qualifizierte Arbeit am Standort von erfolgreichen Systemkopf-Unternehmen? Entwickelt sich der „Systemkopf Deutschland“ also zum „Systemkopf Deutschland Plus“?

Alle Untersuchungen und die daraus ermittelten Ergebnisse dienen schließlich dem Ziel, Handlungsempfehlungen für Unternehmen und Politik zu geben: Wie müssen Unternehmen konkret ihre Wertschöpfungskette konfigurieren, um in Zukunft erfolgreich zu sein, und was müssen sie dabei beachten? Und wie kann die Politik die Unternehmen dabei bestmöglich unterstützen?

4 Der Aufbau der Untersuchung

Kapitel 2 untersucht die makroökonomischen Ausprägungen des gesamtwirtschaftlichen Strukturwandels in Deutschland. Im Zentrum steht die Entwicklung der deutschen Wirtschaft vor dem Hintergrund der eingangs genannten Megatrends. Zum einen wird dabei die nationale Dimension des Strukturwandels untersucht. Die Stichpunkte dazu lauten Nachfragewandel, Outsourcing und Preiswettbewerb. Zum anderen wird die internationale Dimension des Strukturwandels analysiert – hier wird vor allem die Entwicklung der deutschen Außenhandels- und Investitionsbeziehungen gründlich untersucht.

Kapitel 3 analysiert daran anknüpfend Erfolgsstrategien deutscher Unternehmen vor dem Hintergrund von Strukturwandel und Globalisierung. Im ersten Schritt wird auf der Basis einer umfassenden Unternehmensbefragung die Internationalisierung der deutschen Wirtschaft detaillierter untersucht. Im zweiten Schritt widmet sich das Kapitel der Frage, welche Typen von Unternehmen in den vergangenen Jahren überdurchschnittlich erfolgreich waren. Im dritten Schritt werden dann die Erfolgsfaktoren der zuvor identifizierten Systemkopf-Unternehmen genauer herausgearbeitet.

Kapitel 4 stellt Motive, Ausprägungen und Ergebnisse der Globalisierungsaktivitäten einzelner Unternehmen dar. Dabei wird gefragt, wie diese Unternehmen ihre Wertschöpfungskette organisiert und wo sie ihre Systemkopf-Funktionen lokalisiert haben und warum. Darüber hinaus thematisiert das Kapitel die politischen Anliegen der Unternehmen, die diese als vordringlich ansehen, um den Standort Deutschland zu stärken. Dazu werden die Ergebnisse umfangreicher Fallstudien-Interviews mit führenden großen und mittelständischen Unternehmen vorgestellt und analysiert.

Kapitel 5 liefert, abgeleitet aus den Untersuchungsergebnissen, Handlungsempfehlungen für Unternehmen und Politik. Daraus können die Akteure aus beiden Bereichen konkreten Nutzen für ihre Aktivitäten ziehen.

Kapitel 2

Michael Grömling / Jürgen Matthes / Christof Römer

Die makroökonomische Perspektive – Strukturwandel und Globalisierung

Inhalt

1 Gewinner und Verlierer im Strukturwandel

Die Industrie hat in Deutschland heute einen geringeren Anteil an der Gesamtwirtschaft als noch vor einigen Dekaden. Dieser Strukturwandel verlief nicht gleichmäßig, sondern schubweise (Abbildung 2.1). Die siebziger Jahre waren von starken Veränderungen im deutschen Branchengefüge geprägt. Darauf folgte in den späten achtziger Jahren eine Phase der Stabilität. Von 1970 bis 1991 sank der Anteil des Verarbeitenden Gewerbes an der gesamtwirtschaftlichen Wertschöpfung von fast 37 Prozent auf knapp 29 Prozent. Dennoch lag die nominale Wertschöpfung dieses Sektors im Jahr 1991 mit rund 370 Milliarden Euro um ein Vielfaches über dem Niveau des Jahres 1970 mit rund 120 Milliarden Euro. Es handelt sich somit um eine relative De-Industrialisierung. Beim Blick auf die absoluten Größen ergab sich für die Industrie kein Bedeutungsverlust. Ein starker Einbruch erfolgte dagegen in den frühen neunziger Jahren. In Deutschland sank der Industrieanteil in den Jahren von 1991 bis 1996 um über 5 Prozentpunkte auf nur noch gut 22 Prozent – und dabei ging die industrielle Wertschöpfung auch in absoluten Werten zurück. Seit dem Jahr 1996 hat die nominale Wertschöpfung des Verarbeitenden Gewerbes aber um 35 Prozent auf 409 Milliarden Euro im Jahr 2007 zugelegt. Der Industrieanteil ist über eine längere Zeit konstant geblieben und dann auf 23,4 Prozent im Jahr 2007 angestiegen.

Bedeutung der Industrie in Deutschland Abbildung 2.1

Anteil des Verarbeitenden Gewerbes an der gesamtwirtschaftlichen Bruttowertschöpfung, in Prozent

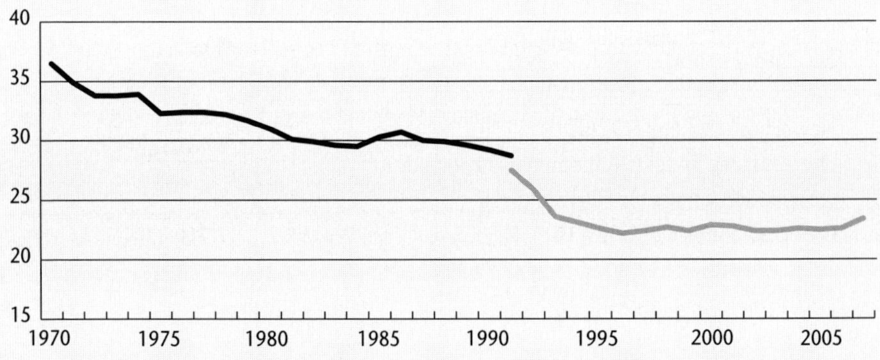

Quellen: Statistisches Bundesamt, 2008; eigene Berechnungen

Ein Blick auf die Wachstumsraten der realen Bruttowertschöpfung in den Industrie- und Dienstleistungssektoren in Deutschland zeigt, dass die Dienstleistungsbereiche von 1970 bis 2007 im Jahresdurchschnitt um rund 3 Prozent gewachsen sind, während die Industrie nur mit Raten von rund 2 Prozent zulegte. Seit Mitte der neunziger Jahre hat sich allerdings die Wachstumsdifferenz zwischen Dienstleistungen und Industrie nahezu aufgelöst. Die Zuwachsraten im Dienstleistungsbereich waren zudem im Zeitraum 2000 bis 2007 mit gut 1,3 Prozent pro Jahr viel niedriger als früher – noch in der ersten Hälfte der neunziger Jahre expandierte die reale Wertschöpfung der Dienstleistungsbereiche in

Deutschland im Jahresdurchschnitt um 3 Prozent und von 1970 bis 1991 gar um 3,9 Prozent. Offensichtlich entspringt der jüngste Bedeutungsgewinn der Industrie einer Kombination aus einer kräftigen und anhaltenden Erholung des Verarbeitenden Gewerbes und einem schwächeren Tempo in den Dienstleistungsbereichen.

Sonderfall Deutschland

Ein Comeback der Industrie wie in Deutschland ist in dieser Form in anderen Ländern nicht zu beobachten (Abbildung 2.2). In den USA, in Frankreich, Italien und vor allem im Vereinigten Königreich waren die Industrieanteile (einschließlich Energie) an der gesamtwirtschaftlichen Wertschöpfung rückläufig. In Frankreich hatte die Industrie zuletzt nur noch ein Gewicht von 14,4 Prozent, in den USA und im Vereinigten Königreich waren es zwischen 17 und 18 Prozent. Eine anhand der Anteile gemessene und seit nunmehr einer Dekade andauernde Stabilitätsphase der Industrie mit leicht ansteigendem Trend in den letzten Jahren kann somit als ein deutscher Sonderfall interpretiert werden.

Industrieanteile im internationalen Vergleich Abbildung 2.2

Anteil des Verarbeitenden Gewerbes (einschließlich Energie) an der gesamtwirtschaftlichen Wertschöpfung, in Prozent

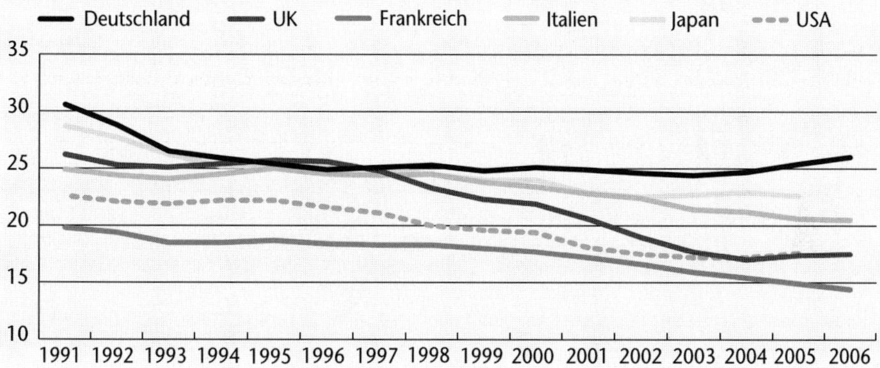

UK: Vereinigtes Königreich.
Quellen: OECD, 2007; eigene Berechnungen

Beschäftigungsverluste in der Industrie

Die Auswirkungen des Strukturwandels zeigen sich auch in der Beschäftigungsentwicklung. Im Gegensatz zur Wertschöpfung – einem Outputindikator – kann die Beschäftigung als ein Inputindikator des gesamtwirtschaftlichen Produktionsprozesses verstanden werden. In der deutschen Industrie sind große Beschäftigungsverluste hauptsächlich in den konjunkturellen Krisenjahren aufgetreten (Abbildung 2.3). Vorwiegend tragen die Industrieunternehmen und ihre Beschäftigten die Anpassungslasten, die mit konjunkturellen Schocks einhergehen. Das muss freilich auch vor dem Hintergrund der institutionellen Rahmenbedingungen gesehen werden, die über die Mengenanpassungen am Arbeitsmarkt bestimmen. Sind die Faktorpreise wenig flexibel, erfolgen die Anpassungen in der Regel stärker über die Faktormengen. Die Beschäftigungsverluste aus den Krisenjahren wurden darüber hinaus in den Folgejahren in der Industrie kaum mehr kompensiert. Vielmehr hat sich im Gefolge der Konjunkturkrisen ein Sockel an Arbeitslosigkeit gebildet, der sich in den Erholungsjahren kaum zurückgebildet und zur Verstetigung der Arbeitslosigkeit beigetragen hat. Allenfalls in Westdeutschland konnte der Beschäftigungsabbau aus den Jahren von 1981 bis 1984 durch einen Zuwachs in der Zeit von 1985 bis einschließlich 1991 nahezu ausgeglichen werden. Dennoch: Im Jahr 2007 arbeiteten mit rund 7,5 Millionen Erwerbstätigen mehr als drei Millionen weniger im Verarbeitenden Gewerbe in Deutschland als im Jahr 1991. Mit diesem langfristigen Abbau an Industriebeschäftigten verliert die Industrie natürlich auch beim gesamtwirtschaftlichen Arbeitseinsatz an Bedeutung. Zwar entstanden im Gefolge der von der Industrie angetriebenen Erholung im Jahr 2007 in Deutschland 100.000 neue Arbeitsplätze im Verarbeitenden Gewerbe. An den Verhältnissen hat das aber nicht viel geändert: Im Jahr 2007 arbeiteten in Deutschland über 72 Prozent der Erwerbstätigen in Dienstleistungsbranchen und nur noch 19 Prozent im Verarbeitenden Gewerbe.

Beschäftigungsentwicklung in der deutschen Industrie Abbildung 2.3

Veränderung der Anzahl der Erwerbstätigen im Verarbeitenden Gewerbe gegenüber dem Vorjahr, in 1.000 Personen

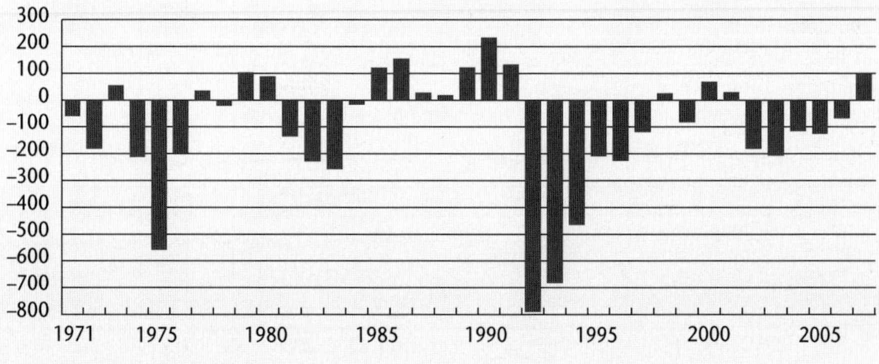

Quellen: Statistisches Bundesamt, 2008; eigene Berechnungen

Gewinner und Verlierer im Strukturwandel

Der Strukturwandel zeigt sich nicht nur in der Veränderung der relativen Bedeutung des Industriesektors. Das Phänomen kommt auch dann deutlich zum Ausdruck, wenn die einzelnen Industriebranchen und deren relatives Gewicht näher betrachtet werden: Es findet nämlich auch ein intra-industrieller Strukturwandel statt. Innerhalb der Industrie zeigt sich zwar kein einheitliches Bild. Etwas mehr Klarheit schafft ein Blick auf die Veränderung der realen Bruttowertschöpfung (BWS) der Wirtschaftsbereiche und ihrer Anteile an der nominalen Bruttowertschöpfung. Zu den großen Verlierern innerhalb des deutschen Verarbeitenden Gewerbes zählten zwischen 1995 und 2005 zum Beispiel die Bereiche Kokerei/Mineralölverarbeitung/Brutstoffe und Textilien/Bekleidung/Leder, deren reale Bruttowertschöpfung in dieser Zeit um 49 beziehungsweise 25 Prozent geschrumpft ist.

Zum Teil sind auch die Anteile dieser Bereiche an der nominalen gesamtwirtschaftlichen Wertschöpfung zurückgegangen. Dagegen gab es im Bereich Sonstige Fahrzeuge – dazu gehören zum Beispiel Schienen- und Wasserfahrzeuge – Wertschöpfungszuwächse von mehr als 160 Prozent. Auch die Elektroindustrie hat insgesamt gesehen deutlich zugelegt. Dieser erste Befund ist aber in zweifacher Hinsicht zu relativieren:

1. Die Veränderungen der realen Bruttowertschöpfung sind zum Ersten nicht unbedingt entscheidend dafür, ob ein Wirtschaftszweig innerhalb des gesamtwirtschaftlichen Branchengefüges an Bedeutung gewinnt oder verliert. So hat etwa die Elektroindustrie einen weit überdurchschnittlichen Zuwachs bei der realen Bruttowertschöpfung zu verzeichnen. Wegen rückläufiger (Relativ-)Preise hat sich allerdings ihr Anteil an der nominalen Wertschöpfung, in der sich Preis- und Mengeneffekte nieder-

Wertschöpfung: Gewinner und Verlierer in der deutschen Industrie Abbildung 2.4

Veränderung des Anteils der Industriezweige an der nominalen Bruttowertschöpfung des Verarbeitenden Gewerbes, in Prozent

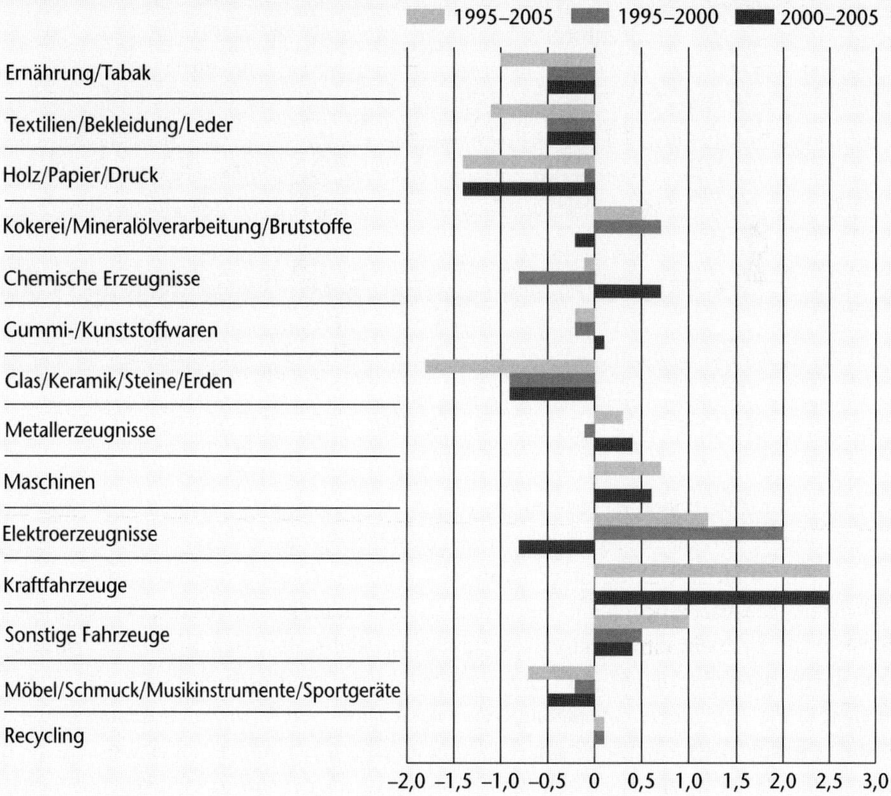

Quelle: Statistisches Bundesamt, 2008

schlagen, kaum verändert. Das Gegenbeispiel stellt der Bereich Kokerei/Mineralölverarbeitung/Brutstoffe dar, wo ein deutlicher Rückgang der realen Wertschöpfung mit einem konstanten Anteil an der nominalen Wertschöpfung einherging. Die positiven Preiseffekte haben offensichtlich die negativen Mengeneffekte übertroffen. Dieser Sachverhalt wird in Abschnitt 3.3 ausführlich analysiert.

2. Zum Zweiten verdeckt die Gesamtbetrachtung für den Zeitraum 1995 bis 2005, dass sich innerhalb dieser Periode deutlich abweichende Entwicklungsverläufe zeigen – sowohl in der Industrie insgesamt als auch in den einzelnen Industriebranchen. Das gilt bei einer Analyse sowohl anhand der realen Wertschöpfung als auch anhand der Veränderungen des Anteils an der nominalen Wertschöpfung. In einer Reihe von Industriebranchen zeigen sich Unterschiede zwischen der zweiten Hälfte der neunziger Jahre und der Zeit seit dem Jahr 2000. Und selbst innerhalb der Periode 2000 bis 2005 (und auch bis 2007, soweit vereinzelt Daten vorhanden sind) scheint es deutlich unterschiedliche Entwicklungsmuster zu geben.

Die Dichotomie zwischen den Zeiträumen 1995 bis 2000 und 2000 bis 2005 wird auch erkennbar, wenn die Anteilsverschiebungen innerhalb der Industrie betrachtet werden. Abbildung 2.4 zeigt, wie sich die Anteile von 14 Bereichen des Verarbeitenden Gewerbes an der gesamten nominalen Bruttowertschöpfung des Verarbeitenden Gewerbes von 1995 bis 2000, von 2000 bis 2005 sowie über den Gesamtzeitraum von 1995 bis 2005 entwickelt haben. So hat zum Beispiel der Bereich Kraftfahrzeuge im Gesamtzeitraum 1995 bis 2005 seinen Intra-Industrieanteil um 2,5 Prozentpunkte erhöht. Dies resultiert allerdings ausschließlich aus der Entwicklung im Zeitraum 2000 bis 2005. Andere Bereiche – zum Beispiel Textilien/Bekleidung/Leder – haben Anteile am Industriegefüge abgegeben.

2 Wieso kommt es zur De-Industrialisierung in Deutschland?

Bisher hat in Deutschland vorwiegend die Industrie die Anpassungslasten getragen, die sich aufgrund konjunktureller Schwankungen eingestellt haben. In Krisenzeiten brach die Industrieproduktion ein. Es kam zu einem Abbau von industrieller Beschäftigung. Die De-Industrialisierung ist jedoch ein langfristig zu beobachtender Prozess und kann daher nicht allein mit konjunkturellen Anpassungslasten erklärt werden. Es gibt eine Reihe von Argumenten, die für eine auf längere Sicht angelegte Gewichtsverlagerung weg von der Industrie und hin zu den Dienstleistungen sprechen (Grömling et al., 1998; Wartenberg/Haß, 2005). Dabei sind die Gründe für die De-Industrialisierung und den spiegelbildlichen Bedeutungszuwachs des Dienstleistungssektors sowohl auf der Angebots- als auch auf der Nachfrageseite der Wirtschaft zu suchen. Hinzu kommen die Rahmenbedingungen in Politik und Gesellschaft, die sich laufend verändern und die Richtung und Intensität des strukturellen Wandels maßgeblich mitbestimmen. Als Erklärungen für die Anpassungslasten und die dadurch induzierten Gewichtsverschiebungen im gesamtwirtschaftlichen Branchengefüge – wobei es, wie oben gezeigt, innerhalb der Industrie Gewinner und Verlierer im Strukturwandel gibt – können vier Ursachenkomplexe angeführt werden (Abbildung 2.5):

Anpassungslasten der deutschen Industrie Abbildung 2.5

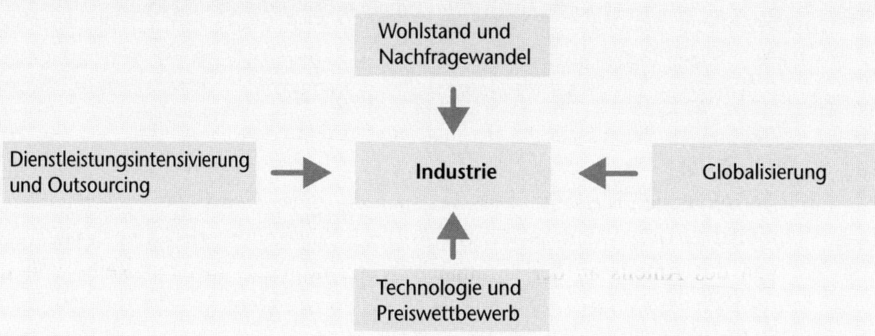

Quelle: Grömling/Lichtblau, 2006, 15

3 Die nationale Dimension des Strukturwandels

3.1 Wandel der Konsumstruktur

Die Produktionsstruktur eines Landes und damit auch die Bedeutung der einzelnen Wirtschaftsbereiche verändern sich in einer Marktwirtschaft, wenn sich die Konsumnachfrage verändert. Frühe Erklärungsversuche für den Strukturwandel setzten daran an, dass die Nachfrage nach Dienstleistungen mit zunehmendem Einkommen überproportional ansteigt (Fourastié, 1949; Clark, 1951). Die steigende Bedeutung der Dienstleistungssektoren ist deshalb auch ein Wohlstandsphänomen. Sind die Grundbedürfnisse der Menschen weitgehend erfüllt, dann kaufen sie zum Beispiel verstärkt hochwertige Dienstleistungen. Die Konsumenten verlangen heute auch beim Kauf von Waren eine Reihe von produktbegleitenden Dienstleistungen. Mit einer steigenden Komplexität unserer Gesellschaft spielen wissensintensive Dienstleistungen auch auf der Konsumebene eine wichtigere Rolle. Gleichwohl sind die Konsumausgaben der privaten Haushalte – auch im internationalen Vergleich – immer noch stark vom Warenkonsum geprägt (Grömling/Lichtblau, 2006, 16). In den meisten großen Industrieländern hat der Warenkonsum ein Gewicht von rund 50 Prozent am gesamten Konsum. Lediglich die USA sind beim Dienstleistungskonsum deutlich weiter vorangeschritten und wiesen zuletzt nur noch einen Warenkonsumanteil von 42 Prozent auf.

Ein markanter Strukturwandel auf der Konsumebene lässt sich für Deutschland im vergleichsweise kurzen Betrachtungszeitraum 1991 bis 2007 belegen (Abbildung 2.6). Der Anteil der Dienstleistungen an den Konsumausgaben der privaten Haushalte ist von rund 42 Prozent auf 51 Prozent kräftig angestiegen, spiegelbildlich ist der Warenanteil auf 49 Prozent gesunken. Abbildung 2.6 zeigt aber auch, dass sich das Tempo beim Wandel der Konsumstruktur deutlich verlangsamt hat. Die großen Veränderungen beim Konsum in Deutschland erfolgten im Zeitraum 1991 bis 1995, als der Anteil des Warenkonsums innerhalb von nur vier Jahren von 58 Prozent auf 53 Prozent rutschte. In den Jahren von 1995 bis 2007 zeigte sich lediglich ein schwacher Rückgang auf unter 50 Prozent. Damit

Wandel der Konsumstruktur in Deutschland

Abbildung 2.6

Anteil von Waren und Dienstleistungen an den privaten Konsumausgaben, in Prozent

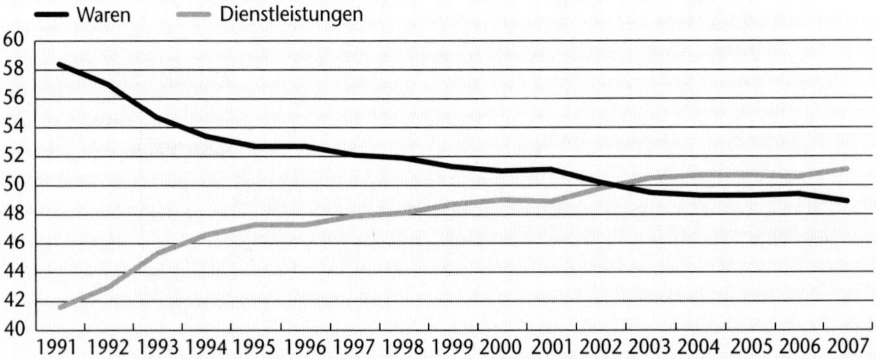

Quellen: Statistisches Bundesamt, 2008; eigene Berechnungen

haben Nachfrageänderungen beim privaten Konsum in Deutschland schon seit Mitte der neunziger Jahre keinen nennenswerten zusätzlichen Anpassungsdruck auf das warenproduzierende Gewerbe insgesamt entfaltet. Dieses Bild muss allerdings relativiert werden, wenn der Blick ausschließlich auf den Anteil der Industriewaren am Konsum der privaten Haushalte gerichtet wird. Dieser war in der folgenden Betrachtungsdekade durchgängig rückläufig – nach 48 Prozent im Jahr 1995 belief er sich 2005 nur noch auf 45 Prozent.

Innerhalb der Industrie konnten sich allerdings die einzelnen Zweige des Verarbeitenden Gewerbes in ihrer Rolle als Lieferant von Gütern, die für den Konsum der privaten Haushalte bestimmt sind, deutlich unterschiedlich positionieren. Die meisten – aber nicht alle – Industriebereiche haben im Zeitraum 1995 bis 2005 Anteile am gesamten Konsum eingebüßt. Diese heterogene intra-industrielle Entwicklung wird auch in Abbildung 2.7 deutlich, in der die Veränderungen der Anteile der einzelnen Industriegütergruppen am gesamten Konsum von Industriewaren dargestellt sind. Demnach konnten innerhalb der deutschen Industrie nur vier der hier betrachteten 13 Industriezweige ihre Position bei der privaten Konsumnachfrage ausbauen. Dazu gehören die Branchen Chemische Erzeugnisse, Kokerei/Mineralölverarbeitung/Brutstoffe, Kraftfahrzeuge und Elektroerzeugnisse. Während die ersten beiden Gruppen in beiden Teilperioden zulegen konnten, zeigt sich für die letztgenannten beiden Gruppen ein gemischtes Bild. Der Gesamtgewinn der Elektroindustrie resultiert aus der guten Entwicklung im Zeitraum 1995 bis 2000, bei den Kraftfahrzeugen fiel die Bilanz dagegen in der Periode von 2000 bis 2005 besser aus.

Eindeutige Verlierer sind hier die Bereiche Textilien/Bekleidung/Leder sowie Möbel/Schmuck/Musikinstrumente/Sportgeräte. Dabei zeigen sich ähnliche Anteilsverluste in beiden Teilperioden. Insgesamt sechs der betrachteten 13 Industriezweige haben beim intra-industriellen Vergleich keine nennenswerten Anteilsveränderungen aufzuweisen. Dabei gibt es im Bereich Ernährungs- und Tabakwaren eine merkliche Spaltung zwischen der zweiten Hälfte der neunziger Jahre (–1,5 Prozentpunkte) und der ersten Hälfte der aktuellen Dekade (+1,4 Prozentpunkte).

Gewinner und Verlierer beim Industriewarenkonsum in Deutschland Abbildung 2.7

Veränderung des Anteils der einzelnen Industriegütergruppen am privaten Konsum von Industriewaren, in Prozentpunkten

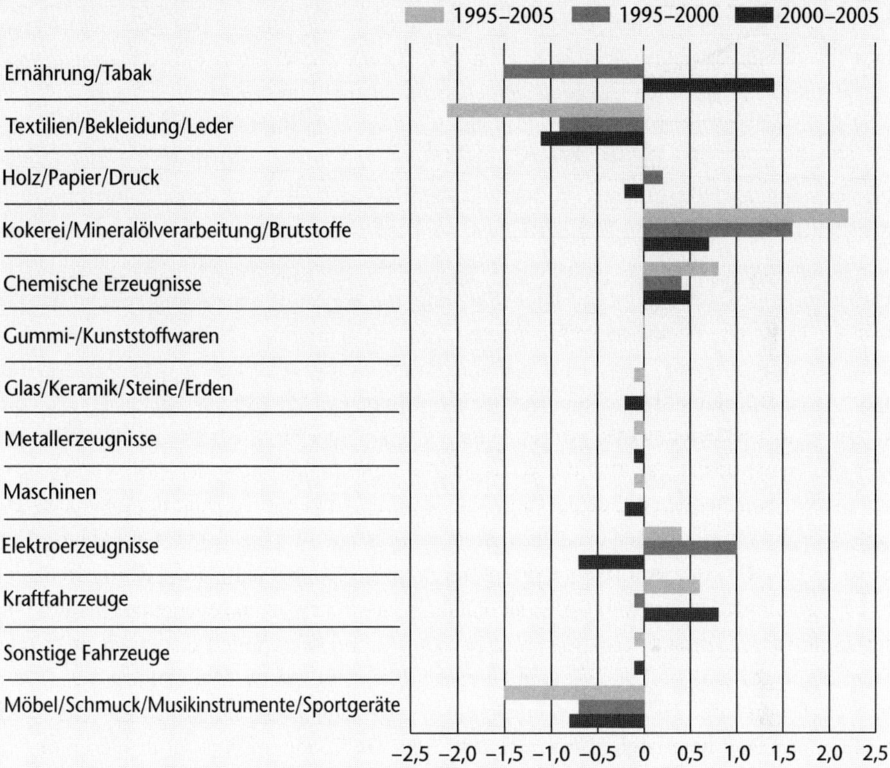

Quellen: Statistisches Bundesamt, 2008; eigene Berechnungen

3.2 Wandel der intersektoralen Arbeitsteilung

Konsum und Exporte werden noch in starkem Ausmaß von Waren dominiert. Die Gründe für den Boom der Dienstleistungen sind damit offensichtlich auch in einer steigenden Tertiarisierung auf der Produktionsebene zu suchen. Dabei können drei Entwicklungen beobachtet werden (Grömling/Lichtblau, 2006, 19 ff.):

1. Produktbegleitende Dienstleistungen fördern die symbiotische Beziehung zwischen Industrie- und Servicesektoren.
2. Der gesamtwirtschaftliche Produktionsprozess wird besonders durch organisatorischen Wandel dienstleistungsintensiver.
3. Die intersektorale Arbeitsteilung begünstigt tendenziell die Dienstleistungsunternehmen.

Ein Teil der Dienstleistungen steckt heute als wichtige Komponente in den Industriewaren (Haß, 1995; Kalmbach et al., 2003). Nachgefragt werden immer mehr Kompaktpakete mit hohem Dienstleistungsanteil rund um Industrieprodukte. Des Weiteren können besonders die Veränderungen der Produktionsweise in den Unternehmen in den letzten Jahrzehnten und vor allem der organisatorische Wandel einen Teil des Strukturwandels auf der Güterebene hin zu mehr Dienstleistungen erklären. Nicht nur das gesamtwirtschaftliche Produktionsergebnis, sondern auch der gesamtwirtschaftliche Produktionsprozess wurde in den vergangenen Dekaden immer dienstleistungsintensiver. Als empirischer Hinweis für den Wandel auf Produktionsebene kann das Tätigkeitsprofil der Erwerbstätigen betrachtet werden, das sich im Zeitablauf verändert hat. Entscheidend für das Ausmaß des Dienstleistungsgehalts auf der Produktionsebene einer Volkswirtschaft ist letztlich nicht, in welchem Sektor jemand beschäftigt ist, sondern was die Beschäftigten tatsächlich tun (Grömling et al., 1998, 77 ff.). Angaben für das Jahr 2004 zeigen, dass 88 Prozent der Erwerbstätigen in Deutschland mit Dienstleistungen beschäftigt waren. Die anhand der ausgeübten Tätigkeiten gemessene Tertiarisierung ist also erheblich höher als die anhand des Erwerbstätigenanteils (71 Prozent) oder des Wertschöpfungsanteils (70 Prozent) gemessene. Auch bei dieser Betrachtung zeigen sich markante Veränderungen. In Deutschland ist der Anteil der Dienstleistungstätigkeiten im Zeitraum 1995 bis 2004 von 83 auf 88 Prozent gestiegen.

Industrieunternehmen bieten Kompaktgüter aus waren- und produktbegleitenden Diensten an. Das bedeutet aber nicht unbedingt, dass sie die einzelnen Komponenten auch selbst erstellen. Denn parallel zu der angesprochenen Strategie einer Ausweitung des betrieblichen Leistungsangebots ist zu beobachten, dass sich Industrieunternehmen auf der Produktionsebene auf ihr Kerngeschäft konzentriert und bestimmte Leistungen an Spezialunternehmen ausgelagert haben. Diese Entwicklung von der Selbsterstellung einer Ware oder Dienstleistung hin zu einer verstärkten Verwendung von am Markt gekauften Produktbestandteilen wird auch als Outsourcing oder als Konzentration auf das Kerngeschäft bezeichnet. Branchen, die einen zunehmenden Teil ihrer Produktion an Zulieferfirmen auslagern, verlieren dann allerdings an Gewicht im gesamtwirtschaftlichen Branchengefüge, sofern ihre Bedeutung anhand der eigenen Wertschöpfung bestimmt wird.

Für eine empirische Bestandsaufnahme zur intersektoralen Arbeitsteilung können mehrere Quellen herangezogen werden (Grömling, 2007): Das sind zum einen die Daten der Input-Output-Tabellen des Statistischen Bundesamts. Einen weiteren empirischen Befund zur intersektoralen Arbeitsteilung liefert die Kostenstruktur einzelner Branchen. Anhand dieser kann auch erkannt werden, wie sich die Produktion einer Branche aus eigenen Leistungen und Leistungen anderer Branchen zusammensetzt (Hennchen, 2006). Abbildung 2.8 zeigt als weitere Quelle auf Basis von Daten der Volkswirtschaftlichen Gesamtrechnungen (VGR), dass die Vorleistungsquote des Verarbeitenden Gewerbes in Deutschland im Jahr 2007 deutlich höher war als Anfang der siebziger Jahre in Westdeutschland. Im gesamten Verarbeitenden Gewerbe lag der Anteil der branchenfremden Vorleistungen am Produktionswert im Jahr 2007 mit 69 Prozent um 9 Prozentpunkte höher als im Jahr 1970. Gleichwohl verdeckt dieser Zeitpunktvergleich verschiedene Entwicklungsphasen:

Vorleistungsquoten in der deutschen Industrie Abbildung 2.8

Anteil der Vorleistungen am nominalen Produktionswert des Verarbeitenden Gewerbes, in Prozent

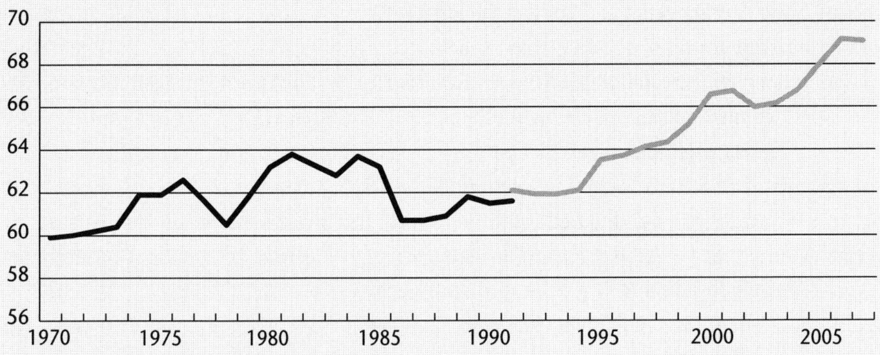

1970 bis 1991 Westdeutschland; ab 1991 Deutschland.
Quellen: Statistisches Bundesamt, 2008; eigene Berechnungen

- Die Vorleistungsquote lag in Westdeutschland im Zeitraum 1970 bis 1991 – wenngleich bei starken Schwankungen – langfristig weitgehend konstant zwischen 60 und 62 Prozent. In den konjunkturell eher schlechten Zeiten Mitte der siebziger und Anfang der achtziger Jahre stieg die industrielle Vorleistungsquote auf fast 64 Prozent stark an. In den konjunkturell besseren Jahren ging die Quote dagegen wieder deutlich zurück.
- Von Mitte bis Ende der neunziger Jahre kam es zu groß angelegten Umstrukturierungen in der deutschen Industrie. Vom Krisenjahr 1993 bis zum nächsten Krisenjahr 2001 stieg die Vorleistungsquote von knapp 62 auf knapp 67 Prozent an. Dieser konjunkturell eher positiv zu bewertende Zeitraum kann als eine Hochphase des industriellen Outsourcings in Deutschland bezeichnet werden.
- Zumindest im Zeitraum 2000 bis 2005 war allerdings insgesamt kein zunehmender Trend zu einer weiteren intersektoralen Arbeitsteilung zu beobachten. In den Daten der VGR und der Kostenstrukturstatistik zeigen sich keine Hinweise auf eine merklich zunehmende Tertiarisierung der Industrieproduktion aufgrund eines stärkeren Outsourcings. Der jüngste Anstieg der Vorleistungsquote ist das Ergebnis steigender Rohstoff- und Energiepreise. Wegen der gestiegenen Vorleistungspreise ist die Vorleistungsquote auf Basis von nominalen Werten gewachsen. Auf Basis preisbereinigter Werte ist sie dagegen seit dem Jahr 2000 konstant.

Möglicherweise waren die Schwankungen der Vorleistungsquote bis Mitte der neunziger Jahre um einen Mittelwert von knapp 62 Prozent nur ein konjunkturelles Phänomen. Der markante und stetige Anstieg bis Ende der neunziger Jahre kann dagegen eher als eine konjunkturell unabhängige und vielmehr strukturelle Veränderung im Sinne einer Reorganisation der Industrieunternehmen interpretiert werden.

Die einzelnen Industriebranchen unterscheiden sich hinsichtlich des Outsourcing-Grads immer noch sehr stark (Grömling, 2007). Die Spanne reichte im Jahr 2005 von hohen Vorleistungsquoten im Bereich Kokerei/Mineralölverarbeitung/Brutstoffe (92 Prozent) und im Bereich Ernährungsgewerbe/Tabakverarbeitung sowie Kraftfahrzeuge (jeweils rund 75 Prozent) bis hin zu Quoten von rund 62 Prozent in den Bereichen Maschinenbau, Elektroerzeugnisse, Glas/Keramik/Steine/Erden, Gummi-/Kunststoffwaren und Holz/Papier/Druck.

In 13 der hier betrachteten 14 Industriebranchen ist die Vorleistungsquote auf Basis von VGR-Daten im gesamten Betrachtungszeitraum 1995 bis 2005 angestiegen. Die Ausnahme ist der Bereich Sonstiger Fahrzeugbau. Auch im Bereich Kokerei/Mineralölverarbeitung/Brutstoffe hat sich die Vorleistungsintensität in dieser Zeit kaum verändert. Die stärksten Anstiege gab es in den Bereichen Kraftfahrzeuge (von 67 auf 76 Prozent), Recycling (von 65 auf 73 Prozent) und Glas/Keramik/Steine/Erden (von 57 auf 62 Prozent).

Allerdings zeigt sich für die Mehrzahl der Industriebranchen beim Blick auf die intersektorale Arbeitsteilung eine differenzierte Entwicklung in den Teilperioden 1995 bis 2000

Vorleistungsintensivierung in der deutschen Industrie Abbildung 2.9

Veränderung der Vorleistungsquoten, in Prozent

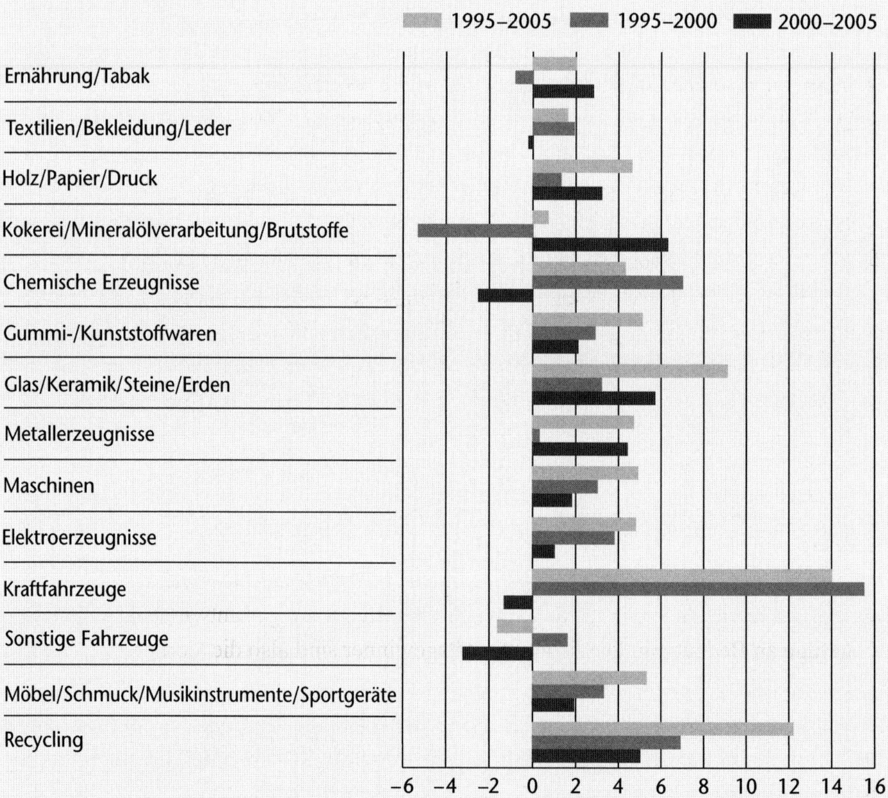

Quellen: Statistisches Bundesamt, 2008; eigene Berechnungen

und 2000 bis 2005 (Abbildung 2.9). In acht von 14 Industriezweigen sind die Vorleistungsquoten in der zweiten Hälfte der neunziger Jahre einerseits angestiegen – teilweise sogar sehr stark. Das war vor allem bei Kraftfahrzeugen (+10,3 Prozentpunkte oder 15,5 Prozent) und Chemischen Erzeugnissen (+4,3 Prozentpunkte oder 7 Prozent) zu beobachten. Andererseits stiegen die Vorleistungsquoten im Zeitraum 2000 bis 2005 weniger stark oder waren rückläufig. Einige Industriezweige weisen sogar deutliche Rückgänge auf, darunter am stärksten im Kraftfahrzeugbau. Auch in der Chemischen Industrie waren die Vorleistungsquoten rückläufig. In diesen acht Industriezweigen waren die neunziger Jahre von starken Umstrukturierungen hin zu einem höheren Fremdbezug von Produktionsbestandteilen geprägt. In den letzten Jahren dagegen hat dieser Trend dort nachgelassen.

Nicht in dieses Muster passen dagegen die Bereiche Metallerzeugnisse, Glas/Keramik/Steine/Erden, Holz/Papier/Druck und Recycling. Hier hat die Vorleistungsquote in beiden Teilperioden zugelegt. Dies muss aber vor allem vor dem Hintergrund der stark angestiegenen Rohstoffpreise gesehen werden, die sich in nominalen Vorleistungsquoten stark niederschlagen (Grömling, 2005). Im Gegensatz zur Mehrheit der Industriezweige waren in den Bereichen Ernährung/Tabak sowie Kokerei/Mineralölverarbeitung/Brutstoffe im Zeitraum 1995 bis 2000 eine rückläufige und in der Zeit von 2000 bis 2005 eine ansteigende Vorleistungsintensivierung zu beobachten.

3.3 Wandel der Produktivitäts- und Preisdifferenziale

Herkömmlicherweise wird der Bedeutungswandel von Branchen im Zeitablauf anhand ihrer Anteile an der nominalen Bruttowertschöpfung oder an der Erwerbstätigkeit gemessen. Beschäftigungsanteile signalisieren die gesamtwirtschaftliche Bedeutung einer Branche für Arbeitsplätze und Einkommen. Nominale Wertschöpfungsanteile zeigen an, wie viel letztlich unter Berücksichtigung der jeweiligen Preisentwicklung mit der produzierten Gütermenge (= reale Wertschöpfung) erlöst wird. Das Ergebnis und der Erfolg eines Wirtschaftsbereichs im gesamtwirtschaftlichen Branchengefüge ergeben sich aus der Mengen- und der Preisentwicklung. Nominale Wertschöpfungsanteile sind auch dafür relevant, wie viel die einzelnen Sektoren zur gesamtwirtschaftlichen Einkommensentwicklung (Arbeits- und Kapitaleinkommen) beisteuern.

In diesem Zusammenhang verweist ein Erklärungsansatz zum sektoralen Strukturwandel – mit Bezug auf einen Beitrag von Baumol (1967) – auf den sogenannten Produktivitätsbias (Klodt, 1995; Rowthorn/Ramaswamy, 1997; Grömling et al., 1998, 279 ff.; Nordhaus, 2006). Diese These geht einher mit einem zunächst überraschenden Befund: Branchen mit den höchsten Produktivitätszuwächsen verlieren im gesamtwirtschaftlichen Branchengefüge an Bedeutung. Die Produktivitätsgewinner sind also die Verlierer im Strukturwandel.

Die Erklärung liegt darin, dass in kompetitiven Märkten höhere Produktivitätsgewinne zu relativen Preissenkungen führen. Die Produktivitätsgewinner (Sektoren mit überdurchschnittlichem Produktivitätszuwachs) sind zugleich Preisverlierer (Sektoren, deren Preise im Vergleich zum Sektorendurchschnitt fallen). Branchen, deren Preise im Vergleich mit anderen Branchen weniger steigen oder gar rückläufig sind, laufen dann Gefahr, auf Basis von nominalen Werten, in denen sich Preis- und Mengeneffekte niederschlagen, an Gewicht zu verlieren. Der härtere internationale Wettbewerb schlägt sich bei Industriegütern viel stärker in den Preisen nieder als bei den international immer noch deutlich weniger gehandelten Dienstleistungen. Außerdem haben die Aufwertungen der heimischen Währung die deutsche Industrie in den letzten Dekaden immer wieder gezwungen, über niedrigere Preissteigerungen die Wettbewerbsfähigkeit zu erhalten (Grömling/Lichtblau, 2006, 44 ff.). Auch die im internationalen Vergleich über eine längere Zeit höheren Arbeitskostenanstiege wirkten wie eine Produktivitätspeitsche. In der Industrie ist es aufgrund der Produktionsprozesse zudem einfacher, über technischen Fortschritt und Rationalisierungen höhere Produktivitätsgewinne zu erwirtschaften. Im Vergleich zu Industriewaren sind die Preisänderungen bei Dienstleistungen weniger häufig, höher und meistens nach oben gerichtet (ECB, 2006).

Produktivitätsgewinner und -verlierer in der deutschen Industrie Abbildung 2.10

Abweichung vom Produktivitätsfortschritt im Verarbeitenden Gewerbe insgesamt, in Prozent

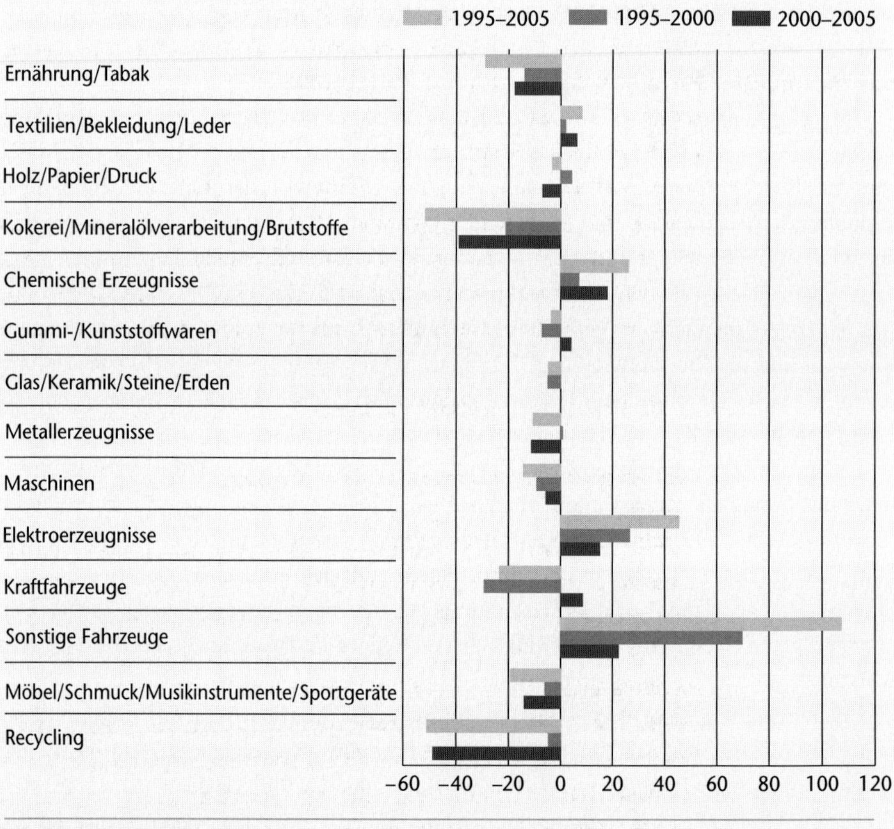

Quellen: Statistisches Bundesamt, 2008; eigene Berechnungen

Sektorale Produktivitätsunterschiede

Die zwischen dem Verarbeitenden Gewerbe und dem Dienstleistungssektor zu beobachtende Produktivitätsdifferenz (Grömling/Lichtblau, 2006) zeigt sich auch innerhalb der Industrie: Deutliche Produktivitätsgewinner im Gesamtzeitraum 1995 bis 2005 waren die Bereiche Sonstige Fahrzeuge, Elektroerzeugnisse, Chemische Erzeugnisse sowie – etwas schwächer – der Bereich Textilien/Bekleidung/Leder. Deutlich rückläufig war im Vergleich zum Industriedurchschnitt die Wirtschaftsleistung je Erwerbstätigen in den Branchen Kokerei/Mineralölverarbeitung/Brutstoffe, Ernährung/Tabak sowie im Bereich Recycling.

Wie in den vorhergehenden Betrachtungen zeigen sich auch beim Blick auf die Produktivitätszuwächse teilweise markante Unterschiede in den Teilperioden 1995 bis 2000 sowie 2000 bis 2005 (Abbildung 2.10). Während einige Bereiche ein durchgängig über-

Preisgewinner und -verlierer in der deutschen Industrie Abbildung 2.11

Abweichung von der Preisentwicklung im Verarbeitenden Gewerbe insgesamt, in Prozent

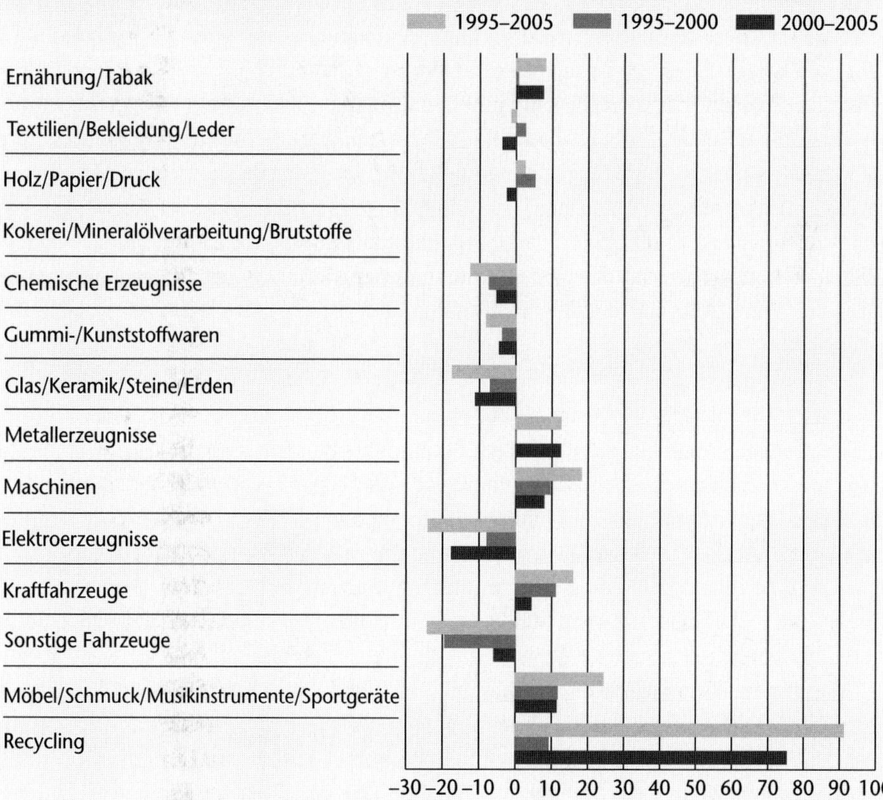

Quellen: Statistisches Bundesamt, 2008; eigene Berechnungen

durchschnittliches Produktivitätswachstum aufweisen (Textilien/Bekleidung/Leder, Chemische Erzeugnisse, Elektroerzeugnisse, Sonstige Fahrzeuge), haben andere eine deutlich unterschiedliche Periodenentwicklung. Einen Produktivitätsrückgang im Zeitraum 2000 bis 2005 nach einem Anstieg von 1995 bis 2000 weist der Bereich Holz/Papier/Druck auf. Dagegen konnte der Bereich Kraftfahrzeuge nach einem Produktivitätsrückgang in den Jahren von 1995 bis 2000 in der Periode 2000 bis 2005 einen der stärksten Zuwächse aufweisen.

Sektorale Preisunterschiede

Auch die Preisentwicklung in der Industrie ergibt kein einheitliches Bild. Neben Industriezweigen, die ihre Wertschöpfungspreise im Vergleich zum Industriedurchschnitt erhöhen konnten, gibt es andere, deren Preise am Durchschnitt gemessen gesunken sind. Zu den Preisgewinnern innerhalb des Verarbeitenden Gewerbes über den gesamten Zeitraum gehören hierzulande die Bereiche Ernährung/Tabak, Holz/Papier/Druck, Metallerzeugnisse, Maschinen, Kraftfahrzeuge, Möbel/Schmuck/Musikinstrumente/Sportgeräte und Recycling (Abbildung 2.11). Der Bereich Kokerei/Mineralölverarbeitung/Brutstoffe wurde – die Preisveränderungen sind dafür zu groß – nicht in der Abbildung dargestellt. Intraindustrielle Preisverlierer waren die Bereiche Chemische Erzeugnisse, Gummi-/Kunststoffwaren, Glas/Keramik/Steine/Erden, Elektroerzeugnisse und Sonstige Fahrzeuge. Um diese intra-industriellen Preistrends zu erklären, ist es sicherlich nicht ausreichend, nur die jeweiligen Produktivitätsveränderungen heranzuziehen. Viele andere Faktoren beeinflussen die Preisspielräume in Branchen. Gleichwohl ergibt eine einfache Gegenüberstellung der Produktivitäts- und Preistrends in den jeweiligen Branchen einen vergleichsweise klaren Zusammenhang: Branchen, die höhere Produktivitätszuwächse aufweisen, sind offensichtlich stärker gefordert, diese Produktivitätsvorsprünge in den Preisen an die Kunden weiterzugeben. Ist dies der Fall, dann laufen sie allerdings auch Gefahr, bei den nominalen Wertschöpfungsanteilen an Gewicht zu verlieren, da sich hier der Relativpreisverlust negativ niederschlägt.

3.4 Vorleistungsverbund und Netzwerke

Unternehmen und Konsumenten verlangen heute beim Kauf von Industriewaren einen Kranz an produktbegleitenden Dienstleistungen. Wettbewerbsvorteile gegenüber Konkurrenten entstehen oftmals erst durch diese Kombination von Waren und Service. Das kann aber auch so verstanden werden, dass viele produkt- und unternehmensnahe Dienstleistungen ohne eine industrielle Basis nicht in diesem Ausmaß gefragt wären. Möglicherweise gäbe es ohne die Industrie eine Reihe von wertschöpfungsintensiven Dienstleistungen überhaupt nicht.

Vor diesem Hintergrund zeigt sich für Deutschland schon seit geraumer Zeit, dass Industrie und Dienstleistungen im Verbund eine ansteigende Wertschöpfung erbringen (Lichtblau et al., 1996). Die Dienstleister werden immer stärker zum Vorleister für die Industriebranchen. Damit steckt heute ein großer Teil der Dienstleistungen als wichtige Komponente in den Industriewaren. Eine Orientierungsgröße für dieses Zusammenspiel von Industrie- und Dienstleistungsunternehmen ist der sogenannte Vorleistungsverbund

Industrie und Vorleistungsverbund in Deutschland Abbildung 2.12

Anteil des Verarbeitenden Gewerbes an der Bruttowertschöpfung, mit und ohne Berücksichtigung des Vorleistungsverbunds (Nettobezüge von anderen Sektoren), in Prozent

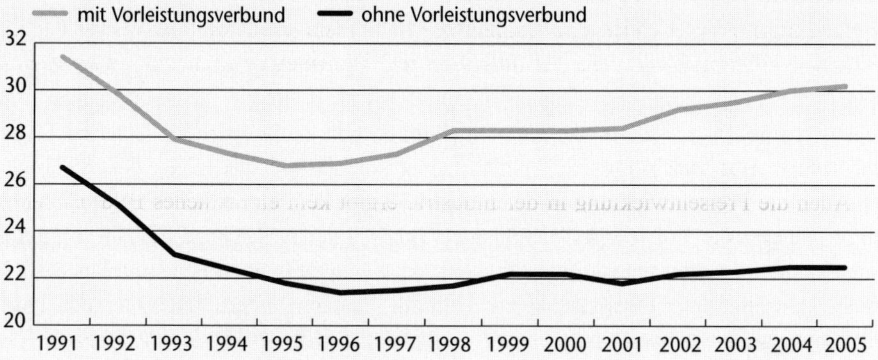

Quellen: Statistisches Bundesamt, 2008; IW Consult, 2005

(Abbildung 2.12). Es handelt sich dabei um die Wertschöpfung, die aus der Zusammenarbeit der Industrie mit anderen Wirtschaftsbereichen entsteht.

Ohne Berücksichtigung der Vorleistungsverflechtungen lag der Anteil des Verarbeitenden Gewerbes an der Bruttowertschöpfung in Deutschland auf Basis von modellgestützten Input-Output-Tabellen im Jahr 2005 bei 22,5 Prozent. Dieser Wert liegt 4,2 Prozentpunkte unter dem Niveau des Jahres 1991. Unter Berücksichtigung des Vorleistungsverbunds lag der Industrieanteil mit 30,2 Prozent im Jahr 2005 dagegen nur um 1,2 Prozentpunkte unter dem Vergleichswert des Jahres 1991 (IW Consult, 2005). Nach dem Rückgang in den frühen neunziger Jahren hat sich der direkte Industrieanteil wieder stabilisiert, der Anteil des Vorleistungsverbunds ist deutlich angestiegen. Damit sorgte die um die Vorleistungslieferungen erweiterte Industrie im Jahr 2005 für fast ein Drittel der gesamtwirtschaftlichen Wertschöpfung. Der positive Vorleistungssaldo der Industrie in Höhe von rund 150 Milliarden Euro kann als die Bruttowertschöpfung interpretiert werden, welche von den Dienstleistungs- und Industrieunternehmen gemeinsam im Vorleistungsverbund produziert wird. Dieser Vorleistungssaldo ist nicht unerheblich: Er entspricht immerhin gut 7,5 Prozent der gesamtwirtschaftlichen Bruttowertschöpfung.

Dieser Verbundcharakter zeigt sich zudem in regionalen Netzwerken, auch Cluster genannt (Lichtblau et al., 2005). Unter einem solchen Standortverbund versteht man räumlich konzentrierte, vertikal oder horizontal angelegte Netzwerke von Unternehmen sowie Wissenschafts- und Bildungseinrichtungen. Cluster sind aber mehr als nur eine räumliche Konzentration von Unternehmen einer Branche und entsprechenden wissenschaftlichen Einrichtungen. Sie zeichnen sich durch die Schaffung positiver Externalitäten aus, die zusätzliches Wachstum in einer Region generieren können. Dieser positive Effekt kann durch Netzwerkeffekte, Losgrößenvorteile spezialisierter Zulieferindustrien, Herausbildung eines allgemein zugänglichen Pools spezieller Qualifikationen oder einen durch räumliche Nähe erleichterten Austausch von Wissen und Erfahrungen entstehen. Wenn sich eine

Region auf eine bestimmte Technologie oder Branche spezialisiert hat und die passende Infrastruktur aufgebaut ist, verstärken sich dieser Verbund und die damit einhergehenden Verbundvorteile quasi von selbst, weil jeder von diesem gemeinsamen Ressourcenpool profitieren kann.

Im Zentrum dieser Cluster stehen meistens Industrieunternehmen, da sie eine wichtige Drehscheibenfunktion vor allem für Zulieferer und Dienstleister einnehmen. Clusterstrukturen sind wirtschaftspolitisch deshalb interessant, weil in diesem Netzwerkverbund auch Industrien eine Chance haben, die auf sich allein gestellt kaum überleben könnten. Cluster sind deshalb eine Art Klebstoff für den Industriestandort Deutschland: Sie wirken der Zerlegung von Wertschöpfungsketten entgegen, die – erleichtert durch die Globalisierung und den technischen Fortschritt – den Standort Deutschland schleichend aushöhlen könnten. Deshalb ist zu erwarten, dass die in Clusterstrukturen organisierten Industriebranchen eine bessere wirtschaftliche Entwicklung haben als die anderen. In der Tat ist die Beschäftigungsentwicklung in den Clustern besser verlaufen als in den Nicht-Cluster-Bereichen der gleichen Branche. Die Gesamtbeschäftigung in Kreisen mit mindestens einem Cluster hat sich in allen untersuchten Fällen viel besser entwickelt als in Städten oder Kreisen ohne jeglichen Cluster (Grömling/Lichtblau, 2006, 68). Damit wird deutlich, dass die Wirkungen dieser Cluster keineswegs auf den engen industriellen Kern beschränkt sind, sondern über Netzwerk- und Ausstrahlungseffekte auch auf andere Branchen der Region ausstrahlen.

4 Die internationale Dimension des Strukturwandels

4.1 Außenhandel

Bevor auf die Rolle des Außenhandels für den Strukturwandel in Deutschland und die Bezüge zur Systemkopf-These eingegangen wird, sind zunächst die wichtigsten Entwicklungslinien der deutschen Aus- und Einfuhrentwicklung nachzuzeichnen. Dabei ist in diesem Zusammenhang vor allem die Frage zu klären, welche Ursachen der große deutsche Exporterfolg hat.

Erklärungen für den deutschen Exporterfolg

Der Außenhandel hat für Deutschland eine im Zeitverlauf immer weiter steigende Bedeutung. Abbildung 2.13 zeigt, dass die Einbindung der Bundesrepublik in die Weltwirtschaft seit 1970 im Trend immer weiter gestiegen ist. In den dreieinhalb Dekaden haben sich Export- und Importquote mehr als verdoppelt. Es gab allerdings immer wieder Phasen, in denen die Außenhandelsanteile am Bruttoinlandsprodukt stagnierten oder sogar rückläufig waren, zum Beispiel in der zweiten Hälfte der achtziger Jahre oder – bedingt auch durch die deutsche Wiedervereinigung – zwischen 1991 und 1995. Bemerkenswert ist allerdings, dass die Globalisierung der deutschen Wirtschaft seit Mitte der neunziger Jahre deutlich an Tempo zugelegt hat. In keinem der Zeiträume seit 1970 haben Ex- und Importquote im Jahresdurchschnitt so stark zugenommen wie zwischen 1995 und 2007.

Vor allem im Export konnte die Bundesrepublik in der jüngeren Vergangenheit recht große Erfolge feiern. Deutschland führt weltweit die meisten Waren aus und trägt daher

Gesamtwirtschaftliche Export- und Importquote in Deutschland Abbildung 2.13

Nominale Exporte und Importe, in Prozent des nominalen Bruttoinlandsprodukts

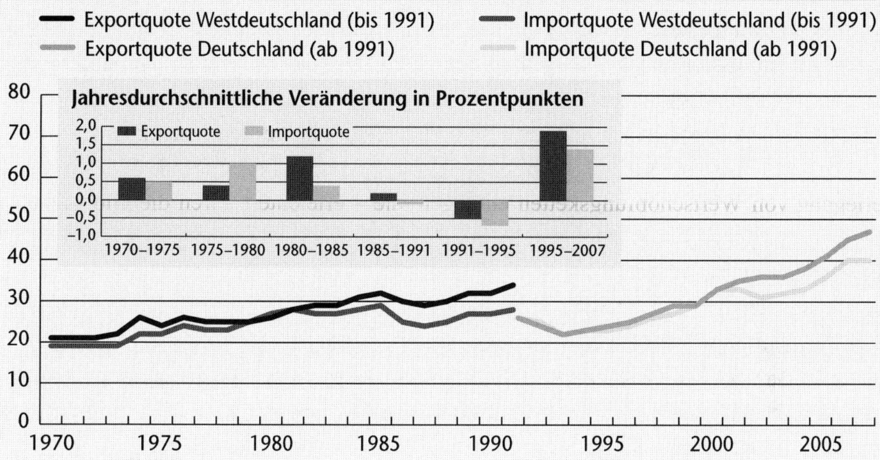

Quellen: Statistisches Bundesamt, 2008; eigene Berechnungen

den Titel „Exportweltmeister". Die Entwicklung der deutschen Exporte weist darauf hin, dass Deutschland unter den Industrieländern eine Sonderstellung einnimmt. So mussten die meisten Industrieländer seit Mitte der neunziger Jahre mehr oder weniger deutliche Einbußen bei ihren globalen Exportanteilen hinnehmen – sowohl in nominaler als auch in realer Rechnung (Deutsche Bundesbank, 2006; Danninger/Joutz, 2007). Die immensen Exporterfolge Chinas und anderer Schwellenländer schlagen sich demzufolge in einer Verschiebung der relativen Anteile nieder. Umso erstaunlicher ist es, dass der deutsche Weltmarktanteil an den globalen Exporten gestiegen ist – in nominaler Rechnung seit dem Jahr 2000 und in realer Rechnung gemäß den Berechnungen der Deutschen Bundesbank sogar seit dem Jahr 1995.

Für die deutschen Exporterfolge lassen sich mehrere Ursachen finden (Deutsche Bundesbank, 2006; Stahn, 2006; Danninger/Joutz, 2007):

- Deutschland hat von der starken Expansion der Weltwirtschaft profitiert. Die intensiver werdenden Handelsverbindungen zu stark wachsenden Märkten etwa in Mittel- und Osteuropa, China oder den OPEC-Staaten haben vor allem seit dem Jahr 2000 einen wichtigen Beitrag geleistet. Insgesamt hat die Auslandsnachfrage damit ihre Wichtigkeit als Bestimmungsfaktor für die deutschen Exporte im langfristigen Vergleich behalten. Bei einer Elastizität von rund 1 steigen die deutschen Ausfuhren in realer Rechnung proportional zur Entwicklung der Nachfrage aus dem Ausland.
- Einen weiteren wichtigen Beitrag zum Exporterfolg hat die Steigerung der Wettbewerbsfähigkeit durch ein verstärktes Outsourcing und Offshoring geleistet. Bei einer offenbar hinreichend preiselastischen Nachfrage nach deutschen Exportgütern hat

diese Strategie zu deutlich mehr realen Ausfuhren geführt. Damit deutet schon diese gesamtwirtschaftliche Sicht an, dass die Aufspaltung von Wertschöpfungsketten, die Verlagerung von Produktionsteilen ins kostengünstigere Ausland und die Spezialisierung auf die eigenen Kernkompetenzen wichtige unternehmerische Erfolgsfaktoren sind. Inwieweit es sich hierbei um eine Spezialisierung gerade auf Systemkopf-Funktionen handelt, lässt sich mit den vorhandenen Makrodaten allerdings nicht klären.

Problem Basar-Ökonomie?

Übersicht 2.1

Zuweilen wird eingewendet, der Exporterfolg sei eine Illusion, da der Importanteil an den Exporten massiv zugenommen habe und Deutschland zu einer Art Basar-Ökonomie werde,[1] die eigene Importe quasi nur noch ins Ausland durchreicht. Tatsächlich ist der Importanteil der Exporte zwischen 1995 und 2006 von 31 Prozent auf 45 Prozent stark gestiegen (Abbildung 2.14). Darin kommt zum Ausdruck, dass deutsche Unternehmen die internationale Arbeitsteilung in Form von Global Sourcing und Offshoring stark nutzen. Im Ausland gefertigte Teile werden zunehmend importiert, um sie dann hier ins Produkt einzubauen und schließlich zu exportieren. Doch ist dies alles andere als schädlich für die eigene deutsche Wertschöpfung, wie die Abbildung deutlich macht.

Deutsche Exporte: Heimische Wertschöpfung und Importgehalt

Abbildung 2.14

Angaben in Prozent beziehungsweise in Milliarden Euro

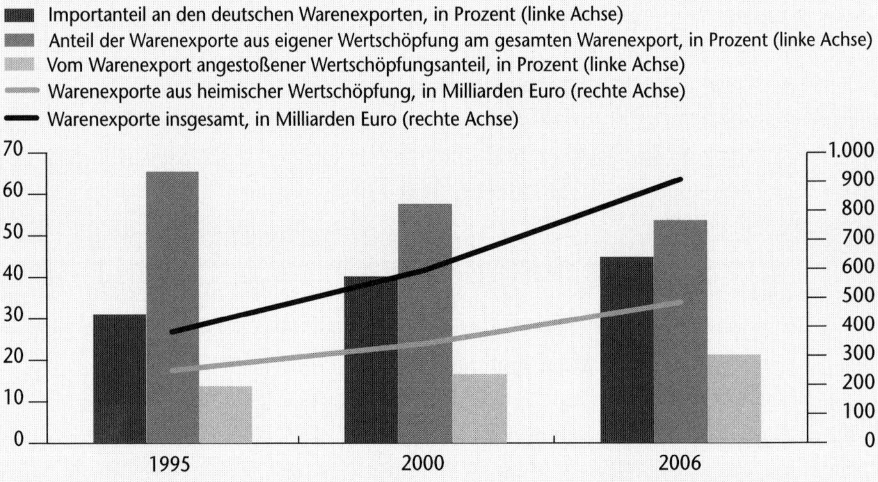

Quellen: Loschky/Ritter, 2007; eigene Berechnungen

[1] Sinn (2005) stellt neben der These von der Basar-Ökonomie auch die These vom sogenannten pathologischen Exportboom auf. Damit stellt er infrage, dass die deutschen Exporterfolge positiv zu werten sind. Vielmehr seien sie möglicherweise Ausdruck einer ineffizienten Überspezialisierung auf die kapitalintensive Exportwirtschaft. Diese Überlegungen, die auf einem Heckscher/Ohlin-Modell mit exogenen starren Mindestlöhnen basieren, lassen sich jedoch theoretisch und empirisch weitgehend relativieren (Matthes, 2007).

Denn die stärkere Nutzung der ausländischen Kostenvorteile hat zum Exporterfolg beigetragen. In der Folge sind die deutschen Warenexporte zwischen 1995 und 2006 massiv von knapp 400 Milliarden Euro auf über 900 Milliarden Euro gestiegen. Der Anteil der Exporte aus heimischer Wertschöpfung daran hat zwar stark abgenommen – von 66 Prozent auf 54 Prozent. Doch auch ein kleinerer Anteil hat bei einem größeren Volumen dazu geführt, dass die Exporte aus heimischer Wertschöpfung von rund 250 Milliarden Euro auf knapp 500 Milliarden Euro gestiegen sind. In der Folge trugen die Exporte im Jahr 2006 mit 21 Prozent deutlich mehr als 1995 (14 Prozent) zur heimischen Wirtschaftsleistung bei. Die Anzahl der Arbeitnehmer, die für den Export tätig sind, stieg in dieser Zeit von 5,7 auf 8,9 Millionen Menschen und damit um beeindruckende 3,2 Millionen oder 56 Prozent. Deutschland profitiert also sehr stark davon, dass deutsche Unternehmen ihre Wertschöpfungsketten aufgespalten haben und die Vorteile der Globalisierung nutzen.

- Vor allem im Zeitraum 1995 bis 2000 wurden die Exporte von einer besseren preislichen Wettbewerbsfähigkeit beflügelt. Als der nominale effektive Euro-Wechselkurs danach stark aufgewertet hat, ist die preisliche Wettbewerbsfähigkeit davon bemerkenswerterweise kaum beeinträchtigt worden. Folglich hat die Lohnzurückhaltung einen wichtigen Beitrag dazu geleistet, dass es nicht zu einer deutlichen Verschlechterung der preislichen Wettbewerbsfähigkeit gekommen ist, welche die Exportdynamik gebremst hätte. Insgesamt hat sich in jüngerer Zeit die Reagibilität der Exporte auf die preisliche Wettbewerbsfähigkeit verringert. Möglicherweise ist die Preiselastizität mit Blick auf die Exporte kleiner geworden, weil sich das Produktspektrum der deutschen Ausfuhren hin zu weniger preisreagiblen Waren verschoben hat. Ein anderer Grund könnte in einem zunehmenden Intra-Firmenhandel gesehen werden. Aufgrund dieser relativ festen Vorleistungsverflechtungen dürften Exporte dann tendenziell weniger auf Veränderungen der preislichen Wettbewerbsfähigkeit reagieren (Stahn, 2006).

Gewinner und Verlierer im Außenhandel

Neben der gesamtwirtschaftlichen Anteilsverschiebung zwischen Industrie und Dienstleistungen liegt ein wesentlicher Fokus dieser Studie vor allem darauf, die unterschiedliche Entwicklung der Industriebranchen zu erklären. Zunächst werden dazu mit Blick auf den Außenhandel Gewinner und Verlierer unter den Industriebranchen aufgezeigt. Allerdings muss der Betrachtungszeitraum in diesem Zusammenhang verkürzt werden, da Wertschöpfungsdaten auf Branchenebene im Frühjahr 2008 nur bis zum Jahr 2005 vorliegen.

Um eine bessere Nachvollziehbarkeit der folgenden Ausführungen zu gewährleisten, wird kurz auf die zugrundeliegenden Basisdaten eingegangen. Die Tabellen 2.1a und 2.1b verdeutlichen die starke und durchaus unterschiedliche Dynamik der Außenhandelsentwicklung nach Branchen und zeigen auf, dass Deutschlands Handel in den Bereichen Kraftfahrzeuge, Elektroerzeugnisse, Maschinen, Chemische Erzeugnisse und Metallerzeugnisse konzentriert ist. Zudem wird der geringe Anteil des Dienstleistungshandels am gesamten deutschen Außenhandel offensichtlich, der sich zwischen 1995 und 2005 zudem nur wenig erhöht hat.

Deutscher Außenhandel nach Branchen

Tabelle 2.1a

Angaben auf Basis nominaler Werte

Exporte	Veränderung, in Prozent			Anteile am Gesamtexport, in Prozent		
	1995–2005	1995–2000	2000–2005	1995	2000	2005
Ernährung/Tabak	82,8	34,4	36,0	4,4	3,8	3,9
Textilien/Bekleidung/Leder	34,6	23,4	9,1	4,2	3,4	2,7
Holz/Papier/Druck	111,5	54,1	37,2	4,1	4,0	4,1
Kokerei/Mineralölverarbeitung/Brutstoffe	381,9	128,7	110,7	0,8	1,1	1,8
Chemische Erzeugnisse	105,2	48,8	37,8	11,9	11,3	11,7
Gummi-/Kunststoffwaren	107,7	50,3	38,3	3,2	3,1	3,2
Glas/Keramik/Steine/Erden	65,2	36,4	21,2	1,5	1,3	1,1
Metallerzeugnisse	94,4	37,1	41,8	9,4	8,3	8,8
Maschinen	84,0	38,6	32,8	14,6	13,0	12,9
Elektroerzeugnisse	123,3	78,9	24,8	14,3	16,4	15,3
Kraftfahrzeuge	133,8	71,6	36,2	15,2	16,7	17,0
Sonstige Fahrzeuge	132,5	106,0	12,8	3,1	4,1	3,5
Möbel/Schmuck/Musikinstrumente/Sportgeräte	82,6	48,3	23,2	1,8	1,7	1,5
Industriewaren insgesamt	106,5	55,5	32,8	88,6	88,2	87,5
Dienstleistungen	126,0	65,8	36,3	9,9	10,5	10,7
Exporte insgesamt	109,2	56,2	33,9	100,0	100,0	100,0

Dienstleistungen: einschließlich Bauarbeiten.
Quellen: Statistisches Bundesamt, 2008; eigene Berechnungen

Im Folgenden werden die Anteilsverschiebungen der einzelnen Wirtschaftszweige im Industriewarenhandel näher betrachtet (Abbildung 2.15). Anders als in den Tabellen 2.1a und 2.1b ist hier die Summe der gehandelten Industriewaren gleich 100 gesetzt. Dabei zeigt sich ein wenig einheitliches Bild. Dies gilt vor allem für die teilweise gegenläufige Entwicklung der Anteile in den Teilperioden. Folgende grundsätzliche Tendenzen lassen sich ablesen:

- Im Gesamtzeitraum 1995 bis 2005 haben sich fast durchweg größere Anteilsverschiebungen bei den Importen als den Exporten ergeben (Ausnahme: Kraftfahrzeuge und Maschinen). Der Strukturwandel wurde offensichtlich über Global Sourcing und vermutlich auch über Re-Importe von lohnveredelten Waren angeheizt.
- In den Teilperioden gab es die größten Verschiebungen meistens im Zeitraum 1995 bis 2000.
- Ablesen lassen sich auch Gewinner und Verlierer unter den Branchen im Zeitraum von 1995 bis 2005. Unter den Verlierern finden sich vor allem die Bereiche Textilien/Bekleidung/Leder, Ernährung/Tabak sowie Metallerzeugnisse. Zu den Gewinnern zählen demgegenüber vor allem die Branchen Kraftfahrzeuge, Sonstige Fahrzeuge und Elektroerzeugnisse.

Deutscher Außenhandel nach Branchen

Tabelle 2.1b

Angaben auf Basis nominaler Werte

Importe	Veränderung, in Prozent			Anteile am Gesamtimport, in Prozent		
	1995–2005	1995–2000	2000–2005	1995	2000	2005
Ernährung/Tabak	41,9	23,5	14,9	6,3	4,9	4,7
Textilien/Bekleidung/Leder	10,3	20,7	-8,6	8,6	6,5	5,0
Holz/Papier/Druck	37,1	38,9	-1,3	4,8	4,2	3,5
Kokerei/Mineralölverarbeitung/Brutstoffe	251,3	138,4	47,4	2,0	2,9	3,6
Chemische Erzeugnisse	129,5	64,2	39,7	8,3	8,5	10,0
Gummi-/Kunststoffwaren	77,3	50,5	17,8	2,7	2,5	2,5
Glas/Keramik/Steine/Erden	7,0	16,3	-8,0	1,7	1,3	1,0
Metallerzeugnisse	76,7	36,2	29,8	9,2	7,8	8,5
Maschinen	93,2	65,2	17,0	6,2	6,4	6,3
Elektroerzeugnisse	105,0	88,5	8,7	14,9	17,6	16,0
Kraftfahrzeuge	93,7	50,2	29,0	8,9	8,4	9,1
Sonstige Fahrzeuge	211,4	193,2	6,2	2,4	4,4	3,9
Möbel/Schmuck/Musikinstrumente/Sportgeräte	58,5	45,6	8,8	2,6	2,4	2,2
Industriewaren insgesamt	84,7	58,1	16,8	78,5	77,8	76,2
Dienstleistungen	93,3	70,1	13,6	12,4	13,2	12,6
Importe insgesamt	90,3	59,7	19,2	100,0	100,0	100,0

Dienstleistungen: einschließlich Bauarbeiten.
Quellen: Statistisches Bundesamt, 2008; eigene Berechnungen

Im Folgenden werden Faktoren aufgezeigt, die zur Bedeutungsverschiebung zwischen den Branchen auf der Wertschöpfungsebene beigetragen haben. Dabei wird zunächst die Export- und im Anschluss daran die Importseite betrachtet.

Erklärungsfaktor Exportpositionierung

Auf der Exportseite steht zunächst die Exportquote im Mittelpunkt. Sie zeigt, wie stark der Außenhandel einer Branche von der Internationalisierung und damit auch einem möglichen höheren Wachstum der Auslandsmärkte profitieren kann. Danach wird aufgezeigt, wie sich Deutschland in seiner Exportstruktur spezialisiert hat.

Zunächst zeigt sich im gesamtwirtschaftlichen Bereich erneut ein immenser Unterschied zwischen den Industriewaren und den Dienstleistungen. Doch auch innerhalb der Industriebranchen ist das Bild recht heterogen (Abbildung 2.16). Die höchsten Exportquoten unter den größeren Branchen wiesen im Jahr 2005 der Bereich Textilien/Bekleidung/Leder und die Sonstigen Fahrzeuge auf. Am geringsten ist der Exportanteil an der Wertschöpfung dagegen bei Glas/Keramik/Steine/Erden, im Sektor Ernährung/Tabak und im Bereich Holz/Papier/Druck. Auch viele der großen deutschen Branchen (Maschinen, Chemische Erzeugnisse, Elektroerzeugnisse, Kraftfahrzeuge) weisen recht hohe Quoten

Strukturveränderungen im deutschen Industriewarenhandel Abbildung 2.15

Differenz der Anteile am Industriewarenhandel, in Prozentpunkten

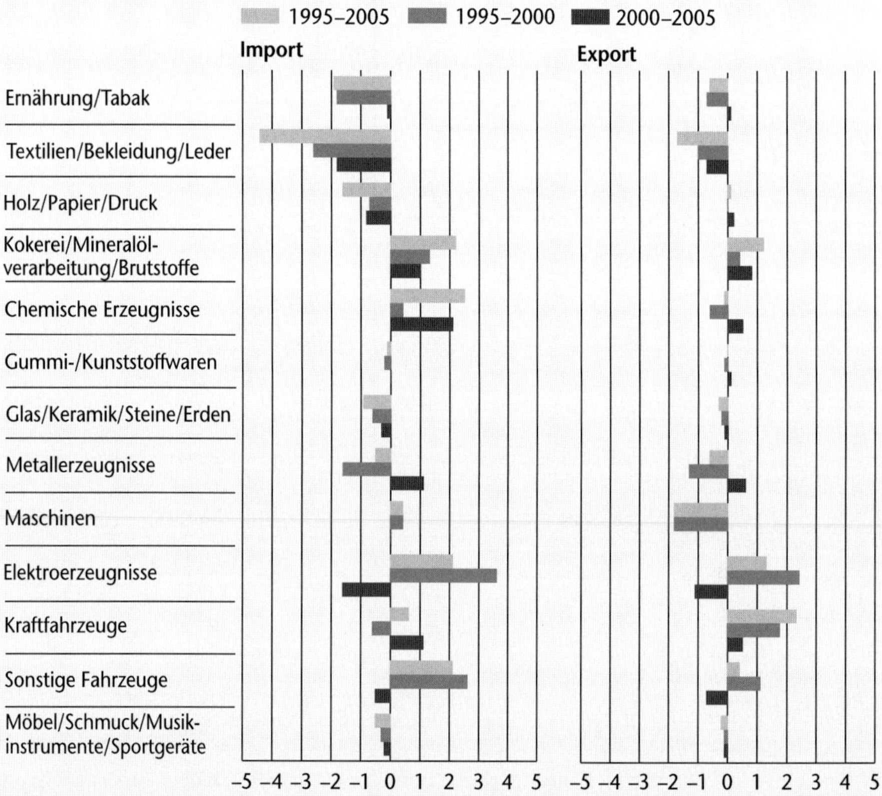

Quellen: Statistisches Bundesamt, 2008; eigene Berechnungen

auf. Insgesamt fällt bei dieser Betrachtung ins Auge, dass die Exporte in der heimischen Industrie ein bemerkenswert hohes Gewicht haben.

Dabei ist allerdings zu bedenken, dass der Aussagegehalt von Exportindikatoren durch die zunehmende Aufspaltung von Wertschöpfungsketten etwas eingeschränkt wird.

- So speisen sich die Exporte zunehmend aus Importen. Das Statistische Bundesamt liefert dazu nicht nur gesamtwirtschaftliche Daten (Importanteil an den Exporten 45 Prozent im Jahr 2006), sondern auch Branchendaten, allerdings nur für einige wenige ausgewählte Wirtschaftszweige. Demnach lag der Importanteil an den Exporten bei Chemischen Waren im Jahr 2006 mit über 53 Prozent besonders hoch und hat sich seit 1995 fast verdoppelt. Dies liegt vor allem an der großen und sehr stark gewachsenen Bedeutung von Waren, die in diesem Bereich ohne Weiterverarbeitung re-exportiert werden (1995: 9 Prozent; 2006: 31 Prozent). Bei Maschinen war die Quote dagegen mit gut 32 Prozent stark unterdurchschnittlich, ebenso wie der Anstieg der Quote. Kraftfahrzeuge rangieren mit 41 Prozent knapp unter dem Durchschnitt, allerdings fällt hier der hohe Anteil der importierten Vorleistungen (32 Prozent) an den Exporten ins Auge.

- Im Zuge der Nutzung internationaler Produktionsnetzwerke und des Lohnveredelungsverkehrs überschreiten Waren möglicherweise mehrfach die deutschen Grenzen. Das bläht das Exportvolumen auf.

Exportquoten in der deutschen Industrie

Abbildung 2.16

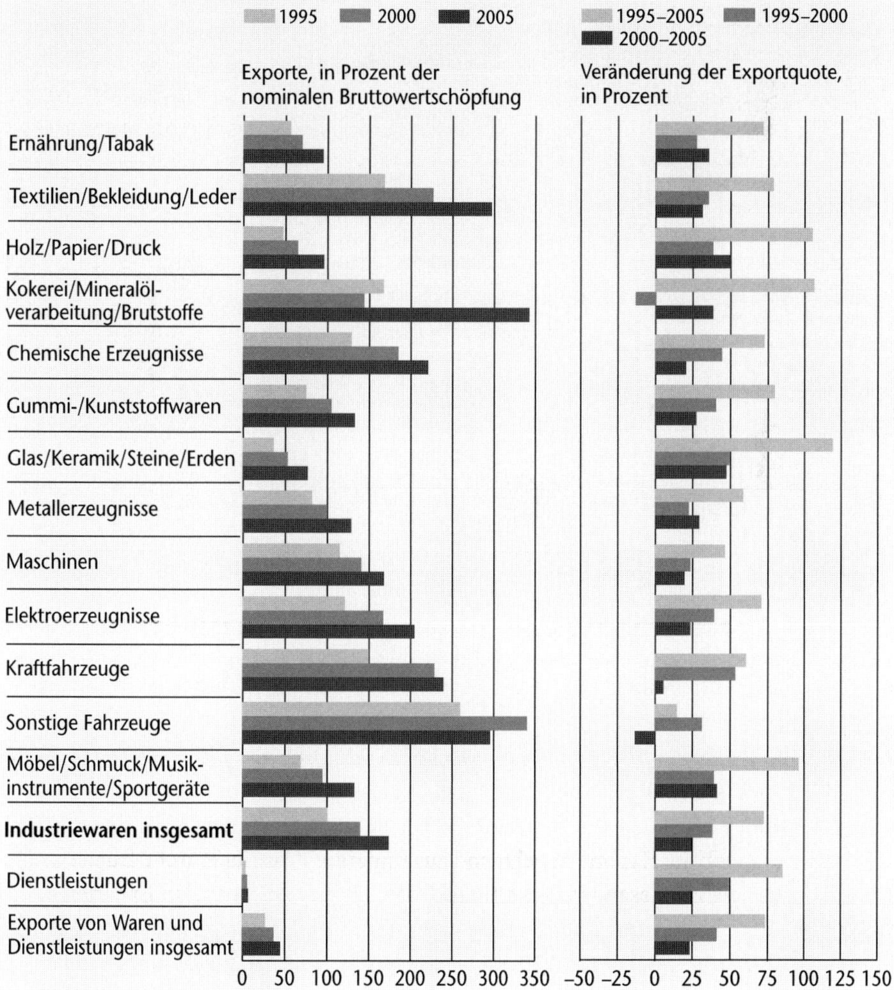

Dienstleistungen: einschließlich Bauarbeiten.
Quellen: Statistisches Bundesamt, 2008; eigene Berechnungen

Auch die im Folgenden dargestellten RCA-Werte (ein Maß für die Handelsspezialisierung) können dadurch beeinflusst werden (Abbildung 2.17).

Importgehalt der deutschen Exporte nach ausgewählten Branchen Abbildung 2.17

Anteile am gesamten Warenexport, in Prozent

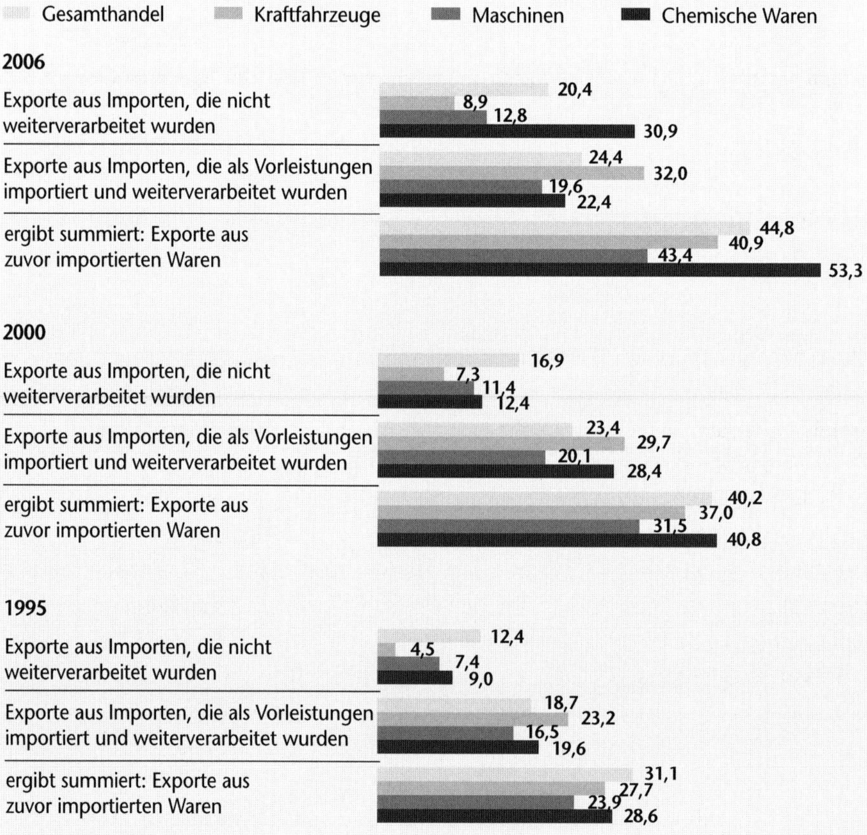

2006: Schätzung.
Quellen: Loschky/Ritter, 2007; eigene Berechnungen

Gleichwohl lassen sich aus Indikatoren über die verborgenen komparativen Vorteile (RCA-Werte) prinzipiell wichtige Informationen über die Positionierung Deutschlands im internationalen Handel ableiten. Diese Indikatoren zeigen auf, bei welchen Produktgruppen Deutschland im Industrieländervergleich überdurchschnittlich gut bei der Ausfuhr aufgestellt ist und wie sich diese Position verändert hat (Balassa, 1965). Demnach hat Deutschland Spezialisierungsvorteile bei den Kraftfahrzeugen, Maschinen, Gummi- und Kunststoffwaren und Metallerzeugnissen. Bei Chemischen Produkten ist dieser Vorteil zuletzt verloren gegangen. Die geringsten Werte weisen die Bereiche Holz/Papier/Druck,

Kokerei/Mineralölverarbeitung/Brutstoffe, Ernährung/Tabak und Möbel/Schmuck/Musikinstrumente/Sportgeräte auf. Beim Blick auf die Veränderungen des Spezialisierungsmaßes zeigt sich ein gemischtes Bild. Die größten Zuwächse haben die Bereiche Holz und mit einigem Abstand Kokerei/Mineralölverarbeitung/Brutstoffe sowie Sonstige Fahrzeuge aufzuweisen. Die stärksten Spezialisierungsverluste erleidet – neben Textilien/Bekleidung/Leder – die Chemiebranche. Einen leichten Rückgang verbuchen auch die Maschinen. Dagegen hat Deutschland seine Position bei den Elektroerzeugnissen und den Kraftfahrzeugen leicht ausbauen können.

Der Indikator der Exportspezialisierung versucht, die Güter empirisch herauszufiltern, in denen Deutschland komparative Vorteile aufweist. Auch die Systemkopf-Hypothese geht davon aus, dass deutsche Unternehmen sich auf das spezialisieren, was sie vor dem Hintergrund ihrer hier verfügbaren Produktionsfaktoren am besten können. Allerdings geht es dabei eher um eine branchen- und produktübergreifende Spezialisierung auf bestimmte Tätigkeiten. Dies lässt sich mit den Daten der Außenhandelsstatistik jedoch nicht nachvollziehen.

Erklärungsfaktor Importkonkurrenz

Branchenspezifisch differenzierter Konkurrenzdruck aus dem Ausland kann ein wichtiger Erklärungsfaktor für die unterschiedliche Entwicklung von Wirtschaftszweigen sein. Hier geht es darum, Indikatoren zu finden, um die Intensität des internationalen Wettbewerbs in Deutschland zu messen. Dazu bieten sich verschiedene Importindikatoren an. Anders als bei der exportseitigen Betrachtung geht es hier folglich um Faktoren, die weitgehend jenseits der Einflussmöglichkeiten der Unternehmen liegen. Die Verbindung zur Systemkopf-Hypothese ist aber dadurch gegeben, dass eine Spezialisierung auf hochwertige Tätigkeiten möglicherweise eine gewisse Abschirmung vor ausländischer Niedriglohnkonkurrenz bewirkt.

Im Mittelpunkt der außenhandelstheoretischen akademischen Diskussion stehen zwei Zweige – die traditionelle Theorie und die Neue Außenhandelstheorie. Im Rahmen der traditionellen Theorie spezialisieren sich beide Länder auf die Herstellung des Gutes, bei dem sie einen komparativen Vorteil besitzen. Das Industrieland produziert und exportiert im Ergebnis überwiegend das kapitalintensive und das Entwicklungsland das arbeitsintensive Gut. Die arbeitsintensive Branche im Industrieland schrumpft aufgrund des zunehmenden Konkurrenzdrucks.

Daraus kann geschlossen werden, dass vor allem Niedriglohnländer einen enormen Konkurrenzdruck auf die inländischen deutschen Branchen ausüben. Drei Indikatoren sollen Ausmaß und Qualität dieses Konkurrenzdrucks messen.

Indikator 1: Importquote im Branchenvergleich

Im Mittelpunkt steht der Vergleich der Industriebranchen untereinander. Dieser soll zusätzliche Aufschlüsse darüber liefern, wie der Außenhandel auf die unterschiedliche Entwicklung der Wertschöpfungsanteile gewirkt hat. Der Wettbewerbsdruck durch zunehmende Importe lässt sich auf verschiedene Weisen messen. Zunächst liegt es in diesem

Zusammenhang nahe, die Importquote auf Branchenebene zu betrachten – also den Anteil der Importe an der Bruttowertschöpfung (Abbildung 2.18).

Beim Blick auf die Importquoten zeigt sich erneut, dass die Industrie sehr viel stärker in den internationalen Handel eingebunden ist als die Dienstleistungswirtschaft. Innerhalb der Industriebranchen sticht mit einer enorm hohen Importquote – neben dem sehr kleinen Bereich Kokerei/Mineralölverarbeitung/Brutstoffe – der Bereich Textilien/Bekleidung/Leder hervor. Hier wird deutlich, dass sich im Inland lediglich noch eine rumpfartige Wertschöpfung halten konnte – vor allem in (systemkopftypischen) Bereichen wie Planung und Organisation am Anfang der Wertschöpfungskette und an deren Ende in den Bereichen

Importquoten in der deutschen Industrie Abbildung 2.18

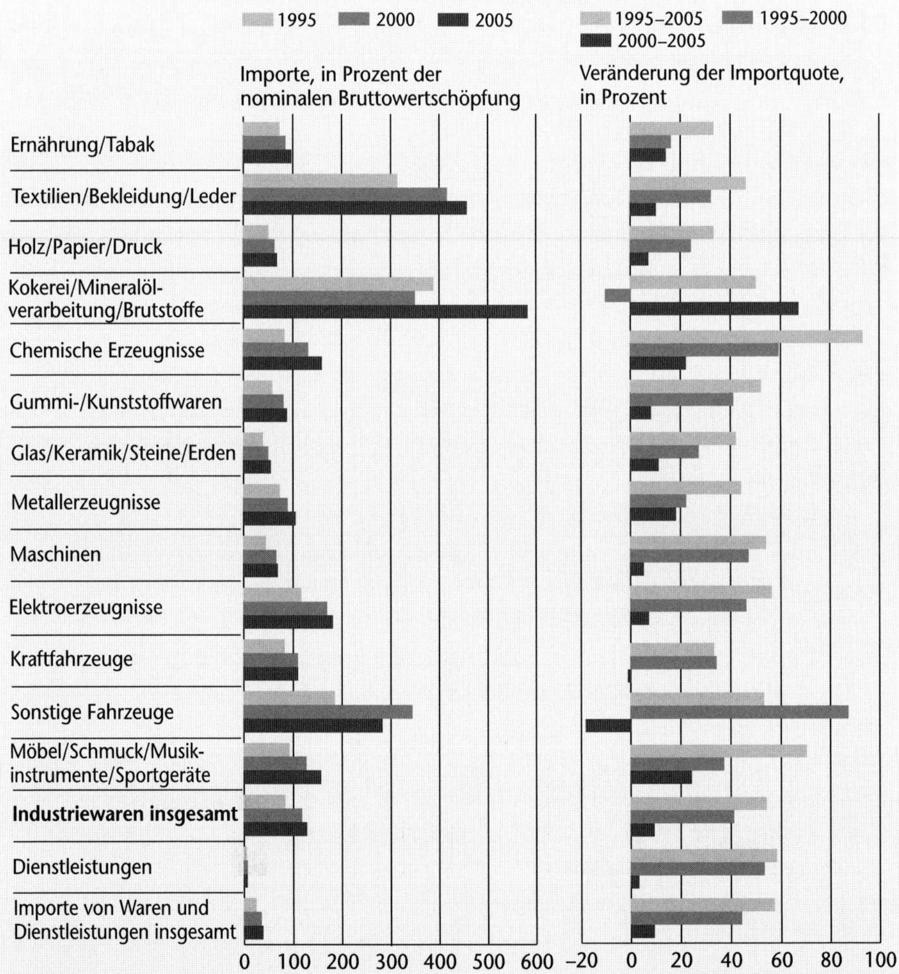

Dienstleistungen: einschließlich Bauarbeiten.
Quellen: Statistisches Bundesamt, 2008; eigene Berechnungen

Marketing und Vertrieb. Produktion konnte sich nur noch in hochgradig spezialisierten Nischen wie etwa bei technischen Textilien halten (Grömling/Matthes, 2003). Überdies haben auch die Sonstigen Fahrzeuge, die Elektroerzeugnisse, die Chemischen Erzeugnisse und der Bereich Möbel/Schmuck/Musikinstrumente/Sportgeräte im Vergleich zu den Industriewaren insgesamt überdurchschnittlich hohe Importquoten. Stark unterdurchschnittlich schneiden demgegenüber die Bereiche Glas/Keramik/Steine/Erden, Maschinen und Holz/Papier/Druck ab.

Indikator 2: Niedriglohnkonkurrenz

Aus der traditionellen Außenhandelstheorie der komparativen Kostenvorteile kann geschlossen werden, dass vor allem durch Niedriglohnländer ein Konkurrenzdruck auf die in-

Niedriglohnkonkurrenz der deutschen Industrie Abbildung 2.19

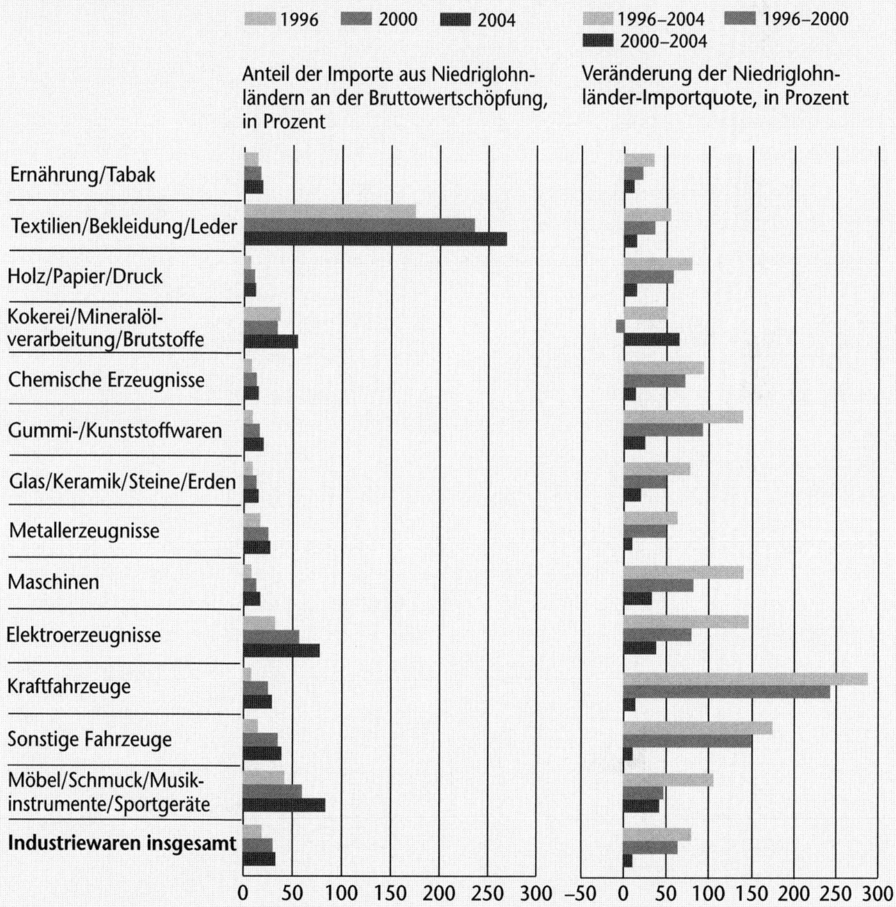

Niedriglohnländer: alle Länder außer EU-15, USA, Japan, Kanada, Schweiz, Norwegen, Australien, Neuseeland.
Quellen: Statistisches Bundesamt, 2008; Statistisches Bundesamt, Sonderauswertung; eigene Berechnungen

ländischen deutschen Branchen ausgeübt wird – und zwar vor allem da, wo homogene Güter produziert werden, bei denen der Preiskampf besonders hoch ist. Daher wird mit einem zweiten Ansatz das Ausmaß der Niedriglohnkonkurrenz gemessen, indem für alle Branchen der Anteil der Niedriglohnländerimporte an der Bruttowertschöpfung der jeweiligen Branche berechnet wird (Abbildung 2.19). Daten liegen hierfür nur bis zum Jahr 2004 vor. Insgesamt spielt bei einer solchen Betrachtung zwar auch die Qualität der Importe eine wesentliche Rolle (Matthes, 2007), die hier aber unberücksichtigt bleibt.

Im Jahr 2004 weist vor allem der Bereich Textilien/Bekleidung/Leder die höchsten Anteile auf – mit großem Abstand gefolgt von den Bereichen Elektroerzeugnisse und Möbel/Schmuck/Musikinstrumente/Sportgeräte. Am geringsten sind die Quoten bei Chemischen Erzeugnissen, Maschinen, Holz/Papier/Druck sowie Glas/Keramik/Steine/Erden. Bei der Betrachtung der prozentualen Veränderung der Quote in der Zeit von 1996 bis 2004 rangieren drei der großen deutschen Branchen (Kraftfahrzeuge, Maschinen und Elektroerzeugnisse) ganz oben. Vor allem bei den Kraftfahrzeugen hat sich eine gewaltige Anteilsverschiebung ergeben: Der Anteil der Niedriglohnländerimporte an der Bruttowertschöpfung hat sich in diesem Zeitraum fast vervierfacht.

Auffällig ist, dass in den meisten Branchen die größere Anteilsverschiebung in der zweiten Hälfte der neunziger Jahre stattgefunden hat. Dies gilt in besonderem Maße für die Kraftfahrzeuge. Dahinter könnte vor allem eine Sonderentwicklung durch den Aufschwung der Staaten des ehemaligen Ostblocks stehen. Denn der Handel mit diesen Staaten verzeichnete immense und weit überproportionale Wachstumsraten. Der Anteil der neuen EU-Staaten in Mittel- und Osteuropa (einschließlich Bulgarien und Rumänien) an den deutschen Importen ist so zwischen 1996 und 2004 von 6,3 Prozent auf 11,1 Prozent gestiegen. Diese Importe haben deutlich über die Hälfte zum Anstieg des Importanteils der Niedriglohnländer von 24,6 Prozent auf 33,4 Prozent beigetragen. Damit haben sich die vormals weitgehend gekappten Handelsverflechtungen recht rasch normalisiert.

Indikator 3: Importqualität

Die Unterscheidung zwischen Industrie- und Niedriglohnländern ist nur bedingt zielführend. Erstens kann nach der neueren Außenhandelstheorie auch erheblicher Konkurrenzdruck von den Industrieländern ausgehen, falls steigende Skalenerträge vorliegen (Gomory/Baumol, 2000). Daher sollte nicht nur die Niedriglohnkonkurrenz betrachtet werden. Zweitens wird argumentiert, dass Niedriglohnländer vorwiegend Produkte geringer Qualität exportieren (Schott, 2004), die Deutschland folglich nur wenig Konkurrenzdruck machen können. Dem kann entgegengehalten werden, dass Schwellenländer wie Ungarn, China oder Korea bei der Produktqualität deutliche Fortschritte erzielt haben und sich daher zunehmend als neue Konkurrenten etablieren. Daher wird im Weiteren die Qualität der Importe in den Vordergrund gestellt – und nicht die regionale Herkunft. Um den importseitigen Konkurrenzdruck für eine Industriebranche zu ermitteln, wird ein Qualitätsindikator entwickelt, dessen Berechnung näher bei Matthes (2007) erörtert wird. Niedrigere Werte zeigen geringeren Konkurrenzdruck an.

In 2005 erweist sich die Qualität der Importe in den meisten Branchen (Tabelle 2.2) geringer als die Qualität der deutschen Exporte (Ausnahme: Glas/Keramik/Steine/Erden,

Ernährung/Tabak, Chemie). Der größte Qualitätsrückstand des Auslands besteht bei den Sonstigen Fahrzeugen, bei Maschinen und im Bereich Möbel/Schmuck/Musikinstrumente/Sportgeräte. Zwischen 1996 und 2005 manifestiert sich kein einheitlicher Trend.

Relative Importqualität in der deutschen Industrie

Tabelle 2.2

Relation zwischen den Einheitswerten der deutschen Importe und Exporte in der jeweiligen Warengruppe

	1996	2000	2005
Ernährung/Tabak	1,57	1,48	1,34
Textilien/Bekleidung/Leder	1,10	0,91	0,79
Holz/Papier/Druck	0,84	0,86	0,85
Kokerei/Mineralölverarbeitung/Brutstoffe	0,83	0,95	0,91
Chemische Erzeugnisse	0,82	0,88	1,03
Gummi-/Kunststoffwaren	0,85	0,88	0,87
Glas/Keramik/Steine/Erden	0,55	0,76	1,47
Metallerzeugnisse	1,08	0,99	0,92
Maschinen	0,62	0,66	0,65
Elektroerzeugnisse	0,91	0,88	0,76
Kraftfahrzeuge	0,82	0,80	0,83
Sonstige Fahrzeuge	1,16	0,59	0,43
Möbel/Schmuck/Musikinstrumente/Sportgeräte	0,63	0,69	0,66

Einheitswert: Quotient aus der Wert- und Gewichtsangabe; Daten erst ab dem Jahr 1996 in vergleichbarer Gütergruppengliederung verfügbar.
Quellen: Statistisches Bundesamt, Sonderauswertung; eigene Berechnungen

Dahinter dürfte wie schon angedeutet eine Spezialisierung auf hochwertige Tätigkeiten (zum Beispiel im Sinne der Systemkopf-Hypothese) stehen, die den Wertgehalt deutscher Produkte erhöht. Mit den vorhandenen Daten lässt sich dies aber nicht genauer prüfen.

Der Qualitätsquotient allein hat jedoch nur eine begrenzte Aussagekraft, da er weder die Dynamik des Importwachstums noch die Relevanz der Importe im Vergleich zur Wertschöpfung einbezieht. Daher wird im Folgenden ein qualitätsbezogener Importanteil an der Bruttowertschöpfung berechnet. Dieser artifizielle Indikator ist eine um Qualitätseffekte bereinigte Importquote, wie sie hier als erster Indikator ausgewiesen wurde. Berechnet wird die qualitätsbezogene Importquote als Produkt aus der allgemeinen Importquote und dem Qualitätskoeffizienten für jede Branche und jedes Jahr. Beispiel: Die allgemeine Importquote im Bereich Chemische Erzeugnisse betrug im Jahr 2005 rund 160 Prozent gemäß der Außenhandelsstatistik (und 158 Prozent gemäß der VGR, vgl. Abbildung 2.18). Der Qualitätskoeffizient zwischen den Importen und Exporten der Branche lag bei 1,03 (Tabelle 2.2). Folglich ergibt sich eine qualitätsbezogene Importquote von 165 Prozent (160 x 1,03) der Bruttowertschöpfung (Abbildung 2.20).

Da die Importqualität – wie aufgezeigt – meist geringer als die Exportqualität ist, wird die qualitätsbezogene Importquote in diesen Fällen niedriger sein als die allgemeine Importquote. Beim Vergleich der qualitätsbezogenen Importquoten zwischen den Branchen

Qualitätsbezogene Importquote in der deutschen Industrie

Abbildung 2.20

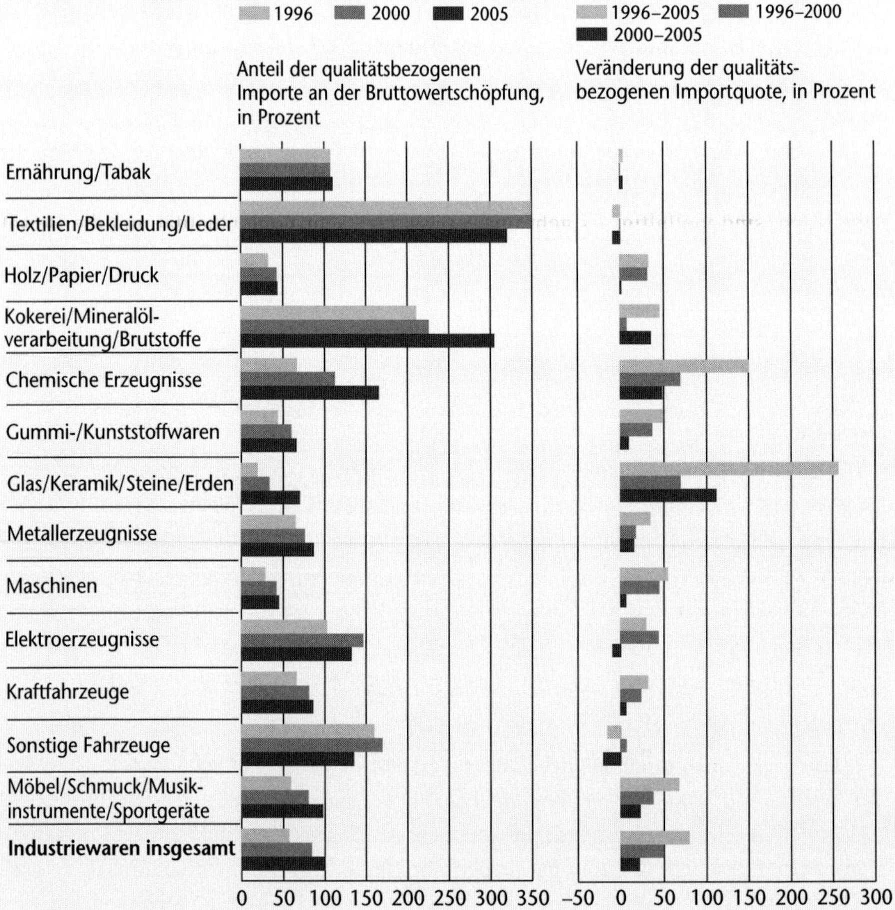

Qualitätsbezogene Importquote: Importquote multipliziert mit dem Quotienten der Einheitswerte von Im- und Exporten; Einheitswert: Quotient aus der Wert- und Gewichtsangabe; Daten erst ab 1996 verfügbar.
Quellen: Statistisches Bundesamt, 2008; Statistisches Bundesamt, Sonderauswertung; eigene Berechnungen

zeigt sich im Großen und Ganzen ein ähnliches Bild wie bei der allgemeinen Importquote. Die höchsten Quoten weisen Textilien/Bekleidung/Leder auf, gefolgt von Kokerei/Mineralölverarbeitung/Brutstoffe und Sonstige Fahrzeuge. Den geringsten qualitätsbezogenen Konkurrenzdruck gibt es bei Maschinen und im Bereich Holz/Papier/Druck.

Alles in allem stehen die Branchen der deutschen Wirtschaft vor der Herausforderung, die zunehmende Konkurrenz vor allem aus den aufstrebenden Schwellenländern zu bewältigen, die technologisch in den vergangenen zehn Jahren enorme Fortschritte gemacht haben. Dazu muss es den deutschen Unternehmen gelingen, auf der Wertschöpfungs- und Technologieleiter weiter nach oben zu klettern, um ihre Innovationsvorsprünge zu sichern.

Verbunden ist dies mit einer Verlagerung von Tätigkeiten geringerer Produktivität und daher mit einer Konzentration auf die sogenannten Systemkopf-Funktionen.

In diesem Zusammenhang wird zuweilen argumentiert, dass die Spezialisierung Deutschlands auf Branchen der höheren Technologie zu einem Problem werden könnte. Denn anders als bei Spitzentechnologien, bei denen Deutschland im internationalen Vergleich weniger gut dasteht, könnten hier weitere Produktivitätsfortschritte sowie das Marktwachstum allgemein begrenzt sein. Doch selbst wenn Deutschland nicht auf breiter Front an der technologischen Spitze dabei ist, spricht vieles dafür, dass hochwertige deutsche Produkte auch in Zukunft ihren Absatzmarkt finden werden. Die Rezepte, das zu gewährleisten, sind vielfältig: Es geht um verlässliche, sehr hohe Qualität und die Bewältigung komplexer Problemzusammenhänge, um Kreativität und Service im Detail. Oder, im Sinne dieser Studie: um Exzellenz in der Qualität der Systemkopf-Tätigkeiten.

4.2 Direktinvestitionen im Ausland

Bestandsaufnahme

Schon seit mehreren Jahren wird verstärkt über die Auslandsaktivitäten der deutschen Unternehmen diskutiert. Vor allem wird in Wirtschaft, Politik und Presse darüber spekuliert, ob durch die Auslandsinvestitionen der Industriestandort Deutschland leidet oder ob dadurch zahlreiche Arbeitsplätze verloren gehen. Tatsächlich sind die deutschen Direktinvestitionsbestände im Ausland zwischen 1990 und 2005 um fast 580 Prozent angestiegen. Eine regionale Verteilung dieser Bestände zeigt, auf welche Zielmärkte sich die deutschen Unternehmen konzentrieren – nämlich vor allem auf zwei große Wirtschaftsblöcke. Die wichtigsten Zielländer für deutsche Direktinvestitionen sind die Länder der EU-15. Diese hatten im Jahr 2005 einen Anteil von mehr als 45 Prozent am gesamten Direktinvestitionsbestand. Die zweitwichtigste Zielregion waren die USA mit einem Anteil von 30 Prozent. In der Summe hatten die EU-15 und die USA einen Anteil von gut 75 Prozent. Damit scheint, abgeleitet aus der Theorie multinationaler Unternehmen, das horizontale Investitionsmotiv eine dominante Rolle zu spielen (Römer, 2007). Denn bei einer Investition in ein Industrieland sollte davon ausgegangen werden, dass das Marktmotiv das dominante Motiv darstellt. Empirische Untersuchungen zeigen, dass die deutschen Unternehmen vor allem aus Marktgründen im Ausland investieren (DIHK, 2003; 2006). Eine Auswertung zahlreicher empirischer Untersuchungen lässt den Schluss zu, dass etwa zwei Drittel aller Auslandsinvestitionen dem Marktmotiv und ein Drittel dem Kostenmotiv folgen (Römer, 2007). Der Wachstumsmarkt Asien hatte am Ende des Jahres 2005 nur einen Anteil von 6,2 Prozent an den deutschen Direktinvestitionsbeständen im Ausland. Die mittel- und osteuropäischen EU-Mitgliedsländer kamen auf einen Anteil von gut 6 Prozent – im Jahr 1990 hatte dieser allerdings erst bei 0,3 Prozent gelegen.

Branchenanalyse

Neben einer allgemeinen Bestandsaufnahme ist vor allem interessant, welche Branchen bei Auslandsinvestitionen eine Rolle spielen. Hier zeigt sich, dass die wichtigste Zielbranche für deutsche Investoren zum Ende des Jahres 2005 das Kredit- und Versicherungsgewerbe war, auf das 34 Prozent aller Direktinvestitionen im Ausland fielen. Das Verarbeitende Gewerbe kam mit einem Anteil von 25 Prozent auf den zweiten Platz. Letzteres ist für die Analyse besonders interessant, weil es eine Aussage erlaubt über den Bedeutungswandel innerhalb der Industrie. Falls die deutschen Unternehmen zunehmend Tätigkeiten in das Ausland auslagern, liegt der Schluss nahe, dass vor allem Investitionen in das ausländische Verarbeitende Gewerbe erfolgen. Somit müsste intuitiv gesehen der Wert dieser Direktinvestitionsbestände über die Jahre gesehen sowohl absolut als auch relativ – das heißt gemessen als Anteil an den gesamten deutschen Direktinvestitionen im Ausland – steigen.

Verarbeitendes Gewerbe als Zielbranche deutscher Direktinvestitionen Abbildung 2.21

Anteil an den gesamten deutschen Direktinvestitionsbeständen im Ausland, 1995–2005, in Prozent

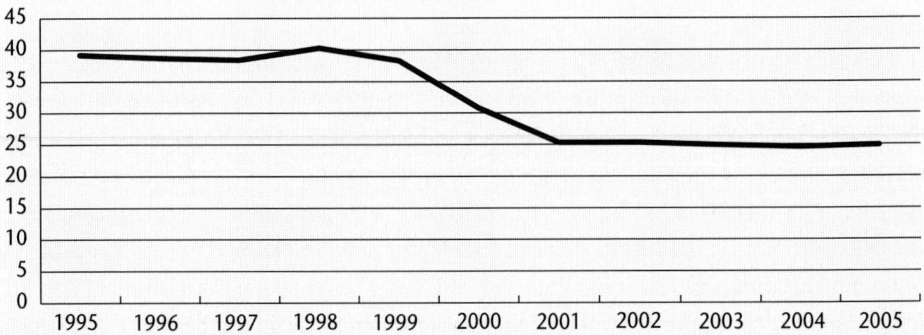

Quellen: Deutsche Bundesbank, Online-Datenbank; eigene Berechnungen

In absoluten Zahlen ist der Bestand deutscher Direktinvestitionen im ausländischen Verarbeitenden Gewerbe von 77 Milliarden Euro im Jahr 1995 auf 195 Milliarden Euro im Jahr 2005 angewachsen. Damit hat sich das von deutschen Unternehmen im ausländischen Verarbeitenden Gewerbe investierte Kapital weit mehr als verdoppelt. Dagegen hat aber der Anteil dieser Investitionstätigkeit über den Zeitraum von 1995 bis 2005 deutlich abgenommen (Abbildung 2.21). Der Anteil der Direktinvestitionsbestände im ausländischen Verarbeitenden Gewerbe an den gesamten deutschen Direktinvestitionsbeständen im Ausland betrug im Jahr 1995 noch 39,2 Prozent. Bis zum Ende des Jahres 2005 ist er auf 24,9 Prozent gefallen. Dies entspricht einem deutlichen Verlust von gut 14 Prozentpunkten. Zugenommen hat dagegen der Anteil des ausländischen Kredit- und Versicherungsgewerbes, das zwischen 1995 und 2005 einen Anteilsanstieg von 4 Prozentpunkten verzeichnete.

Tabelle 2.3 zeigt für die einzelnen Zielbranchen des Verarbeitenden Gewerbes Details über Veränderungen im Zeitablauf. Zunächst erleichtert ein Blick auf den Gesamtzeitraum 1995 bis 2005 die Analyse. Die gesamten deutschen Direktinvestitionsbestände im Ausland konnten in dieser Zeit um fast 300 Prozent zulegen. Die im Verarbeitenden Gewerbe stiegen dagegen unterdurchschnittlich, nämlich um gut 150 Prozent. Die Bestände in den

Deutsche Direktinvestitionsbestände im Ausland nach Zielbranchen

Tabelle 2.3

	Veränderung, in Prozent			Anteile am Gesamtbestand, in Prozent		
	1995–2005	1995–2000	2000–2005	1995	2000	2005
Ernährung/Tabak	138,5	89,4	25,9	1,1	0,7	0,6
Textilien/Bekleidung/Leder	26,1	49,8	-15,8	0,9	0,4	0,3
Holz/Papier/Druck	68,3	54,3	9,1	1,6	0,8	0,7
Kokerei/Mineralölverarbeitung/Brutstoffe	115,7	232,4	-35,1	0,2	0,2	0,1
Chemische Erzeugnisse	122,2	101,4	10,3	13,4	9,1	7,5
Gummi-/Kunststoffwaren	199,3	126,4	32,2	1,3	1,0	1,0
Glas/Keramik/Steine/Erden	201,3	133,7	28,9	1,7	1,3	1,3
Metallerzeugnisse	246,6	71,3	102,4	2,2	1,3	1,9
Maschinen	136,2	111,6	11,6	3,9	2,8	2,3
Elektroerzeugnisse	113,9	165,9	-19,5	6,0	5,4	3,2
Kraftfahrzeuge	266,1	245,6	5,9	6,2	7,2	5,7
Sonstige Fahrzeuge	69,8	86,3	-8,9	0,5	0,3	0,2
Möbel/Schmuck/Musikinstrumente/Sportgeräte	94,4	94,0	0,2	0,3	0,2	0,1
Recycling	142,7	94,6	24,7	0,1	0,0	0,0
Verarbeitendes Gewerbe insgesamt	153,3	132,4	9,0	39,2	30,8	24,9
Übrige Branchen	392,5	236,9	46,2	60,8	69,2	75,1
Gesamt	298,8	196,0	34,7	100,0	100,0	100,0

Quellen: Deutsche Bundesbank, Online-Datenbank; eigene Berechnungen

einzelnen Branchen weisen dabei teils starke Anstiege auf. Die meisten Branchen haben ihre Direktinvestitionsbestände im Ausland entweder fast oder mehr als verdoppelt. Vor allem die Sparte Kraftfahrzeuge scheint besonders auslandsaktiv gewesen zu sein, sie weist einen Anstieg der Bestandsinvestitionen von mehr als 266 Prozent auf. Die Anteile der einzelnen Branchen sind dagegen nicht sonderlich hoch: In acht von 14 Branchen war im Jahr 2005 der jeweilige Branchenanteil an den gesamten deutschen Direktinvestitionsbeständen im Ausland kleiner/gleich 1 Prozent. Lediglich zwei deutsche Branchen stechen dabei durch verhältnismäßig hohe Anteilswerte hervor: Die Chemische Industrie sowie die Sparte der Kraftfahrzeuge hatten 2005 mit Werten von 7,5 und 5,7 Prozent einen nennenswerten Anteil an den gesamten deutschen Direktinvestitionsbeständen im Ausland.

Über den gesamten Betrachtungszeitraum gesehen fällt es schwer, innerhalb des Verarbeitenden Gewerbes Gewinner und Verlierer zu unterscheiden. Dies liegt daran, dass für fast alle Branchen der Anteilswert im Zeitablauf relativ konstant geblieben ist. Bei der Betrachtung der Anteilsveränderungen von 2005 gegenüber 1995 in Prozentpunkten liegen acht der 14 Branchen im Bereich zwischen –1 und +1. Damit sind innerhalb dieser Jahre nur wenige Strukturveränderungen auszumachen. Lediglich zwei Sparten sorgen für Anteilsveränderungen: die Chemische Industrie sowie der Kraftfahrzeugbau. Während der

Beschäftigtenzahl deutscher Auslandstöchter im Verarbeitenden Gewerbe Abbildung 2.22

nach Branchen, im Jahr 2005, in 1.000

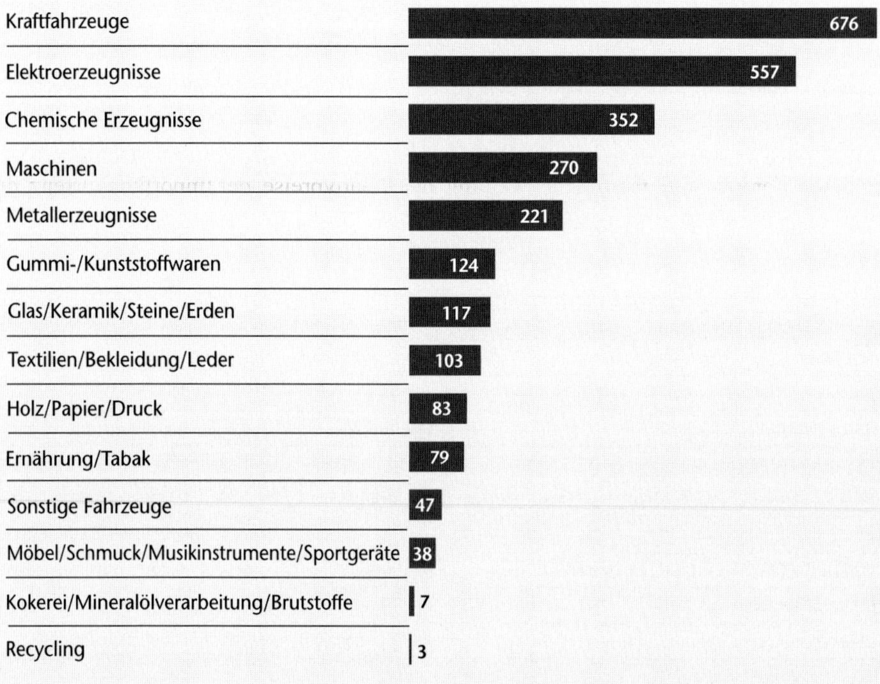

Quelle: Deutsche Bundesbank, Online-Datenbank

Fahrzeugbau zwischen 1995 und 2005 mehr als 7 Prozentpunkte gewinnen konnte, verlor die Chemische Industrie über 4 Prozentpunkte.

Eine kurze Bestandsaufnahme der Anzahl der Auslandsbeschäftigten liefert Abbildung 2.22. Dort ist die Anzahl der Beschäftigten der deutschen Auslandstöchter im Verarbeitenden Gewerbe nach Branchen im Jahr 2005 dargestellt. Zu erkennen ist das große Gefälle zwischen den Branchen, das sich als Folge der unterschiedlich hohen Auslandsinvestitionen und der damit verbundenen Beschäftigtenanzahl in den ausländischen Unternehmen ergibt. Die fünf klassischen starken deutschen Exportbranchen sind auch bei dieser Betrachtung führend. So beschäftigten die Tochterunternehmen der ausländischen Fahrzeugbaubranche mit deutscher Beteiligung 676.000 Mitarbeiter, gefolgt von den Unternehmen der Elektroindustrie, die über 557.000 Mitarbeiter verfügten. Die Branche Kokerei/Mineralölverarbeitung/Brutstoffe hat demgegenüber nur wenige Mitarbeiter. Dies dürfte nicht zuletzt daran liegen, dass diese Branche relativ kapitalintensiv produziert. Die Veränderungsraten zeigen, dass sich einige Branchen zunehmend internationalisieren: In acht der 14 betrachteten Branchen haben die Beschäftigtenzahlen von 1995 bis 2005 um 40 Prozent oder mehr zugenommen. Im Bereich des Fahrzeugbaus ist die Mitarbeiterzahl in ausländischen Gesellschaften mit deutscher Beteiligung im gesamten hier betrachteten Zeitraum 1995 bis 2005 um 86 Prozent angestiegen.

5 Bewertung der Ergebnisse

5.1 Die deutsche Industrie unter Anpassungsdruck

In den Abschnitten 3 und 4 wurden die Determinanten der industriellen Entwicklung in Deutschland aus verschiedenen Betrachtungswinkeln analysiert. Dabei wurde gezeigt, wie die einzelnen Teilbereiche des Verarbeitenden Gewerbes von Veränderungen der Nachfrage, der intersektoralen Arbeitsteilung, der Relativpreise, der Importkonkurrenz, der Exporttätigkeit sowie der Auslandsinvestitionen beeinflusst wurden.

Synopse der Anpassungslasten für die Industriebranchen in Deutschland Tabelle 2.4

Im Zeitraum 1995 bis 2005

	Determinanten					
				Globalisierung		
	Nachfrage[1]	Outsourcing[2]	Preis-Bias[3]	Importdruck[4]	Exportpositionierung[4]	Auslandsinvestitionen[5]
Ernährung/Tabak	0	+	+	++	0	+
Textilien/Bekleidung/Leder	– –	+	0	+	0	– –
Holz/Papier/Druck	0	0	+	+	+	–
Kokerei/Mineralölverarbeitung/Brutstoffe	++	++	n. v.	++	0	0
Chemische Erzeugnisse	++	0	–	–	–	0
Gummi-/Kunststoffwaren	0	+	–	0	–	+
Glas/Keramik/Steine/Erden	–	–	– –	0	0	++
Metallerzeugnisse	0	0	+	+	0	–
Maschinen	–	0	+	0	–	0
Elektroerzeugnisse	+	+	– –	0	+	0
Kraftfahrzeuge	++	– –	+	0	0	++
Sonstige Fahrzeuge	–	+	– –	–	+	– –
Möbel/Schmuck/Musikinstrumente/Sportgeräte	– –	0	++	–	0	–
Recycling	n. v.	– –	++	n. v.	n. v.	+

[1] Bewertung anhand der Veränderung des jeweiligen Branchenanteils am Konsum von Industriewaren;
[2] Bewertung anhand der prozentualen Veränderung der jeweiligen Vorleistungsquoten im Vergleich zum Durchschnitt aller Branchen;
[3] Bewertung anhand der Abweichung von der Preisentwicklung im Verarbeitenden Gewerbe;
[4] Gesamtindikatoren abgeleitet aus der relativen Veränderung im Vergleich zum Branchendurchschnitt; Importdruckindikator berücksichtigt Importquote, Niedriglohnländeranteil und Importqualität; Exportposition berücksichtigt Exportquote, Exportspezialisierung und Exportqualität;
[5] Bewertung anhand der prozentualen Veränderung der Direktinvestitionsbestände im Ausland im Vergleich zum Durchschnitt aller Branchen.
Eigene Berechnungen

Die Synopse fasst diese Teilergebnisse zusammen – ohne an dieser Stelle eine Gesamtbewertung vornehmen zu wollen. Tabelle 2.4 zeigt, wie die einzelnen Bereiche beim Blick auf die hier aufgelisteten sechs Determinantengruppen abgeschnitten haben. Das Pluszeichen (Minuszeichen) soll dabei signalisieren, dass die jeweilige Determinantengruppe einen eher positiven (negativen) Einfluss auf die Wirtschaftstätigkeit der entsprechenden Industriebranche im gesamten Zeitraum von 1995 bis 2005 gehabt hatte. Eine Null steht für einen insgesamt eher neutralen Impuls. Es wurde hier darauf verzichtet, die Synopse für die beiden Teilperioden 1995 bis 2000 und 2000 bis 2005 vorzunehmen. Vielmehr soll das Gesamtbild im Vordergrund stehen. Es muss gleichwohl an dieser Stelle darauf hingewiesen werden, dass sich aus der in der Synopse vorgenommenen Einzelbewertung – und vor allem aus dem Überblick über alle Determinantengruppen – kein eindeutiger Zusammenhang mit der Wertschöpfungsentwicklung ergibt.

Für die knappe Mehrzahl der Branchen – und besonders deutlich für die Bereiche Kraftfahrzeuge, Elektroerzeugnisse, Glas/Keramik/Steine/Erden sowie Textilien/Bekleidung/Leder – passen die Einzelbewertungen anhand der Determinanten recht gut zu den Positionsverlagerungen innerhalb der Industrie. Bei anderen Bereichen – etwa Ernährung/Tabak und Sonstige Fahrzeuge – sind diese Befunde nicht besonders ausgeprägt. Dennoch liegt damit erstmals auf einer deskriptiven Basis eine Fülle von Informationen über Anpassungslasten für die einzelnen Industriebranchen in Deutschland vor.

Ein weiteres analytisches Konzept (Grömling/Matthes, 2003) – das Wachstumsbeitragskonzept – macht zusätzliche Schlussfolgerungen möglich. Es baut auf dem auch von der OECD genutzten Konzept der Importpenetration auf. Demnach gilt:

Importpenetration = Importe / (Produktion + Importe – Exporte).

Außerdem gilt für den Nenner auf der rechten Seite der Gleichung:
Inlandsversorgung = Produktion + Importe – Exporte
= Wertschöpfung + Vorleistungen + Importe – Exporte
= Wertschöpfung + Vorleistungen – Außenbeitrag.

Die Inlandsversorgung (Total Domestic Demand) besteht demnach aus der Produktion und den Importen, welche die Güterversorgung abbilden, abzüglich der Exporte, mit denen ein Teil der Güterversorgung ins Ausland wandert. Dieses Nachfragekonzept setzt dabei nicht allein auf der Endverbrauchsstufe an, sondern bezieht auch die Nachfrage der Unternehmen auf der Produktions- und Vorleistungsebene mit ein. Insofern ist der Nachfragebegriff hier ein anderer als in Abschnitt 3.1. Zentral für unsere Perspektive ist jedoch: Aus der obigen Gleichung lässt sich ein Zusammenhang ableiten zwischen der nominalen Wertschöpfung einerseits und dem wesentlichen Teil der in den Abschnitten 3 und 4 behandelten Einflussfaktoren andererseits. Umgeformt ergibt die Gleichung:

Wertschöpfung = Inlandsversorgung – Vorleistungen + Außenbeitrag.

Aufbauend auf diesem Zusammenhang lässt sich die Veränderung der nominalen Wertschöpfung aus den Veränderungen der anderen Größen erklären. Damit werden die Erklärungsfaktoren der Abschnitte 3 und 4 (Nachfrage, Outsourcing und Außenhandel) aufgegriffen. Da dieses Konzept sich nur auf der nominalen Ebene bewegt, sind die Bezüge des Abschnitts 3.3 auf die Preis- und Produktivitätsentwicklung als Ergänzung zu diesem Konzept zu verstehen. Gleiches gilt für Abschnitt 4.2. Denn letztlich kommen die Wirkungen der Auslandsinvestitionen im Außenhandel zum Ausdruck. Sei es, dass Exporte durch Produktionsverlagerung ersetzt, möglicherweise über Vorleistungsverflechtungen oder über den Aufbau von ausländischen Vertriebswegen sogar stimuliert werden. Oder sei es, dass über Offshoring und Lohnveredelungsverkehr zusätzliche Vorleistungsexporte entstehen, die nach der Weiterverarbeitung im Ausland re-importiert werden.

Eine effiziente intersektorale und internationale Arbeitsteilung – was hier als Outsourcing und Offshoring bezeichnet wurde – sollte insgesamt gesehen dazu beitragen, die verbleibende Wertschöpfung im auslagernden Bereich wettbewerbsfähiger zu machen und damit mengen- und wertmäßig zu stimulieren. Da Vorleistungen aber zunächst gleichbedeutend mit einer Verringerung der ursprünglichen Wertschöpfung sind, ist die Nettowirkung der Auslagerung auf die Wertschöpfung a priori unbestimmt. Das Wachstumsbeitragskonzept erfasst die positiven Wirkungen von Outsourcing und Offshoring nicht durch die Vorleistungen, sondern eher durch die positiven Effekte auf Nachfrage und Außenbeitrag, die durch eine höhere Wettbewerbsfähigkeit zu erwarten sind.

Im Folgenden wird dieses Modell auf die gesamtwirtschaftliche und auf die Branchenebene angewendet, um die jeweils relevanten Veränderungen der nominalen Wertschöpfung zu erklären und damit konkrete Hinweise zu erhalten, welche Faktoren maßgeblich zur Verschiebung der Anteile zwischen Industrie und Dienstleistungen sowie zwischen den Industriebranchen beigetragen haben.

5.2 Gesamtwirtschaftliche Betrachtung

Hier muss statt der Industrie der Warensektor betrachtet werden, da der gesamte Außenhandel aufzuteilen ist in Waren- und Dienstleistungshandel. Somit müssen auch die Wirkungen auf die Dienstleistungen (einschließlich Baugewerbe) und auf den Rest der Wirtschaft (Warensektor) getrennt analysiert werden. Der Warensektor ist dabei definiert als Produzierendes Gewerbe (ohne Baugewerbe) zuzüglich des primären Sektors (Land- und Forstwirtschaft, Fischerei), da auch dieser Sektor am Warenhandel beteiligt ist. Das Baugewerbe ist dem Dienstleistungssektor zugeordnet, da dort mit Bauarbeiten letztlich Dienstleistungen gehandelt werden.

Wie in den Branchenbetrachtungen wird hier der Zeitraum 1995 bis 2005 dargestellt und dies erneut in zwei Perioden, da in beiden Phasen deutlich andere Entwicklungen bei den Treibern des Strukturwandels festgestellt wurden.

Die Anteile des Warensektors an der gesamtwirtschaftlichen Bruttowertschöpfung sind – ähnlich wie im Verarbeitenden Gewerbe – in den betrachteten Perioden von 1995 bis 2000 und von 2000 bis 2005 nahezu konstant geblieben. Auf dieser Basis ist zu fragen, wie Inlandsversorgung, Vorleistungen und Außenbeitrag auf dieses Ergebnis Einfluss genommen haben (Abbildung 2.23).

Warensektor und Dienstleistungen: Beiträge zum Wachstum der nominalen Bruttowertschöpfung Abbildung 2.23

in Prozent beziehungsweise Prozentpunkten

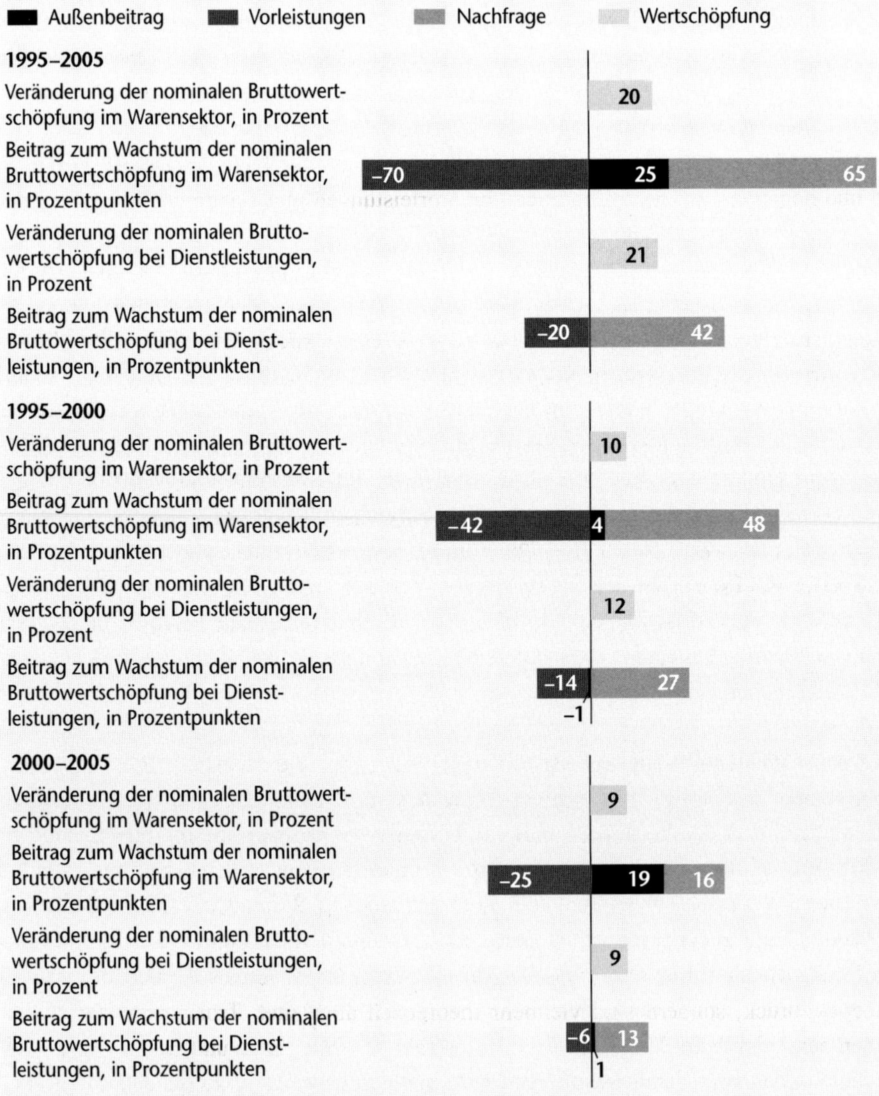

Warensektor: Produzierendes Gewerbe (ohne Baugewerbe) und primärer Sektor; Dienstleistungen: einschließlich Baugewerbe.
Quellen: Statistisches Bundesamt, 2008; eigene Berechnungen

Zunächst wird der Blick auf den Gesamtzeitraum 1995 bis 2005 gelenkt. Hier zeigt sich, dass sowohl der Warensektor als auch die Dienstleistungen ein recht ähnliches Wachstum aufweisen – das Spiegelbild einer nur geringfügigen Anteilsverschiebung an der Bruttowertschöpfung. Dieses Ergebnis kommt aber auf recht unterschiedliche Weise zustande: Im Warensektor sind die Ausschläge von Vorleistungen und Nachfrage wesentlich stärker. Zudem trägt der Außenbeitrag lediglich beim Warensektor deutlich positiv zum Wachstum bei. Der Außenhandel spielt folglich eine sehr wichtige Rolle, wenn es darum geht, die weitgehende Konstanz des Industrieanteils an der Wertschöpfung zu erklären. Dies gilt umso mehr, als der Außenbeitragseffekt bei den Dienstleistungen kaum relevant ist. Diese Unterschiede zwischen Waren- und Dienstleistungssektor ziehen sich weitgehend auch durch die Teilperioden. Doch treten bei der Aufspaltung der Zeiträume andere bemerkenswerte, nachfolgend geschilderte Unterschiede zutage.

Von 1995 bis 2000 sind im Waren- und Dienstleistungssektor deutlich größere (positive und negative) Wachstumsbeiträge von Vorleistungen und Nachfrage zu verzeichnen als in der Periode von 2000 bis 2005. Dieser Befund passt bei den Vorleistungen sehr gut zu den Ergebnissen in Abschnitt 3.2. Bei der Inlandsversorgung ist eine Vergleichbarkeit zu Abschnitt 3.1 (Konsum) wie erwähnt nicht ausreichend gegeben. Hinter der hohen Dynamik der Inlandsversorgung könnte daher auch eine stärkere Unternehmensnachfrage (nach Vorleistungen) innerhalb des Warensektors stehen. Unterschiede zeigen sich auch beim Beitrag des Außenhandels im Warensektor. Dieser ist in der ersten Phase nur vergleichsweise geringfügig positiv. Dagegen hat der Außenbeitrag zwischen 2000 und 2005 einen vergleichsweise großen Beitrag dazu geleistet, dass die Wertschöpfung im Warensektor sogar leicht stärker zugenommen hat als bei den Dienstleistungen (einschließlich Baugewerbe). Im Zeitraum 2000 bis 2003, der hier nicht gesondert abgebildet ist, hat der Außenbeitrag bei sogar negativer Entwicklung der Nachfrage und kaum negativen Wachstumsbeiträgen der Vorleistungen in sehr starkem Maße stabilisierend gewirkt und so einen gravierenden Anteilsrückgang des Warensektors verhindert.

5.3 Branchenanalyse

Das Wachstumsbeitragskonzept lässt sich auch auf die einzelnen Branchen übertragen, wobei erneut die drei bekannten Zeiträume abgegrenzt werden.

Der Schwerpunkt der folgenden Beschreibung liegt auf der Gesamtperiode von 1995 bis 2005. Es sei darauf hingewiesen, dass die Übereinstimmung mit Übersichtstabelle 2.4 nur eingeschränkt sein kann. Denn zum einen handelt es sich bei der Wachstumsbeitragsmethode um ein anderes Nachfragekonzept. Und zum anderen greifen die dort abgebildeten Außenhandelsindikatoren weniger auf die Saldenmechanik des Wachstumsbeitragskonzepts zurück, sondern sind vielmehr theoretisch abgeleitet. Trotz dieser Einschränkungen zeigt sich beim Vergleich der Einflussfaktoren Nachfrage und Outsourcing – mit einigen Ausnahmen – eine recht weitgehende Übereinstimmung zwischen beiden Darstellungsformen.

Von 1995 bis 2005 waren die Wachstumsbeiträge der gesamtwirtschaftlichen Nachfrage (auch auf Vorleistungsebene) bei zwei Drittel der Branchen positiv (Abbildung 2.24). Dazu zählen vor allem der Fahrzeugbau, die Elektroerzeugnisse, die Metallerzeugnisse sowie die Chemischen Erzeugnisse. Im Gegensatz dazu hat die Nachfrage im Zuge der Konsumschwäche vor allem nach dem Jahr 2000 negative Wirkungen besonders auf die Bereiche Textilien/Bekleidung/Leder, Glas/Keramik/Steine/Erden sowie Möbel/Schmuck/

Deutsche Industrie: Beiträge zum Wertschöpfungswachstum nach Branchen

Abbildung 2.24

Wachstumsbeiträge zur nominalen Bruttowertschöpfung, in Prozentpunkten

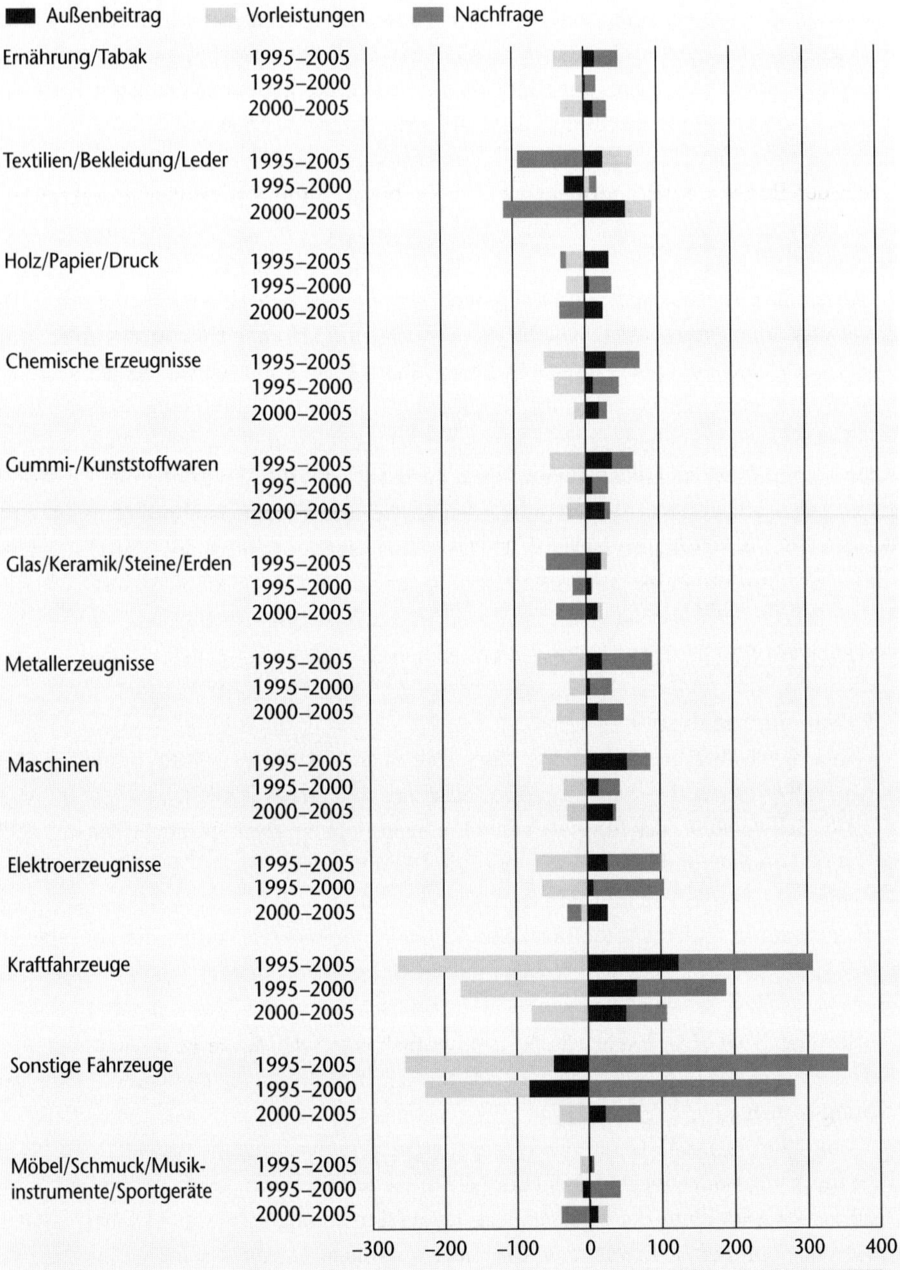

Quellen: Statistisches Bundesamt, 2008; eigene Berechnungen

Musikinstrumente/Sportgeräte gehabt. Beim Vergleich der Zeiträume 1995 bis 2000 und 2000 bis 2005 zeigt sich in den meisten Fällen, dass die Nachfrageentwicklung in der zweiten Teilperiode weniger dynamisch war und teilweise sogar das Vorzeichen von positiv auf negativ wechselte. Das gilt in den Bereichen Elektroerzeugnisse, Textilien/Bekleidung/Leder, Holz/Papier/Druck und Möbel/Schmuck/Musikinstrumente/Sportgeräte.

Das Outsourcing hat in der überwiegenden Mehrheit der Branchen das Wachstum der Bruttowertschöpfung in der Phase 1995 bis 2005 für sich genommen gebremst. Besonders stark war diese Wirkung bei den Kraftfahrzeugen, merklich aber auch bei den Metall-, Elektro- und Chemischen Erzeugnissen sowie bei Maschinen. Eine wichtige Ausnahme bildet der Bereich Textilien/Bekleidung/Leder, bei dem die Vorleistungen sogar absolut zurückgegangen sind. In den meisten Branchen hat die Dynamik des Outsourcing in der Periode von 2000 bis 2005 (übereinstimmend mit den Befunden in Abschnitt 3.2) im Vergleich zur Vorperiode nachgelassen. Dabei gilt es zu beachten, dass selbst bei einer rückläufigen Vorleistungsquote – wie etwa bei Kraftfahrzeugen – immer noch ein negativer Wachstumsbeitrag der Vorleistungen resultiert, wenn die Vorleistungen absolut zugenommen haben – allerdings weniger stark als die nominale Bruttowertschöpfung.

Der Wachstumsbeitrag des Außenhandels konnte von 1995 bis 2005 das Wertschöpfungswachstum in den Branchen mit einer Ausnahme (Sonstige Fahrzeuge) beflügeln. Besonders starke Wirkungen hat der Außenbeitrag in den Bereichen Kraftfahrzeuge, Maschinen, Gummi-/Kunststoffwaren und Chemische Erzeugnisse entfaltet. Merklich positiv war der Einfluss bemerkenswerterweise auch im Bereich Textilien/Bekleidung/Leder. Nur geringe positive Wirkungen übte der Außenbeitrag in den Bereichen Möbel/Schmuck/Musikinstrumente/Sportgeräte und Ernährung/Tabak aus. Der Vergleich der Teilphasen macht deutlich: Ähnlich wie bei der gesamtwirtschaftlichen Betrachtung war die positive Wirkung des Außenhandels in der zweiten Phase (2000 bis 2005) zumeist stärker. Teilweise kam es sogar zu einem Vorzeichenwechsel, nachdem der Außenbeitrag im Zeitraum 1995 bis 2000 noch die Wertschöpfungsentwicklung gebremst hatte. Das war im Zuge eines teils starken Einbruchs der Importe insbesondere im Bereich Textilien/Bekleidung/Leder der Fall, aber auch in den Bereichen Elektroerzeugnisse, Sonstige Fahrzeuge und Möbel/Schmuck/Musikinstrumente/Sportgeräte.

6 Fazit

Kapitel 2 hat eine empirische Bestandsaufnahme zu der Frage geliefert, wie Bedeutungsverschiebungen innerhalb der Industrie durch Strukturwandel und Globalisierung erklärt werden können. Dabei wurde auf der Ebene von 14 Industriebranchen untersucht, welcher Anpassungsdruck durch Veränderungen auf der Angebots- und Nachfrageseite – die wiederum von der Globalisierung beeinflusst werden – entstanden ist. Outsourcing, Produktivitätsunterschiede, Veränderungen der privaten Nachfrage und auch die zunehmende Internationalisierung haben sich auf die Branchen ausgewirkt. Die Erkenntnisse, wie diese Faktoren die Position einzelner Industriezweige im gesamten industriellen Branchengefüge jeweils beeinflusst haben, liefern wichtige Ergebnisse für die folgenden

Abschnitte. Der festgestellte hohe und vielschichtige Anpassungsdruck stützt die grundlegende Vermutung, dass die Unternehmen gezwungen sind, ihre Strukturen ständig zu überprüfen und zu optimieren. Die Globalisierung erzeugt einerseits diesen Druck, bietet aber andererseits auch die Möglichkeit, die Wettbewerbsfähigkeit zu erhalten, indem die Unternehmen sich auf wertschöpfungsintensive Systemkopf-Funktionen im Inland konzentrieren und weniger produktive Tätigkeiten ins Ausland verlagern.

Dieser einleitende empirische Befund liefert Erkenntnisse auf der aggregierten Ebene. Die Analyse in Kapitel 2 hat aber auch gezeigt, dass sich die Systemkopf-Hypothese mit den makroökonomischen und den branchen- oder produktspezifischen Daten nicht ausreichend greifen lässt. Dazu sind weitere Daten und Analysen notwendig. In vielerlei Hinsicht ist der Strukturwandel auf der Unternehmensebene – und damit im übertragenen Sinne auch auf der Branchenebene – eine empirische und analytische Blackbox. Viele Fragen, die im Rahmen dieses zweiten Kapitels nicht beantwortet werden konnten, lassen sich nur auf der Unternehmensebene beantworten. Dies betrifft etwa die Frage nach den Erfolgsfaktoren der Unternehmen der jeweiligen Branchen. Unternehmensumfragen sind dazu das geeignete Instrument.

Literatur

Balassa, Bela, 1965, Trade Liberalisation and Revealed Comparative Advantage, in: The Manchester School of Economic & Social Studies, Vol. 33, S. 99–123

Baumol, William, 1967, Macroeconomics of Unbalanced Growth – The Anatomy of Urban Crisis, in: The American Ecomomic Review, Vol. 57, No. 3, S. 415–426

Clark, Colin, 1951, The Conditions of Economic Progress, London

Danninger, Stephan / **Joutz**, Fred, 2007, What Explains Germany's Rebounding Export Market Share?, IMF Working Paper, No. 24, Washington D. C.

Deutsche Bundesbank, 2006, Deutschland im Globalisierungsprozess, in: Monatsbericht, 58. Jg., Nr. 12, S. 17–35

DIHK – Deutscher Industrie- und Handelskammertag, 2003, Produktionsverlagerungen als Element der Globalisierungsstrategie von Unternehmen: Ergebnisse einer Unternehmensbefragung, Mai 2003, Berlin

DIHK, 2006, Investitionen im Ausland: Ergebnisse einer DIHK-Umfrage bei den Industrie- und Handelskammern, Frühjahr 2006, Berlin

ECB – European Central Bank, 2006, Competition, productivity and prices in the Euro area services sector, Occasional Paper Series, No. 44, Frankfurt am Main

Fourastié, Jean, 1949, Le grand espoir du XXe siècle, Paris

Gomory, Ralph E. / **Baumol**, William J., 2000, Global Trade and Conflicting National Interests, Massachusetts

Grömling, Michael, 2005, Sinn und Unsinn von Quoten auf Basis von preisbereinigten Werten, in: Allgemeines Statistisches Archiv, Band 89, S. 451–468

Grömling, Michael, 2007, Messung und Trends der intersektoralen Arbeitsteilung, in: IW-Trends, 34. Jg., Nr. 1, S. 3–16

Grömling, Michael / **Lichtblau**, Karl, 2006, Deutschland vor einem neuen Industriezeitalter?, IW-Analysen, Nr. 20, Köln

Grömling, Michael / **Lichtblau**, Karl / **Weber**, Alexander, 1998, Industrie und Dienstleistungen im Zeitalter der Globalisierung, Köln

Grömling, Michael / **Matthes**, Jürgen, 2003, Globalisierung und Strukturwandel der deutschen Textil- und Bekleidungsindustrie, IW-Analysen, Nr. 1, Köln

Haß, Hans-Joachim, 1995, Industrienahe Dienstleistungen: Ökonomische Bedeutung und politische Herausforderung, Beiträge zur Wirtschafts- und Sozialpolitik des Instituts der deutschen Wirtschaft Köln, Nr. 223, Köln

Hennchen, Ottmar, 2006, Strukturdaten zum Verarbeitenden Gewerbe: Methode und Ergebnisse der Strukturerhebungen 2004, in: Wirtschaft und Statistik, Nr. 7, S. 734–746

IW Consult, 2005, Export schafft Wertschöpfung: Deutschland ist im internationalen Vergleich keine Basarökonomie, Endbericht, Köln

Kalmbach, Peter / **Franke**, Reiner / **Knottenbauer**, Karin / **Krämer**, Hagen / **Schaefer**, Heinz, 2003, Die Bedeutung einer wettbewerbsfähigen Industrie für die Entwicklung des Dienstleistungssektors: Eine Analyse der Bestimmungsgründe der Expansion industrienaher Dienstleistungen in modernen Industriestaaten, Bremen

Klodt, Henning, 1995, Auf dem Weg in die Dienstleistungsgesellschaft: Geht die industrielle Basis verloren?, in: WiSt – Wirtschaftswissenschaftliches Studium, 24. Jg., Nr. 6, S. 297–301

Lichtbau, Karl / **Meyer**, Bernd / **Ewerhart**, Georg, 1996, Komplementäres Beziehungsgeflecht zwischen Industrie und Dienstleistungen, in: IW-Trends, 23. Jg., Nr. 4, S. 36–59

Lichtblau, Karl / **Neligan**, Adriana / **Richter**, Iris, 2005, Erfolgsfaktoren von M+E-Clustern in Deutschland, in: IW-Trends, 32. Jg., Nr. 2, S. 31–44

Loschky, Alexander / **Ritter**, Liane, 2007, Konjunkturmotor Export, in: Wirtschaft und Statistik, Nr. 5, S. 478–488

Matthes, Jürgen, 2007, Weltkrieg um Wohlstand und pathologischer Exportboom?: Warum Deutschland auch weiterhin von der Globalisierung profitiert, IW-Analysen, Nr. 28, Köln

Nordhaus, William D., 2006, Baumol's Diseases: A Macroeconomic Perspective, NBER Working Paper, No. 12218, Cambridge (Mass.)

OECD – Organisation for Economic Co-operation and Development, 2007, National Accounts of OECD Countries: Detailed Tables 2007, Paris

Römer, Christof, 2007, Offshoring: Wie viele Jobs gehen ins Ausland?, IW-Analysen, Nr. 26, Köln

Rowthorn, Robert / **Ramaswamy**, Ramana, 1997, Deindustrialization: Causes and Implications, IMF Working Paper, No. WP/97/42, Washington D. C.

Schott, Peter K., 2004, Across-Product versus Within-Product Specialization in International Trade, in: The Quarterly Journal of Economics, Vol. 119, No. 2, S. 646–677

Sinn, Hans-Werner, 2005, Die Basar-Ökonomie – Deutschland: Exportweltmeister oder Schlusslicht?, Berlin

Stahn, Kerstin, 2006, Has the impact of key determinants of German exports changed? Results from estimations of Germany's intra euro-area and extra euro-area exports, Deutsche Bundesbank Discussion Paper Series 1: Economic Studies, No. 7, Frankfurt am Main

Statistisches Bundesamt, 2008, Volkswirtschaftliche Gesamtrechnungen: Inlandsproduktsberechnung – Detaillierte Jahresergebnisse 2007, Fachserie 18, Reihe 1.4, Wiesbaden

Wartenberg, Ludolf von / **Haß**, Hans-Joachim, 2005, Investition in die Zukunft: Wie Deutschland den Anschluss an die globalisierte Welt findet, Weinheim

Kapitel 3

Karl Lichtblau / Adriana Neligan

Die mikroökonomische Perspektive – Die Bedeutung von Systemköpfen und Netzwerken

Inhalt

1 Die Systemkopf-Hypothese

Der Strukturwandel der deutschen Volkswirtschaft wurde in den vergangenen mehr als 20 Jahren von vier maßgeblichen Entwicklungslinien geprägt. Diese Megatrends sind die fortschreitende Globalisierung, die Wissensintensivierung und die Tertiarisierung der Wirtschaft sowie die zunehmende Differenzierung der Produkte und Unternehmensstrategien. Das Muster des Strukturwandels beschreibt Rahmenbedingungen, die zwar für alle Unternehmen gelten. Die grundlegende Hypothese dieses Beitrags lautet aber, dass nicht alle Unternehmen diesen Wandel gleichermaßen vorantreiben, sondern dass eine Arbeitsteilung besteht. Es gibt eine Avantgarde von Unternehmen, die an der Spitze stehen und den Wandel maßgeblich prägen. Diese Unternehmen werden Systemköpfe genannt. Sie haben in mehrfacher Hinsicht eine Vorreiterrolle, die in vier Merkmalen zusammengefasst werden kann:

- Diese Unternehmen sind erstens die Treiber der zunehmenden Internationalisierung und damit das „Gesicht der deutschen Wirtschaft" auf den Weltmärkten. Etwa zwei Drittel der hiesigen Unternehmen aus den Bereichen Industrie und unternehmensnahe Dienstleistungen haben kein Auslandsgeschäft. Nur knapp jedes fünfte Unternehmen hat Exportquoten von über 25 Prozent oder eine Auslandsproduktion und kann damit als stark internationalisiert eingestuft werden (IW Consult, 2007a). Zu dieser Gruppe gehören insbesondere die Systemkopf-Unternehmen.
- Die zweite Vorreiterrolle liegt darin, dass die Systemköpfe wissensintensiver sind. Sie konzentrieren sich mehr als andere auf hochwertige und damit humankapitalintensive betriebliche Funktionen. Dazu gehören neben Forschung und Entwicklung auch Design, Marketing, Fertigungsplanung oder Vertriebssteuerung. Systemköpfe tragen damit überdurchschnittlich dazu bei, dass Deutschland heute eine innovative Wirtschaft ist, die weltweit in hochwertigen und technologieintensiven Märkten bestehen kann.
- Systemkopf-Unternehmen prägen drittens ein neues Muster der Arbeitsteilung. Sie organisieren im Inland Wertschöpfungsketten und konzentrieren sich auf wissens- und wertschöpfungsintensive Funktionen. Für Systemköpfe sind Netzwerke, das heißt eine enge Zusammenarbeit mit Zulieferern, Kunden und der Wissenschaft, daher besonders wichtig. Im Umkehrschluss folgt daraus aber auch, dass Systemköpfe Funktionen, die nicht zu diesen Kernaufgaben gehören, auslagern – vor allem ins Ausland. Dazu zählen insbesondere einfacharbeitsintensive Produktionen.
- Die vierte Annahme lautet, dass Systemköpfe positive Rückwirkungen auf den Standort Deutschland haben. Neben hochwertigen Funktionen innerhalb ihrer Wertschöpfungskette binden sie auch weniger qualifizierte Tätigkeiten an den Standort.

In den folgenden vier Abschnitten werden diese Merkmale untersucht und empirisch getestet. Die Basis dafür sind Befragungsergebnisse im Rahmen des IW-Zukunftspanels (Abschnitt 2). Anschließend werden Systemkopf-Unternehmen mithilfe von Merkmalen aus der Befragung definiert, zudem wird ihre quantitative Bedeutung erfasst (Abschnitt 3). In Abschnitt 4 wird ein Konzept zur Messung von unternehmerischem Erfolg vorgestellt.

Dabei werden Erfolgsfaktoren auf Basis multipler Regressionsanalysen identifiziert. In Abschnitt 5 wird überprüft, ob Systemköpfe in Relation zu einer Gruppe vergleichbarer Unternehmen wirklich erfolgreicher sind und welche Erfolgsfaktoren diese Unterschiede erklären können. Abschließend wird eine Antwort auf die oben formulierte Systemkopf-Hypothese gegeben (Abschnitt 6).

2 Vorgehensweise und Datengrundlage

Grundlage für diese Betrachtung auf der Unternehmensebene ist das IW-Zukunftspanel der IW Consult, für das regelmäßig zwischen 2.500 und 6.000 Unternehmen zu Themen des Strukturwandels befragt werden. Aus diesem umfassend angelegten Zukunftspanel lassen sich strukturelle Veränderungen auf Unternehmensebene antizipieren und volkswirtschaftliche Trends empirisch robust fundieren. Der Datensatz enthält für jedes Unternehmen Angaben zu Größe, Branche, Alter, Personalstruktur, Geschäftsfeldern, Forschungs- und Entwicklungstätigkeiten, Innovationen, Internationalisierung, Beziehungen zu Kunden, Lieferanten sowie wissenschaftlichen Einrichtungen.

Im Herbst 2006 wurden fast 6.000 zufallsausgewählte Unternehmen zu ihrem Internationalisierungsprofil befragt. Im Frühjahr 2007 haben fast 3.500 Unternehmen an der Umfrage zum Thema „Erfolg, Netzwerke und Kooperationen“ teilgenommen (Tabelle 3.1).

Grundlage dieses Beitrags sind vor allem die Ergebnisse der Befragung vom Frühjahr 2007. Die Befragungen richteten sich nicht an die Gesamtwirtschaft, sondern nur an denjenigen Teil, der direkt oder indirekt im internationalen Wettbewerb steht. Dazu gehören die Bereiche Verarbeitendes Gewerbe, Versorgung, Bau, Logistik und unternehmensnahe

Umfang und Struktur der Stichproben aus dem IW-Zukunftspanel

Tabelle 3.1

Zahl der einbezogenen Unternehmen nach Branchen und Größe

Befragungswelle zu „Internationalisierung“ (Herbst 2006)

	Klein	Mittel	Groß	Insgesamt
Verarbeitendes Gewerbe	876	1.850	567	3.293
Bau	230	402	149	781
Dienste	787	759	269	1.815
Gesamt	1.893	3.011	985	5.889

Befragungswelle zu „Erfolg, Netzwerke und Kooperationen“ (Frühjahr 2007)

	Klein	Mittel	Groß	Insgesamt
Verarbeitendes Gewerbe	374	921	378	1.673
Bau	43	110	50	203
Dienste	595	634	311	1.540
Gesamt	1.012	1.665	739	3.416

Klein: bis 1 Million Euro Umsatz; mittel: 1 bis 50 Millionen Euro Umsatz; groß: ab 50 Millionen Euro Umsatz; Dienste: Logistik und unternehmensnahe Dienstleistungen.
Quellen: IW Consult, 2007a und 2007b

Dienstleistungen – also die Industrie und die Dienstleistungsbranchen, die über Vorleistungen eng mit der Industrie verbunden sind. Nicht berücksichtigt sind der Einzelhandel, das Gastgewerbe und gesellschaftsnahe Dienstleistungen.

Die Stichprobe ist unternehmensgrößen- und branchenverzerrt. Es sind – verglichen mit dem Anteil der Branche an der Gesamtwirtschaft – zu viele Unternehmen aus dem Verarbeitenden Gewerbe enthalten. Dieses Übergewicht ist aber notwendig, um eine hinreichend große Fallzahl für eine valide Auswertung zu bekommen. Die Verzerrungen werden durch eine Hochrechnung des Unternehmensregisters korrigiert. Dabei wird eine 8x3-Matrix verwendet: Die Wirtschaft wird demnach in acht Branchen (Chemie, Maschinenbau, Metalle/Elektroindustrie/Fahrzeugbau, Sonstige Industrie, Bauwirtschaft, Logistik, Unternehmensnahe Dienste ohne FuE und Datenbanken sowie Unternehmen der Branchen FuE und Datenbanken) und drei Unternehmensgrößenklassen (Umsatz bis 1 Million Euro, 1 bis 50 Millionen Euro und über 50 Millionen Euro) unterteilt. Jede dieser Zellen ist groß genug, um für die betreffende Zelle repräsentative Ergebnisse ableiten zu können.

Die Tabelle 3.2 zeigt in einer etwas reduzierten Form die Struktur der Stichprobe der Frühjahrswelle 2007 und der Grundgesamtheit, wie sie im Unternehmensregister abgebildet ist. Der Datensatz repräsentiert rund 80 Prozent der im Unternehmensregister erfassten Umsätze, rund 75 Prozent aller Unternehmen und rund 60 Prozent aller Beschäftigten.

Struktur der Stichprobe und Grundgesamtheit Tabelle 3.2

Frühjahrswelle 2007, Angaben in Prozent

	Klein	Mittel	Groß	Gesamt
	Prozentuale Verteilung in der Stichprobe			
Verarbeitendes Gewerbe	10,9	27,0	11,1	49,0
Bauwirtschaft	1,3	3,2	1,5	6,0
Dienste	17,4	18,6	9,0	45,0
Insgesamt	29,6	48,8	21,6	100,0
	Prozentuale Verteilung in der Grundgesamtheit			
Verarbeitendes Gewerbe	15,1	4,2	0,3	19,6
Bauwirtschaft	19,2	2,0	0,01	21,2
Dienste	52,8	6,2	0,2	59,2
Insgesamt	87,1	12,4	0,5	100,0

Klein: bis 1 Million Euro Umsatz; mittel: 1 bis 50 Millionen Euro Umsatz; groß: ab 50 Millionen Euro Umsatz; Basis der Hochrechnung: Unternehmensregister.
Quellen: IW Consult, 2007b; Statistisches Bundesamt, 2006

3 Definition und Bedeutung von Systemköpfen

Bevor Systemköpfe analysiert werden können, muss definiert werden, was konkret unter diesem Begriff zu verstehen ist. Dabei ist es wichtig, dass sich dieses Messkonzept auf quantifizierbare Daten stützt und nur solche einbezieht, die im Rahmen der Befragungen ermittelt werden konnten. Zwei Eigenschaften liegen der Definition zugrunde:

- Systemköpfe weisen im Inland einen überdurchschnittlichen Personaleinsatz im Bereich dispositiver Tätigkeiten auf. Diese zeichnen sich nach dem Ansatz von Barney (1991) dadurch aus, dass einzigartige Ressourcen vorliegen müssen. Im Rahmen der vorliegenden Untersuchung gehören dazu: Forschung, Entwicklung/Konstruktion/Design, Unternehmensplanung/Strategie, Personalwirtschaft und Finanzen.
- Systemköpfe verfügen über eine gewisse Größe. Deshalb wird ein Mindestumsatz von 50 Millionen Euro gefordert.

Das zweite Merkmal (die Unternehmensgröße) kann in Befragungen leicht erhoben werden. Die Erfassung der ersten Eigenschaft ist schwieriger, weil die Unternehmen dazu sehr detailliert die Struktur ihres Personaleinsatzes angeben müssen. In dem Fragebogen wurden Unternehmen gebeten, ihre Beschäftigten prozentual auf elf vorgegebene betriebliche Tätigkeiten zu verteilen. Fünf davon sind als dispositive Tätigkeiten typisiert und zu einer Gruppe zusammengefasst worden.

Zu den Systemköpfen gehören nach diesem Konzept die Unternehmen, die einen überdurchschnittlichen Anteil ihrer Mitarbeiter mit dispositiven Tätigkeiten betrauen und mehr als 50 Millionen Euro Umsatz haben. Anhand dieser Kriterien können Systemkopf-Unternehmen identifiziert und ihr Gewicht bestimmt werden:

- In der Gruppe der großen Unternehmen (Umsatz über 50 Millionen Euro) erfüllt knapp jedes fünfte Unternehmen (19 Prozent) die Eigenschaft von Systemköpfen.
- Knapp zwei Drittel davon sind Industrieunternehmen.

Personaleinsatz nach Tätigkeiten

Tabelle 3.3

Angaben nach Unternehmenstyp, in Prozent (hochgerechnet)

	Systemkopf-Unternehmen	Alle Unternehmen
Forschung	4,8	2,3
Entwicklung/Konstruktion/Design	18,0	7,6
Unternehmensplanung	7,7	5,1
Personalwirtschaft	5,9	2,7
Finanzwirtschaft	6,1	3,4
Dispositive Tätigkeiten	**42,5**	**21,1**
Beschaffung	8,1	8,5
Produktion	6,5	7,7
Produktionsnahe Dienste	15,0	24,0
Absatz/Vertrieb/Marketing	21,9	24,3
Organisation/IT	3,9	3,6
Einfache Dienste	2,1	10,8
Andere Tätigkeiten	**57,5**	**78,9**
Insgesamt	100,0	100,0

Systemkopf-Unternehmen: Unternehmen mit überdurchschnittlichem Personaleinsatz bei dispositiven Tätigkeiten und mehr als 50 Millionen Euro Umsatz; Alle Unternehmen: alle Unternehmen der im IW-Zukunftspanel erfassten Branchen.
Quelle: IW Consult, 2007c

- Die Bedeutung der Systemköpfe ist gemessen an ihrer Anzahl gesamtwirtschaftlich gering. Nur 0,1 Prozent aller Unternehmen erfüllen die geforderten Eigenschaften.
- Gemessen an den Umsatzanteilen sieht das aber anders aus. Denn Systemkopf-Unternehmen erwirtschaften in den Branchen, die im IW-Zukunftspanel berücksichtigt sind, fast 14 Prozent aller Umsätze.

Nach diesen Befunden hat die zahlenmäßig relativ kleine Gruppe der Systemkopf-Unternehmen eine hohe wirtschaftliche Bedeutung und ist ein fester Bestandteil der deutschen Wirtschaft.

Tabelle 3.3 zeigt die Tätigkeitsstruktur der Unternehmen mit Systemkopf-Eigenschaften im Vergleich zum Durchschnitt. Wie in der Definition gefordert, haben die Systemkopf-Unternehmen mit knapp 43 Prozent einen überdurchschnittlich hohen Anteil an dispositiven Tätigkeiten – er ist rund doppelt so hoch wie im Durchschnitt. Umgekehrt sind dort produktionsnahe Dienstleistungen (Montage, Kundendienst) und vor allem einfache Dienste deutlich weniger verbreitet. Diese Unterschiede im Tätigkeitsprofil sind definitorisch angelegt und gewollt. Denn es geht in diesem Abschnitt darum zu zeigen, dass Unternehmen mit diesen Eigenschaften im Strukturwandel eine besondere Rolle spielen.

4 Erfolg und Erfolgsfaktoren

Wenn Systemkopf-Unternehmen – wie es vorne formuliert ist – wirklich eine Avantgarde der deutschen Wirtschaft sind, müssen sie überdurchschnittlich erfolgreich sein. Um diese Frage beantworten zu können, braucht man ein Messkonzept für Erfolg.

4.1 Messung des Erfolgs

Unternehmerischer Erfolg hat sehr viele Dimensionen. Nicht nur aus diesem Grund ist er schwer messbar. In dieser Studie wird auf Basis von Befragungsergebnissen im Rahmen des IW-Zukunftspanels ein Erfolgsindex berechnet, bei dem neben Kennziffern aus der Vergangenheit auch Zukunftseinschätzungen der Unternehmen eingehen. Der Gesamtindex setzt sich deshalb aus einem Vergangenheits- und einem Zukunftsindex zusammen.

- Vergangenheitsbezogene Teilindizes:
  - Hier werden die Entwicklung der Beschäftigung und der Umsätze (Inland und Ausland) in den vergangenen drei Jahren mit einem Gewicht von 30 Prozent und
  - die Höhe der Umsatzrendite der vergangenen drei Jahre (Gewicht: 20 Prozent) berücksichtigt.

- Zukunftsbezogene Teilindizes:
  - Hier fließen die kurzfristigen Erwartungen hinsichtlich Umsatz, Beschäftigung und Investitionen (Gewicht: 10 Prozent) und
  - die mittelfristige Einschätzung der Entwicklungschancen am heutigen Standort (Gewicht: 40 Prozent) in die Bewertung ein.

Alle Daten werden zu Quintilen zusammengefasst und die Ausprägungen entsprechend bepunktet. Die gewichteten Punkte münden in einen Gesamtwert. Diesem Index liegen klare Werturteile zugrunde. Unternehmen mit höherem Umsatz- und Beschäftigungswachstum oder höheren Renditen erhalten mehr Punkte als Unternehmen mit schlechteren Ausprägungen dieser Variablen. Ebenso erzielen Unternehmen mit besseren Erwartungen oder Einschätzungen mehr Punkte. Mit diesen Vorgaben wird für jedes Unternehmen ein Indexwert ermittelt.

Errechnet man den Erfolgsindex der Systemkopf-Unternehmen, zeigt sich, dass diese überdurchschnittlich erfolgreich sind. Der Erfolgsindex ist deutlich höher als im Durchschnitt aller Unternehmen. Wichtiger als dieses Ergebnis ist es aber, die Faktoren zu identifizieren, welche die Unterschiede im Erfolg von Unternehmen erklären können. Erst dadurch ergeben sich Anknüpfungspunkte für die Wirtschaftspolitik.

4.2 Identifizierung von Erfolgsfaktoren

Die Frage nach den relevanten Erfolgsfaktoren lässt sich am besten mithilfe einer multiplen Regressionsanalyse beantworten. Dabei haben sich 13 Variablen aus der Befragung

Regressionsanalytische Erklärung von Erfolg Tabelle 3.4

Ergebnisse einer multiplen Kleinstquadrate-Schätzung für das Jahr 2006

	Erfolgsindex der Unternehmen als zu erklärende Variable			
Erklärende Variable	**Einfluss auf Erfolg**	**Koeffizient**	**Irrtumswahrscheinlichkeit**	**Dimension**
Innovationen	positiv	5,9	1,2	ja/nein
Hohe Umsatzanteile mit Alleinstellungsmerkmalen	positiv	6,0	0,9	Prozent
Forschung und Entwicklung	positiv	10,1	0,0	3er-Skala
Internationalität	positiv	7,8	0,3	ja/nein
Zu hoher Wettbewerbsdruck aus Niedriglohnländern	negativ	–14,2	0,0	ja/nein
Zu niedrige Preise als Problem auf der Absatzseite	negativ	–13,9	0,0	ja/nein
Industrieprodukt-Dummy	positiv	9,2	0,2	ja/nein
Dienstleistungsprodukt-Dummy	positiv	10,8	0,0	ja/nein
Erhöhung der Lieferanteile an der Wertschöpfungskette	positiv	16,1	0,0	4er-Skala
Erhöhung der produktbegleitenden Dienstleistungen	positiv	8,2	0,1	4er-Skala
Umsatzanteil mit dem Hauptkunden	negativ	–12,1	0,0	Prozent
Alter des Unternehmens	negativ	–16,9	0,0	Jahre
Anteil regionaler Einkauf	negativ	–5,2	2,8	Prozent

Korrigiertes R^2: 22,4 Prozent; F-Statistik: 36,765 (hochsignifikant); Fallzahl: 1.612; Gewichtung: Hochrechnungsfaktoren zur Korrektur der Verzerrungen bei Branchen und Unternehmensgrößen der Stichprobe zur Grundgesamtheit; Erfolgsindex: Gewichteter Index besteht aus vier Komponenten – den Nettoumsatzrenditen, der Umsatz- und Beschäftigungsentwicklung der letzten drei Jahre, den kurzfristigen sowie den mittelfristigen Zukunftserwartungen.
Quelle: IW Consult, 2007c

im IW-Zukunftspanel als statistisch signifikant und sinnvoll interpretierbar herausgestellt, um die Unterschiede im Erfolg von Unternehmen zu erklären.

Die Ergebnisse der Regressionsanalyse sind in Tabelle 3.4 dargestellt: In Spalte 1 werden die 13 Variablen inhaltlich aufgelistet. Die zweite Spalte gibt Auskunft über das Vorzeichen des Wirkungszusammenhangs (positiv oder negativ). In der dritten Spalte sind die standardisierten Koeffizienten der Schätzgleichung aufgeführt. Das Vorzeichen des Koeffizienten gibt dabei die Richtung des Einflusses der einzelnen Variablen auf den Erfolg an, während die Höhe des Koeffizienten die Intensität des Einflusses widerspiegelt. Die folgende Spalte enthält die Irrtumswahrscheinlichkeit; Werte unter 5 Prozent werden als statistisch signifikant eingestuft. Die Information über die Dimensionen der gemessenen Variablen ist in der letzten Spalte enthalten.

Die Regressionsanalyse ergibt folgende Ergebnisse:

- Innovationen wirken positiv auf den Erfolg eines Unternehmens: Unternehmen, die in den letzten drei Jahren neue Produkte oder Verfahren im Unternehmen eingeführt haben, sind erfolgreicher als die Nicht-Innovatoren.
- Hohe Umsatzanteile mit Alleinstellungsmerkmalen, die durch sehr kleine Änderungen oder Spezifitäten im Produktprogramm zustande kommen können, üben ebenfalls einen positiven Einfluss auf den Unternehmenserfolg aus.
- FuE-Aktivitäten wirken sich positiv aus: Wer kontinuierlich forscht und entwickelt, hat mehr Erfolg als jene Unternehmen, die dies nur gelegentlich oder gar nicht tun.
- International tätige Unternehmen sind erfolgreicher als diejenigen, welche sich nur auf den deutschen Markt beschränken.
- Unternehmen, die durch ihr Wettbewerbsumfeld einem hohen Konkurrenzdruck aus Niedriglohnländern ausgesetzt sind oder nur niedrige Absatzpreise erzielen, sind weniger erfolgreich.
- Die Konzentration entweder auf Industrieprodukte oder auf Dienstleistungen als Hauptprodukt fördert den Erfolg eines Unternehmens. Anbieter von Mischformen sind weniger erfolgreich. Diese Schlussfolgerungen legt die Interpretation der Dummy-Variablen nahe.
- Wer seine Lieferanteile an der Wertschöpfungskette seines Hauptkunden in den letzten Jahren erhöhen konnte und heute mehr produktbegleitende Dienstleistungen anbietet als früher, hat insgesamt eine erfolgreichere Performance.
- Je höher der Umsatzanteil ist, der auf einen Hauptkunden entfällt, das heißt je abhängiger ein Unternehmen von seinem Hauptkunden ist, umso weniger erfolgreich ist das Unternehmen.
- Dass junge Unternehmen erfolgreicher sind als ältere, ist keine Überraschung. Gibt es doch in der Gründungsphase meistens ein starkes Umsatzwachstum und im Regelfall positive Zukunftsaussichten.
- Je höher der Anteil der regionalen Einkäufe am gesamten Beschaffungsvolumen eines Unternehmens und damit dessen Lokalität ist, desto geringer ist sein Erfolg. Dieses statistisch signifikante Ergebnis spricht gegen das häufig verwendete Argument, dass regionale Netzwerke Erfolgsgaranten sind.

Mit dem Regressionsmodell können 22 Prozent der Unterschiede im Erfolg der Unternehmen erklärt werden. Vor dem Hintergrund der Schwierigkeit einer Erfolgsmessung ist dies ein guter Wert. Das Ergebnis zeigt aber auch, dass es daneben noch eine Reihe von Erfolgsfaktoren gibt, die das Modell nicht abbildet. Ausgeprägte Kollinearitäten, also lineare Abhängigkeiten haben sich jedoch nicht gezeigt. Das Modell ist nicht überbestimmt und statistisch insgesamt signifikant. Sensitivitätsanalysen haben gezeigt, dass das Modell sehr robust ist. Die grundlegenden Wirkungszusammenhänge ändern sich nicht, wenn

- das Modell ungewichtet geschätzt wird,
- der Erfolg nur mit den vergangenheitsbezogenen Indikatoren (Umsatz- und Beschäftigungsentwicklung sowie Nettoumsatzrendite der letzten drei Jahre) gemessen wird oder
- die kleinen Unternehmen (bis 1 Million Euro Umsatz) unberücksichtigt bleiben, weil diese strukturell weniger oft forschen oder international tätig sein können.

Sehr wichtig sind einige Ergebnisse, die nicht im Regressionsmodell enthalten sind. Das betrifft vor allem die Netzwerke. Definiert sind diese durch Selbsteinschätzungen der befragten Unternehmen. Es wird zwischen drei Netzwerktypen unterschieden:

- Kooperationsnetzwerke: Dazu gehören Unternehmen, die bei der Entwicklung und Verbesserung ihrer Produkte und Dienstleistungen intensiv mit ihren Kunden, Lieferanten und anderen Unternehmen zusammenarbeiten.
- Regionale Netzwerke: Die Partner der Zusammenarbeit befinden sich in regionaler Nähe.
- Wissensverbünde: Dazu zählen Unternehmen, die bei der Entwicklung und Verbesserung ihrer Produkte und Dienstleistungen intensiv mit Wissenschaftseinrichtungen zusammenarbeiten.

Diesem Konzept liegt eine strenge Definition von Netzwerken zugrunde. Eine allgemeine Zusammenarbeit genügt nicht; gefordert sind Kooperationen in einem substanziellen Bereich mit strategischer Bedeutung – in diesem Fall bei der Produktentwicklung.

Ein wichtiges – aber überraschendes – Ergebnis ist, dass regionale Netzwerke keinen Erklärungsbeitrag zum Erfolg leisten. Die Variable erweist sich im Modell als nicht signifikant. Die regionalen Netze haben in einer eindimensionalen Betrachtung sogar einen negativen Einfluss auf den Erfolg.

Anders sieht es mit den allgemeinen Netzwerken aus. Ihr Einfluss auf den Erfolg ist sowohl im Modell als auch bei Einzelbetrachtung positiv und signifikant. Die Variable bleibt dennoch im Modell unberücksichtigt, weil die Güte des Modells nahezu unverändert bleibt. Positiv in einer eindimensionalen Betrachtung wirken auch die Wissensverbünde auf den Erfolg. Im Modell kann ihre Variable aber keinen zusätzlichen Erklärungsbeitrag leisten, weil sie von anderen Variablen (FuE-Tätigkeit, Innovationen) überlagert wird.

4.3 Interpretation der Ergebnisse

Die Ergebnisse der Regressionsanalyse mit den identifizierten Einflussfaktoren zur Erklärung von Erfolg können in vier Gruppen zusammengefasst werden:

- Globalisierung,
- Wissensintensivierung,
- Differenzierung und
- Marktumfeld.

Abbildung 3.1 zeigt, welche Variable welchem dieser vier Felder zugeordnet werden kann. Die Vorzeichen zeigen die Richtung des Einflusses auf den Erfolg von Unternehmen. Die entscheidende Schlussfolgerung ist, dass diese identifizierten Indikatoren und -gruppen kompatibel mit den wesentlichen Trends im gegenwärtigen Strukturwandel sind.

Globalisierung: Die Regressionsergebnisse zeigen, dass die Unternehmen, die vom Trend zur Globalisierung profitieren können, offensichtlich erfolgreicher sind als andere.

Wissensintensivierung: Wissen ist der entscheidende Produktionsfaktor der Zukunft. Die Modellergebnisse bestätigen, dass der Erfolg von Unternehmen davon abhängt, ob sie bei diesem Wettlauf mithalten können. Innovatoren, Unternehmen mit FuE-Tätigkeit und Alleinstellungsmerkmalen sind erfolgreicher als andere.

Differenzierung und Marktumfeld: Der Wettbewerb spielt sich weltweit in zwei Dimensionen ab. So gibt es bei eher standardisierten Gütern einen Kosten- und Preiswettbewerb. Deutsche Unternehmen haben hier weniger Chancen als Konkurrenten aus anderen Ländern. Sie sind vielmehr dort stark, wo eine Differenzierungsstrategie gelingt. Maß-

Erfolg und Erfolgsfaktoren Abbildung 3.1

Vier Dimensionen des Erfolgs von Unternehmen

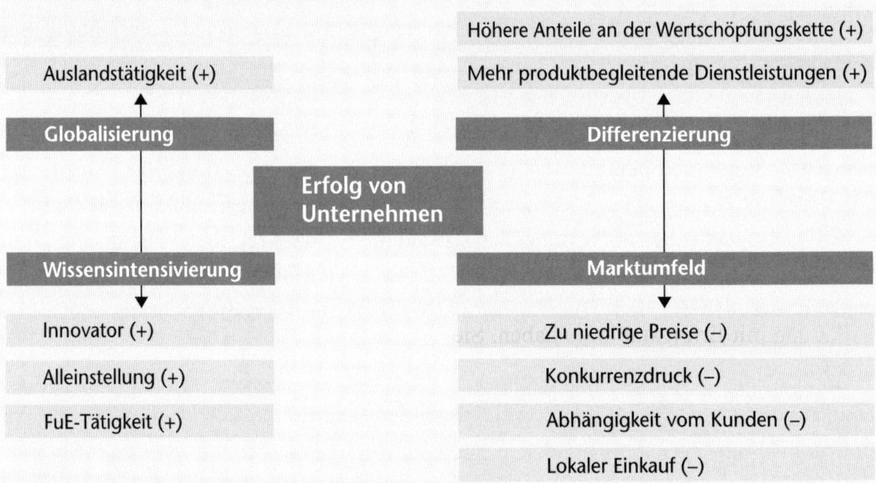

Vorzeichen (+): Variable hat positiven Einfluss auf Erfolg; Vorzeichen (–): Variable hat negativen Einfluss auf Erfolg.
Eigene Darstellung

geschneiderte, kundenspezifische und komplexe Produkte schaffen Alleinstellungsmerkmale, die den Hersteller vom Zwang befreien, nur über den Preis verkaufen zu müssen. Die Variablen aus den Gruppen Differenzierung und Marktumfeld scheinen zu bestätigen, dass Alleinstellungsmerkmale Erfolgsfaktoren sind. Zunächst zeigen die Ergebnisse, dass Unternehmen weniger erfolgreich sind, wenn sie starken Konkurrenzdruck aus Niedriglohnländern haben und zu niedrige Preise das größte Problem auf der Absatzseite sind. Das sind Indizien dafür, dass sie eher in Märkten aktiv sind, wo der Preis- und Kostenwettbewerb im Vordergrund steht. Auf der anderen Seite haben die Unternehmen eine bessere Performance, denen es gelingt, sich durch Differenzierung aus dieser Umklammerung zu lösen. Instrumente dafür sind produktbegleitende Dienstleistungen und die Fähigkeit, größere Teile der Wertschöpfungskette anbieten zu können. Unternehmen mit diesen Eigenschaften sind erfolgreicher. Für beides müssen die Unternehmen in der Lage sein, Komplexität zu beherrschen. Die Abhängigkeit von Hauptkunden und der Grad der Lokalität bei der Beschaffung sind Sonderfaktoren, die sich gerade bei kleinen Unternehmen zeigen und dort auf die Erfolgsperformance drücken.

Insgesamt bestätigen die Ergebnisse dieser Regressionsrechnung die Wirkungszusammenhänge, die aus der Forschung zum Strukturwandel bekannt sind. Die Wirtschaft wird von drei Trends getrieben, die oft mit der Tertiarisierung einhergehen: Wissensintensivierung, Globalisierung und Differenzierung. Die Modellrechnungen zeigen, dass diejenigen Unternehmen erfolgreicher sind, die sich bei diesen Trends behaupten.

5 Merkmale von Systemkopf-Unternehmen

Die Kernfrage dieses Abschnitts lautet, wie die Systemkopf-Unternehmen mit diesen Erfolgsfaktoren ausgestattet sind. Um diese Frage zu beantworten, muss eine vergleichbare Referenzgruppe gebildet werden. Theoretisch sollte diese Gruppe sich nur bezüglich der Systemkopf-Eigenschaften von den Systemköpfen unterscheiden, ansonsten aber möglichst identische Strukturen aufweisen. Um dies zumindest annäherungsweise zu erreichen, wird die Kontrollgruppe die gleiche Größen- und Branchenstruktur wie die Gruppe der Systemkopf-Unternehmen aufweisen.

Um strukturelle Unterschiede bei relevanten Eigenschaften von Unternehmen herausarbeiten zu können, werden im Folgenden die Ergebnisse der oben ermittelten Regressionsgleichung zur Erklärung von Erfolg verwendet. Zunächst ist aber ein Blick auf die Ausstattung mit den identifizierten Erfolgsfaktoren für eine erste Beurteilung wichtig. Tabelle 3.5 zeigt dies im Überblick. Schon diese Daten zeigen, dass Systemköpfe im Vergleich zur Referenzgruppe und auch in Relation zur Gesamtwirtschaft eine bessere Ausstattung mit Erfolgsfaktoren haben. Sie

- sind internationalisierter,
- agieren wissensintensiver,
- differenzieren mehr und
- haben insgesamt betrachtet ein besseres Marktumfeld.

Diese vier Aspekte werden im Folgenden vertiefend dargestellt.

Erfolgsfaktoren für Systemköpfe und Vergleichsgruppen Tabelle 3.5

Angaben in Prozent (hochgerechnet)

	Systemkopf-Unternehmen	Referenzgruppe	Gesamt
Globalisierung			
Grenzüberschreitende Tätigkeiten[1]	67	62	37
Exportquote[2]	27	23	9
Wissensintensivierung			
Innovatoren[1]	82	78	66
Umsatzanteile mit Alleinstellungsmerkmalen[2]	25	18	21
Forschung und Entwicklung[1]	70	57	35
Differenzierung			
Höhere Anteile an der Wertschöpfungskette[1] als früher	53	48	32
Mehr produktbegleitende Dienste[1] als früher	50	53	48
Marktumfeld			
Zu hoher Wettbewerbsdruck aus Niedriglohnländern[1]	41	47	40
Zu niedrige Preise auf der Absatzseite[1]	69	80	74
Umsatzanteile mit Hauptkunden[2]	29	29	30
Anteil des regionalen Einkaufs[2]	37	31	40

Systemkopf-Unternehmen: Unternehmen mit überdurchschnittlichem Personaleinsatz bei dispositiven Tätigkeiten und mehr als 50 Millionen Euro Umsatz; Referenzgruppe: relevante Vergleichsgruppe mit einer zu den Systemköpfen identischen Branchen- und Größenstruktur; Gesamt: alle Unternehmen des IW-Zukunftspanels; Innovatoren: Anteil von Unternehmen, die in den letzten vier Jahren neue Produkte oder Prozesse im Unternehmen eingeführt haben oder dies planen; Forschung und Entwicklung: Anteil der Unternehmen, die zumindest manchmal Forschung und Entwicklung betreiben; Auslandsgeschäft: Anteil der Unternehmen, die zumindest mit Absatztätigkeiten im Ausland präsent sind; [1] Anteil der Unternehmen; [2] Mittelwert.
Quelle: IW Consult, 2007c

5.1 Erfolg

Angesichts ihres guten Abschneidens bei den Erfolgsfaktoren in Tabelle 3.5 ist es nicht überraschend, dass Systemköpfe überdurchschnittlich erfolgreich sind. Der Erfolg

Erfolg von Systemköpfen Abbildung 3.2

Angaben in Prozent: Durchschnitt aller Unternehmen = 100

Systemkopf-Unternehmen: Unternehmen mit überdurchschnittlichem Personaleinsatz bei dispositiven Tätigkeiten und mehr als 50 Millionen Euro Umsatz; Referenzgruppe: relevante Vergleichsgruppe mit einer zu den Systemköpfen identischen Branchen- und Größenstruktur; Gesamt: alle Unternehmen des IW-Zukunftspanels; Erfolgsindex errechnet auf Basis der Parameter der Regressionsgleichung.
Quelle: IW Consult, 2007c

kommt zum Ausdruck, wenn mithilfe des Regressionsmodells die Erfolgswahrscheinlichkeit berechnet wird. Hierzu werden die gemessenen Ausprägungen der Erfolgsfaktoren (zum Beispiel die Innovatorenquote oder der Internationalisierungsgrad) für die unterschiedlichen Unternehmenstypen in die Regressionsgleichung eingesetzt und die Erfolgsindizes entsprechend berechnet. Die Systemkopf-Unternehmen sind mit einem Indexwert von rund 106 gemäß Abbildung 3.2 deutlich erfolgreicher als die Referenzgruppe (rund 103) oder der Durchschnitt aller Unternehmen (100).

5.2 Internationalisierung

Systemkopf-Unternehmen sind stärker internationalisiert als die Referenzgruppe. Das ist einer der Gründe für ihren überdurchschnittlichen Erfolg. Eine zentrale Hypothese des Systemkopf-Gedankens ist, dass dispositive und hochwertige Tätigkeiten in Deutschland bleiben und vorwiegend Einfacharbeitsplätze ins Ausland verlagert werden. Kostengründe sollen diese Entwicklung stärker treiben als Marktmotive. Es kommt dabei zu einer fortschreitenden Zerlegung von Wertschöpfungsketten. Diese Aspekte sollen im Folgenden untersucht werden.

Ausmaß der Internationalisierung

Das Ausmaß der Internationalisierung lässt sich im Kontext unserer Studie anhand dieser beiden Größen beurteilen:

- Wie hoch ist die Intensität des Auslandsgeschäfts?
- Welcher Anteil der Unternehmen ist mit welchen Aktivitäten im Ausland tätig?

Die Abbildungen 3.3 und 3.4 zeigen die Daten für verschiedene Indikatoren und Tätigkeiten auf Unternehmensebene.

Auslandsanteile 2006 Abbildung 3.3

Mittelwerte für verschiedene Unternehmenstypen, in Prozent (hochgerechnet)

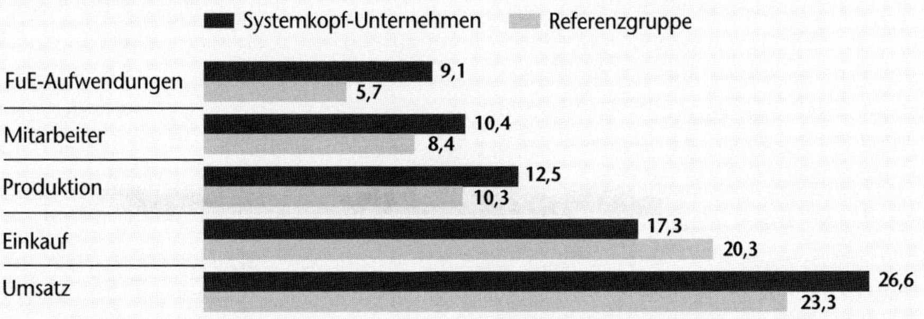

Systemkopf-Unternehmen: Unternehmen mit überdurchschnittlichem Personaleinsatz bei dispositiven Tätigkeiten und mehr als 50 Millionen Euro Umsatz; Referenzgruppe: relevante Vergleichsgruppe mit einer zu den Systemköpfen identischen Branchen- und Größenstruktur.
Quelle: IW Consult, 2007c

Internationalisierungsprofil nach Tätigkeiten 2006

Abbildung 3.4

Unternehmen mit Auslandstätigkeit, in Prozent (hochgerechnet)

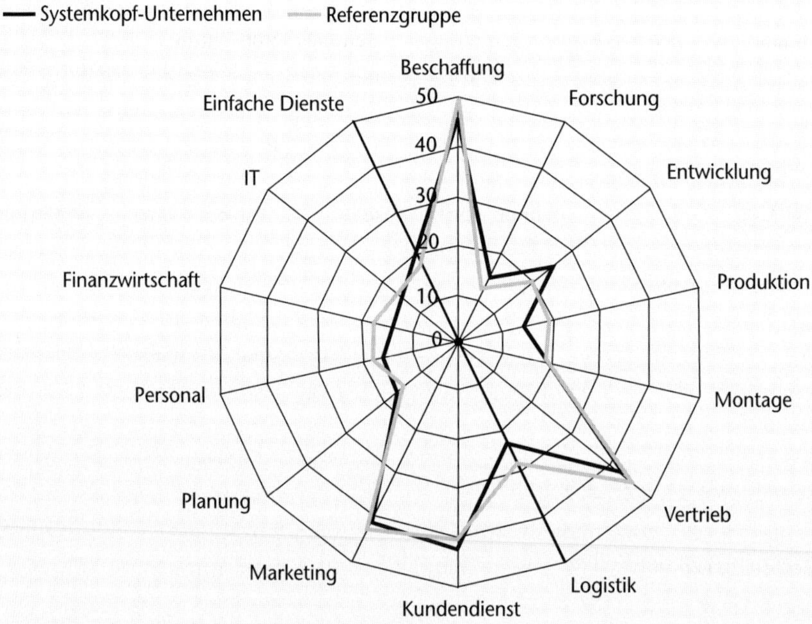

Systemkopf-Unternehmen: Unternehmen mit überdurchschnittlichem Personaleinsatz bei dispositiven Tätigkeiten und mehr als 50 Millionen Euro Umsatz; Referenzgruppe: relevante Vergleichsgruppe mit einer zu den Systemköpfen identischen Branchen- und Größenstruktur.
Quelle: IW Consult, 2007c

Absatz: Systemkopf-Unternehmen sind absatzseitig stärker internationalisiert. Über zwei Drittel dieser Unternehmen betreiben Auslandsgeschäfte; in der Vergleichsgruppe liegt der Anteil nur bei 62 Prozent. Dieser Befund wird erhärtet, wenn man die Unternehmen mit indirekten Exporten einbezieht. Das sind Unternehmen ohne eigenen Export, die aber überwiegend an international tätige Kunden liefern. Knapp 80 Prozent der Systemkopf-Unternehmen sind direkt oder indirekt internationalisiert; der Vergleichswert liegt bei 76 Prozent. Auch ein Blick auf die Exportquoten bestätigt dieses Bild. Systemkopf-Unternehmen exportieren knapp 27 Prozent ihres Umsatzes, während diese Quote bei vergleichbaren Unternehmen nur bei rund 23 Prozent liegt (Abbildung 3.3).

Beschaffung: Systemkopf-Unternehmen sind beim Einkauf vergleichsweise weniger stark internationalisiert. Nur 50 Prozent kaufen im Ausland direkt ein, 16 Prozent kaufen überwiegend bei international tätigen Lieferanten. Insgesamt beschaffen also 66 Prozent der Systemkopf-Unternehmen direkt oder indirekt international. Bei der Vergleichsgruppe sind es 70 Prozent. Bestätigt wird dieser Befund auch durch die Beschaffungsvolumen (Abbildung 3.3). Systemkopf-Unternehmen beschaffen gut 17 Prozent ihres gesamten Einkaufsvolumens international; in der Vergleichsgruppe sind es rund 20 Prozent.

Produktion: Auch bei der Produktion muss zwischen den Anteilen der Unternehmen mit Auslandsproduktion und der Intensität unterschieden werden. Der Anteil der Systemkopf-Unternehmen mit Auslandsproduktion beträgt 14 Prozent. Bei der Vergleichsgruppe ist dieser Wert mit 19 Prozent deutlich höher. Berücksichtigt man allerdings die Volumen, zeigt sich ein anderes Bild. Systemkopf-Unternehmen stellen im Durchschnitt 12,5 Prozent ihrer Gesamtproduktion im Ausland her, die Firmen der Referenzgruppe nur rund 10 Prozent.

Forschung und Entwicklung: Systemkopf-Unternehmen forschen und entwickeln nicht nur insgesamt mehr, sie tun dies auch in einem größeren Ausmaß im Ausland. Gut 14 Prozent der Systemkopf-Unternehmen forschen im Ausland und jedes vierte entwickelt dort (Abbildung 3.4). In der Referenzgruppe liegen diese Anteile nur bei 11 beziehungsweise 20 Prozent. Die unterschiedliche Auslandsintensität zeigt sich auch, wenn man die Aufwendungen für Forschung und Entwicklung betrachtet. Die Auslandsquote liegt bei den Systemkopf-Unternehmen bei rund 9 Prozent; in der Vergleichsgruppe sind es nur 5,7 Prozent.

Headquarter-Dienstleistungen: Die dispositiven Tätigkeiten (Planung, Personalwirtschaft, Finanzierung oder Qualitätsmanagement) werden weit überwiegend in Deutschland durchgeführt. Betrachtet man die Gesamtwirtschaft, dann liegt der Anteil der Unternehmen, die diese Funktionen auch im Ausland haben, durchschnittlich nur zwischen 5 und 10 Prozent. Bei Systemköpfen sind diese Quoten höher. Der Anteil dieser Unternehmen, die Tätigkeiten wie Unternehmensplanung, Personalwirtschaft, Finanzwirtschaft oder Forschung auch im Ausland durchführen, liegt im Durchschnitt zwischen 14 und 16 Prozent. In der Vergleichsgruppe sind diese Anteile zwar noch etwas höher, aber die Unterschiede liegen im statistischen Unschärfebereich. Auch einfache Dienstleistungen werden noch weit überwiegend in Deutschland erbracht. Nur rund 17 Prozent der Systemköpfe und der Unternehmen der Vergleichsgruppe üben diese Tätigkeiten auch im Ausland aus. Das hat aber auch damit zu tun, dass einige dieser Tätigkeiten (zum Beispiel Bewachungs-, Sicherheits- und Reinigungsdienste) lokal gebunden sind. Dieser Befund wird bestätigt, wenn gefragt wird, welche Tätigkeiten auf keinen Fall ins Ausland verlagert werden sollen. Im Bereich Planung und Personalmanagement geben rund 30 Prozent der Systemkopf-Unternehmen an, dass diese Tätigkeiten keinesfalls verlagert werden. Bei vertriebsorientierten Tätigkeiten liegt dieser Anteil nur bei 10 Prozent; bei Produktion sind es 19 Prozent und bei Forschung und Entwicklung 20 Prozent. Die Werte der Vergleichsunternehmen sind durchweg etwas niedriger. Insgesamt zeigen die Befunde, dass bei einer deutlichen Mehrheit der Unternehmen jede Tätigkeit grundsätzlich auch ins Ausland verlagert werden kann. Bei eher dispositiven Headquarter-Dienstleistungen sind diese Anteile aber deutlich niedriger.

Mitarbeiter: Auch bei der Belegschaft sind Systemkopf-Unternehmen stärker internationalisiert. 10,4 Prozent ihrer Mitarbeiter sind im Durchschnitt im Ausland beschäftigt. In der Vergleichsgruppe sind es nur 8,4 Prozent (Abbildung 3.3).

Strategie und Motive

Bei der Entscheidung für eine Auslandsproduktion liegen Kostenmotive (zum Beispiel niedrige Personalkosten und günstiger Einkauf) knapp vor Marktmotiven. Die Realisierung von Kosten-Produktivitäts-Vorteilen wird als wichtiger eingestuft als die Teilnahme an dynamisch wachsenden Märkten. Unternehmen gehen vor allem ins Ausland, weil die Konkurrenzsituation dies erfordert. Sie konzentrieren sich auf Länder, deren Markt sie überschauen können, und spielen ihre Vorteile als Spezialist aus. Motive wie „Weltmarktführerschaft“ und „Kunden folgen“ sind eher unbedeutende Motive. Produkte und Produktprogramm werden für die Auslandsmärkte kaum angepasst. Nur sehr wenige Unternehmen produzieren für den Export technologisch einfachere Güter. Höhere Preise als im Inland setzen nur gut ein Viertel der Systemkopf-Unternehmen durch. Die Erfolgsfaktoren sind Qualität, Zuverlässigkeit, Liefertreue, Konzentration auf Kernkompetenzen und Technologie. Hier gibt es keine großen Unterschiede zwischen Systemköpfen und der Vergleichsgruppe.

Allerdings enden hier auch die Gemeinsamkeiten. Systemkopf-Unternehmen verfolgen stärker eine Strategie der Flexibilität, kundenspezifischer Problemlösungen und der Technologieführerschaft. Auf den Auslandsmärkten befinden sich Systemköpfe im Vergleich zur Referenzgruppe eher in einem Technologie- und Innovations- als in einem Preiswettbewerb. Die Systemkopf-Unternehmen sind eher Global Player. Sie gehen ins Ausland, weil der Binnenmarkt zu klein ist. Dieses Motiv ist in der Vergleichsgruppe geringer ausgeprägt.

Arten und Rückwirkungen von Produktionsverlagerungen

Entscheidend für die Systemkopf-These ist, welche Unternehmensfunktionen ins Ausland verlagert werden. Wenn Unternehmen mit Systemkopf-Eigenschaften im Ausland produzieren, sind es häufiger als in der Vergleichsgruppe einfacharbeitsintensive und technologisch einfache Produktionen. Auch haben Systemkopf-Unternehmen in den letzten drei Jahren arbeitsintensive Produktionen stärker aufgegeben und geringqualifiziertes Personal im Inland abgebaut.

Wichtig zur Beurteilung der Systemkopf-Hypothese ist auch, welche Rückwirkungen der Aufbau einer Auslandsproduktion für die Inlandsproduktion hat. Hier ist zwischen einem Abbau, einem Verzicht auf einen Ausbau im Inland und einem Aufbau sowohl im In- als auch im Ausland zu unterscheiden. Der Substitutionsgrad (Abbau oder Verzicht auf Ausbau am inländischen Standort) ist geringer bei Auslandsverlagerungen von hochwertigen und marktnahen Tätigkeiten. Er ist höher bei der Produktion, bei produktionsnahen Diensten und der Beschaffung im Ausland. Bei 78 Prozent der Systemköpfe wird durch Auslandsverlagerung Inlandsproduktion substituiert. Bei einem Drittel werden Produktionstätigkeiten im Inland abgebaut, rund 45 Prozent verzichten auf einen Ausbau im Inland.

Dieser Befund kann zusammengefasst werden. In absteigender Reihenfolge werden folgende Bereiche bei Aufnahme einer Auslandstätigkeit im Inland substituiert: Produktion, Forschung und Entwicklung, produktionsnahe Dienste, Beschaffung, andere Dienstleistungen und Vertriebstätigkeiten. Entscheidend ist, dass diese Substitutionsraten bei Systemköpfen höher sind als in der Vergleichsgruppe. Wenn diese Unternehmen ins Ausland gehen, dann ist es eher eine echte Verlagerung im Sinne einer Verschiebung von Produktionskapazitäten. Die Befragungsergebnisse zeigen aber auch, dass die Aufnahme und Erweiterung von Auslandsproduktion in erster Linie zu einer Beschäftigungssicherung im

Inland führt – und nicht zu einer vollständigen Produktionsaufgabe. Dies ist ein Hinweis darauf, dass eine Auslandsverlagerung zu einem „Systemkopf Plus"-Effekt führen kann.

Pläne und zukünftige Entwicklungen

Die Befragungsergebnisse sind eine Momentaufnahme und spiegeln meistens die Entwicklung in den letzten drei Jahren wider. Zur Beurteilung der Frage, ob die identifizierten Befunde nachhaltig sind, sind die Zukunftserwartungen der Unternehmen wichtig.

Das zentrale Ergebnis ist, dass die Internationalisierung im heutigen Profil weitergehen wird (Abbildung 3.5). In Zukunft werden Systemköpfe vor allem die Internationalisierung von Forschung, Entwicklung, produktionsnahen Diensten (Montage und Kundendienst) und einfachen Diensten im Vergleich zur Referenzgruppe forcieren. Bei der Produktion und bei Logistiktätigkeiten bleibt es so wie bisher: Die Systemköpfe zieht es vergleichsweise weniger ins Ausland. Auffällig ist, dass nur ein kleiner Teil der Systemkopf-Unternehmen dispositive Tätigkeiten im Ausland auf- oder ausbauen will. Die Quoten liegen bei allen diesen Tätigkeiten (Ausnahme: Entwicklung) deutlich unter 10 Prozent.

Internationalisierungspläne nach Tätigkeiten 2007 Abbildung 3.5

Unternehmen, die Tätigkeiten im Ausland aus- oder aufbauen wollen, in Prozent aller Unternehmen (hochgerechnet)

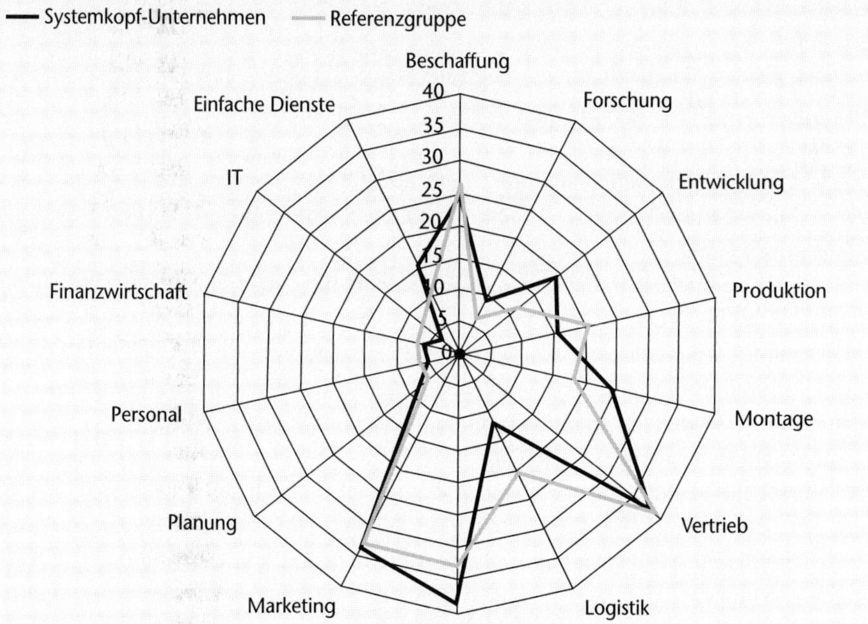

Systemkopf-Unternehmen: Unternehmen mit überdurchschnittlichem Personaleinsatz bei dispositiven Tätigkeiten und mehr als 50 Millionen Euro Umsatz; Referenzgruppe: relevante Vergleichsgruppe mit einer zu den Systemköpfen identischen Branchen- und Größenstruktur.

Quelle: IW Consult, 2007c

Systemköpfe sehen die künftige Entwicklung im Ausland insgesamt optimistischer als andere Unternehmen. Bei den Schlüsselkennziffern Umsatz, Produktion, Investitionen, FuE-Aufwand und Beschäftigung schätzen sie die Zukunft im Ausland im Vergleich zum Inland deutlich besser ein als vergleichbare Unternehmen. Insbesondere bei der Umsatzentwicklung sind Systemköpfe weitaus positiver gestimmt.

Dieser Optimismus verwundert vor dem Hintergrund der guten Erfahrungen, die insbesondere Systemkopf-Unternehmen im Ausland machen, nicht. Neun von zehn Systemkopf-Unternehmen erwirtschaften Gewinne mit der Auslandsproduktion. In der Referenzgruppe liegt dieser Anteil bei 84 Prozent und im Durchschnitt aller Unternehmen nur bei rund zwei Dritteln. Die Zerlegung von Wertschöpfungsketten durch den Aufbau von Produktion im Ausland ist vor allem bei Systemköpfen in fast allen Fällen ein Erfolg. Auf der Kostenseite geben Systemköpfe größere Gesamtkostenunterschiede zwischen Ausland und Inland an als vergleichbare Unternehmen. Die Gesamtkosten im Ausland liegen – über den gesamten Wertschöpfungsprozess betrachtet – bei etwa einem Drittel des deutschen Niveaus. Neben den Gewinnen spielt auch eine Rolle, inwieweit sich die Erwartungen in den Zielländern erfüllt haben. Der Zielerreichungsgrad bei der Produkt- und Fertigungsqualität ist mit einer Zufriedenheit von mehr als 80 Prozent sehr hoch. Ähnlich zufrieden waren Systemkopf-Unternehmen und vergleichbare Unternehmen mit der Qualifikation des Personals, der Produktivität und der Umsatzentwicklung. Insgesamt zeigen die hier betrachteten Indikatoren, dass sich die Erwartungen einer Auslandsverlagerung bezüglich Umsatz, Gewinn, Kosten und Zufriedenheitsgrad bei den meisten Systemköpfen größtenteils erfüllen.

Was bedeuten diese Befunde für die Systemkopf-Hypothese? Es gibt vier wesentliche Argumente, welche die Hypothese stützen:

- Systemkopf-Unternehmen sind vor allem auf der Absatzseite stärker internationalisiert. Das ist ein wesentlicher Grund, warum diese Unternehmen überdurchschnittlich erfolgreich sind.
- Dispositive Tätigkeiten und hochwertige Headquarter-Dienstleistungen werden überwiegend im Inland erbracht und sind weniger verlagerungsanfällig.
- Systemkopf-Unternehmen verlagern vor allem arbeitsintensive und technologisch einfache Produktionen. Wenn sie verlagern, dann oft in Form der Zerlegung von Wertschöpfungsketten. Damit kommt es überdurchschnittlich häufig zu einem Abbau oder Verzicht auf einen Aufbau im Inland.
- Der Anteil der Unternehmen, die ausschließlich in Deutschland produzieren oder einkaufen, ist bei Systemköpfen höher als bei den vergleichbaren Unternehmen. Das ist ein Indiz dafür, dass Systemköpfe eine positive Wirkung auf den Standort Deutschland haben. Verstärkt wird diese Aussage dadurch, dass ein höherer Anteil der Systemkopf-Unternehmen nur im Inland einkauft und dass der Auslandsanteil am gesamten Beschaffungsvolumen kleiner ist als in der Referenzgruppe.

Es gibt allerdings auch zwei Auffälligkeiten, die auf den ersten Blick nicht mit der Systemkopf-Hypothese vereinbar sind:

- Systemkopf-Unternehmen forschen und entwickeln im Ausland mehr als die Referenzgruppe. Dies ist eine Unternehmensfunktion, die eindeutig dispositiven Charakter hat und hochwertig ist. Gerade Systemkopf-Unternehmen müssten diese Aktivitäten im Inland konzentrieren. Die Erklärung liegt zu einem großen Teil in einem Niveaueffekt. Systemkopf-Unternehmen forschen oder entwickeln insgesamt mehr und somit kommen zwangsläufig auch Alternativen im Ausland infrage. Außerdem macht es die starke internationale Absatzorientierung notwendig, auch in den Zielländern Entwicklungstätigkeiten zu betreiben.
- Der Auslandsproduktionsanteil und die Quote der im Ausland tätigen Mitarbeiter sind bei den Systemkopf-Unternehmen höher als in der Vergleichsgruppe. Das widerspricht dem Befund, dass ein größerer Anteil der Systemkopf-Unternehmen im Vergleich zur Referenzgruppe nur im Inland produziert und deshalb ein „Plus“ für den Standort Deutschland schafft. Diese beiden Befunde sind logisch vereinbar, aber doch erklärungsbedürftig. Die Daten besagen zunächst nur, dass die Auslandsproduktionsanteile der Systemkopf-Unternehmen, die im Ausland produzieren, höher sind als die der Vergleichsgruppe. Wenn Systemköpfe international tätig werden, dann verfolgen sie diese Strategie offensichtlich mit einer höheren Intensität.

Ein tieferer Blick in die Daten zeigt, dass es zwei Gruppen von Systemkopf-Unternehmen gibt, die den Prototypen zugeordnet werden können, wie sie in den nachfolgenden Fallstudien (Kapitel 4) vorgestellt werden:

- Etwa ein Drittel der Systemköpfe internationalisiert in sehr starkem Maße. Auslandsproduktion und -beschaffung sind hier überdurchschnittlich vertreten. Eine sehr ausgeprägte Variante dieses Prototyps wird in den nachfolgenden Fallstudien unter dem Begriff Globalisierer ausführlich diskutiert. Diese Unternehmen sind dadurch gekennzeichnet, dass sie fast alle betrieblichen Funktionen auch im Ausland durchführen können und ihre Standortentscheidungen konsequent an Leitmärkten ausrichten. Selbst die Steuerungsfunktionen des Systemkopfs sind verlagerungsanfällig.
- Zwei Drittel der Systemkopf-Unternehmen betreiben jedoch immer noch einen großen Teil ihrer Wertschöpfungsketten in Deutschland. Sie sind also noch tendenziell inlandsorientiert und hier in Netzwerke integriert. Diese Gruppe korrespondiert mit dem Idealtypus des sogenannten integrierten Differenzierers, der in den Fallstudien ebenfalls näher untersucht wird. Hier gilt: Viel Wertschöpfung und damit Beschäftigung bleibt weitgehend im Inland, aber beim Absatz haben die Unternehmen auch den Weltmarkt natürlich fest im Blick. Gerade die integrierten Differenzierer sind stark in regionale Vorleistungsverbünde integriert und sichern über ihr Unternehmen hinaus Wertschöpfung in Deutschland. Diese Systemköpfe sind der Prototyp der Unternehmen, die ein „Plus“ für den Standort schaffen, wie es im Titel der Studie angedeutet ist.

Zwischen diesen beiden Extremen, dem Globalisierer und dem integrierten Differenzierer, gibt es eine Vielzahl weiterer Typen von Systemköpfen. Zu nennen ist der Transnationalisierer, dem Fertigung im Inland immer noch wichtig ist, der aber wichtige Systemkopf-Funktionen in regionalen Knotenpunkten internationalisiert hat. Auch dieser Typ wird in mehreren Fallstudien eingehend untersucht. Schließlich gibt es noch den Wertschöpfungsoptimierer, der vor allem dadurch gekennzeichnet ist, dass seine Steuerungsfähigkeiten – und damit die Systemkopf-Funktionen – noch weitgehend im Inland sind. Auch dieser Typ wird in Kapitel 4 näher vorgestellt. Diese beiden Formen können sich sehr voneinander unterscheiden. Gemeinsam ist ihnen aber, dass sie trotz umfangreicher Auslandsaktivitäten noch eine starke Basis im Inland besitzen.

Die Systemkopf-These muss somit differenziert gesehen werden, auch mit Blick auf das weitere Internationalisierungspotenzial von Systemkopf-Unternehmen. Ein Drittel der Systemköpfe ist überdurchschnittlich stark und über alle wesentlichen betrieblichen Funktionen hinweg auslandsorientiert; zwei Drittel sind hingegen inlandsorientiert. Interessant ist in diesem Zusammenhang, dass beide Typen einen ähnlich hohen überdurchschnittlichen Erfolg aufweisen.

5.3 Wissensintensivierung

Neben ihrer Neigung zur Internationalisierung zeichnen sich die Systemkopf-Unternehmen dadurch aus, dass sie bei dem Megatrend Wissensintensivierung besser aufgestellt sind als die Referenzgruppe und viel besser als der Durchschnitt der Unternehmen. Dies zeigte bereits ein Blick auf die Indikatoren im Bereich Know-how (Innovatorenanteil, Umsatzanteile mit Alleinstellungsmerkmalen sowie Anteil der Unternehmen mit Forschung und Entwicklung in Tabelle 3.5), die in der Regressionsgleichung zur Erklärung von Erfolg verwendet wurden. Dieser wichtige Aspekt soll deshalb vertiefend analysiert werden. Einschränkend muss allerdings erwähnt werden, dass die festgestellten höheren Forschungsintensitäten teilweise definitorisch sind, weil Forschung und Entwicklung zu den dispositiven Tätigkeiten gehören, die ein wesentliches Merkmal von Systemköpfen sind. Sensitivitätsanalysen haben aber gezeigt, dass die Ergebnisse dieses Abschnitts im Kern erhalten bleiben, wenn bei der Definition von Systemköpfen die Tätigkeit „Forschung und Entwicklung" unberücksichtigt bliebe.

Unterschiede zwischen den Systemkopf-Unternehmen und der Vergleichsgruppe zeigen sich vor allem auf der Input-Seite (Tabelle 3.6):

- Von den Systemkopf-Unternehmen ist ein größerer Teil forschungsaktiv. Das zeigten bereits die Daten aus Tabelle 3.5. Die Unternehmen aus der Vergleichsgruppe kompensieren dies nicht durch intensivere Entwicklungstätigkeiten. Auch hier liegt bei den Systemköpfen der Anteil der Unternehmen, die konstruieren und entwickeln, mit 73 Prozent deutlich über dem Wert der Vergleichsgruppe (60 Prozent).
- Acht von zehn Systemköpfen sind Innovatoren, das heißt sie haben in den vergangenen drei Jahren neue Produkte oder Prozesse eingeführt oder planen dies in der Zukunft. Davon sind die meisten aktive Innovatoren, deren Produktentwicklung überwiegend unternehmens- und nicht kundengetrieben ist.
- Systemköpfe entwickeln ihre Produkte und Dienstleistungen vergleichsweise häufiger im Unternehmen selbst. Zwei Drittel der Systemköpfe sind Entwickler. Nur eins von

zehn Systemkopf-Unternehmen ist ein Blaupausenumsetzer und verkauft also relativ mehr Produkte und Dienstleistungen, die der Kunde bereits weitgehend entwickelt hat. Etwas mehr Systemköpfe sind Modifizierer (17 Prozent), da sie bestehende Produkte und Dienstleistungen ihrer Lieferanten den Kundenwünschen entsprechend anpassen.

FuE- und Innovationstätigkeiten

Tabelle 3.6

im Jahr 2006, Angaben in Prozent (hochgerechnet)

	Systemkopf-Unternehmen	Referenzgruppe
Forschungstätigkeit		
Forschen und entwickeln	62	51
Forschen	51	39
Entwickeln	73	60
FuE-Intensität	5,3	2,6
Innovationen		
Innovatoren	82	78
Aktive Innovatoren	71	65
Umsatzanteile mit		
neuen Produkten	28	25
Marktneuheiten	17	13
Alleinstellungsmerkmalen	25	18
Entwicklungstyp		
Blaupausenumsetzer	10	12
Modifizierer	17	29
Entwickler	66	52
Mischform	8	7

Systemkopf-Unternehmen: Unternehmen mit überdurchschnittlichem Personaleinsatz bei dispositiven Tätigkeiten und mehr als 50 Millionen Euro Umsatz; Referenzgruppe: relevante Vergleichsgruppe mit einer zu den Systemköpfen identischen Branchen- und Größenstruktur; FuE-Intensität: Umsatzanteil der FuE-Aufwendungen; Innovatoren: Anteil von Unternehmen, die neue Produkte/Prozesse im Unternehmen eingeführt haben oder dies planen; Aktive Innovatoren: Unternehmen, in denen die Produktentwicklung im Unternehmen selbst geleistet wird; Alleinstellungsmerkmal: Produkte und Dienstleistungen, die in der vorliegenden Spezifikation nur von dem Unternehmen angeboten werden; Blaupausenumsetzer: Unternehmen, die relativ mehr Produkte und Dienstleistungen verkaufen, die ihr Kunde bereits weitgehend entwickelt hat; Modifizierer: Unternehmen, die relativ mehr Produkte und Dienstleistungen verkaufen, die sie selbst eingekauft und modifiziert haben; Entwickler: Unternehmen, die relativ mehr Produkte und Dienstleistungen verkaufen, die sie weitgehend selbst entwickelt haben; Mischform: Unternehmen, die nicht eindeutig einem der anderen Entwicklungstypen zugeordnet werden können.
Quelle: IW Consult, 2007c

Systemköpfe haben auch auf der Output-Seite bessere Werte, selbst wenn die Unterschiede zur Vergleichsgruppe nicht so deutlich ausfallen wie bei den eben beschriebenen Input-Faktoren:

- Systemköpfe bringen gemessen am Umsatz vergleichsweise mehr neue Produkte und Dienstleistungen sowie Marktneuheiten auf den Markt.
- Differenzierung ist bei Systemköpfen eine Hauptstrategie: Jeder vierte Euro Umsatz stammt von Produkten mit Alleinstellungsmerkmalen. In der Referenzgruppe machen spezifizierte Produkte und Dienste nicht mal ein Fünftel des Umsatzes aus.

Als Fazit kann festgehalten werden, dass die Systemkopf-Unternehmen stärker als die Vergleichsgruppe durch innovations- und forschungsintensive Strategien versuchen, neue Märkte zu erschließen. Systemköpfe tragen deshalb in überdurchschnittlichem Ausmaß zur technologischen Wettbewerbsfähigkeit Deutschlands bei.

5.4 Differenzierung und Marktumfeld

Als sehr wichtig haben sich im Modell zur Erklärung von Erfolg die Variablen aus den Bereichen Differenzierung und Marktumfeld erwiesen. Während deutsche Unternehmen im Kosten- und Preiswettbewerb bei standardisierten Gütern Nachteile haben, sind sie mit Differenzierungsstrategien – also mit maßgeschneiderten, kundenspezifischen und komplexen Produkten – erfolgreich. Dank solcher Alleinstellungsmerkmale können sie sich zum Teil dem heftigen Preiswettbewerb entziehen.

Die Ergebnisse zeigen, dass Unternehmen weniger erfolgreich sind, wenn sie starken Konkurrenzdruck aus Niedriglohnländern haben und zu niedrige Preise das größte Problem auf der Absatzseite sind. Das sind Indizien dafür, dass die Unternehmen eher in Märkten aktiv sind, auf denen der Preis- und Kostenwettbewerb im Vordergrund steht. Systemkopf-Unternehmen haben gerade hier Vorteile, denn sie scheinen unter dem internationalen Wettbewerbsdruck weniger zu leiden als andere Unternehmen. Einen zu hohen Wettbewerbsdruck aus Niedriglohnländern oder zu niedrige Preise auf der Absatzseite haben sie in der Befragung vergleichsweise seltener als Probleme genannt:

- 69 Prozent der Systemkopf-Unternehmen nennen zu niedrige Preise als ihr Hauptproblem auf der Absatzseite. In der Vergleichsgruppe sind es 80 Prozent.
- 41 Prozent der Systemköpfe leiden unter einem hohen Wettbewerbsdruck aus den Niedriglohnländern. Bei den Referenzunternehmen sind es 47 Prozent.

Gründe für diese Vorteile sind sicherlich die höheren Grade an Technologieorientierung und Internationalisierung, die es den Systemkopf-Unternehmen erlauben, sich auf den Qualitäts- und Konditionenwettbewerb zu konzentrieren.

Außerdem haben diejenigen Unternehmen eine bessere Performance, die sich durch Differenzierung aus der Umklammerung des Preiswettbewerbs lösen können. Instrumente dafür sind produktbegleitende Dienstleistungen und die Fähigkeit, größere Teile der Wertschöpfungskette anbieten zu können. Unternehmen mit diesen Eigenschaften sind erfolgreicher. Beides erfordert die Beherrschung von Komplexität. Hier gibt es mit Blick auf die Systemköpfe und die Vergleichsgruppe einen gemischten Befund (vgl. Tabelle 3.5):

- Über die Hälfte der Systemköpfe bietet heute größere Lieferanteile an der Wertschöpfungskette an als früher. In der Vergleichsgruppe ist es knapp die Hälfte.
- Die Hälfte der Systemkopf-Unternehmen hat in den letzten Jahren den Anteil der produktbegleitenden Dienstleistungen erhöht. In der Referenzgruppe trifft dies für gut die Hälfte der Unternehmen zu.
- Ein guter Indikator zur Messung der Differenzierungsfähigkeit der Unternehmen ist der Umsatzanteil mit Alleinstellungsmerkmalen. Das sind die Umsätze mit Produkten

oder Dienstleistungen, die in der vorliegenden Spezifikation nur von dem betreffenden Unternehmen angeboten werden. Gerade hier haben Systemkopf-Unternehmen Vorteile. Diese Variable wurde zwar dem Bereich „Know-how" zugeordnet, sie hat aber an dieser Stelle Erklärungskraft. Die Daten zeigen, dass bei Systemkopf-Unternehmen jeder vierte Euro Umsatz mit Alleinstellungsmerkmalen erwirtschaftet wird. In der Gruppe der vergleichbaren Unternehmen ist es demgegenüber nur knapp jeder fünfte Euro (Tabelle 3.6).

Bei diesen Erfolgsvariablen sind Systemkopf-Unternehmen und die Referenzgruppe sehr ähnlich positioniert. Wichtig ist der Hinweis, dass diese Faktoren bei beiden Gruppen stärker ausgeprägt sind als im Durchschnitt der Unternehmen. Auch darum sind Systemköpfe und die strukturähnliche Vergleichsgruppe überdurchschnittlich erfolgreich.

Gemessen an den Ergebnissen der Regressionsgleichung sind die Faktoren „Abhängigkeiten vom Hauptkunden" und vor allem „Regionaler Einkauf" keine Pluspunkte für Systemkopf-Unternehmen. Je höher diese Anteile sind, umso niedriger sind die Erfolgswahrscheinlichkeiten der Unternehmen (Tabelle 3.4). Mit einem Umsatzanteil des Hauptkunden von 29 Prozent erreichen Systemkopf-Unternehmen einen durchschnittlichen Wert. Sie kaufen aber 37 Prozent ihres Beschaffungsvolumens regional (Tabelle 3.5) ein. Das ist deutlich mehr als die Vergleichsgruppe (31 Prozent). Aber gerade hier zeigt sich eine Besonderheit der Systemkopf-Unternehmen. Sie sind überdurchschnittlich stark mit dem Standort und dem regionalen Umfeld verbunden und deshalb für den Standort Deutschland besonders wertvoll. Dieser Aspekt führt unmittelbar zu den Netzwerken.

5.5 Netzwerke

Leistungsfähige Netzwerke sind für die Systemkopf-These wichtig. Nur bei funktionierenden Beziehungen zu den Lieferanten, Kunden und Wissenseinrichtungen können die Systemköpfe ihre Differenzierungsstrategie mit der Konzentration auf hochwertige Tätigkeiten realisieren. Da rund zwei Drittel der Systemköpfe – und damit die klare Mehrheit – immer noch eher inlandsorientiert und stärker als andere in Netzwerke eingebunden sind, fällt diesen Verbünden eine wichtige Rolle zu.

Bei der Diskussion der Erklärungsfaktoren für Erfolg wurde angeführt, dass nicht alle Netzwerktypen positiv auf den Erfolgsindex wirken. Schon allein deshalb ist eine Unterscheidung in drei Typen notwendig:

- allgemeine Kooperationsnetzwerke,
- lokale Netzwerke und
- Wissensverbünde.

Zunächst ist festzustellen, dass Unternehmen in den allgemeinen Netzwerken einen knapp überdurchschnittlichen Erfolg (Indexwert 100,8) verzeichnen. In der Untergruppe der lokalen Netze erreichen die Unternehmen nur eine unterdurchschnittliche Performance (Indexwert 95,2). Überdurchschnittlich erfolgreich sind Wissensverbünde, also die Gruppe von Unternehmen, die intensiv mit der Wissenschaft zusammenarbeiten. Der Erfolgsindex liegt mit 106,7 Punkten deutlich über dem Durchschnitt. Diese Befunde sind kompatibel mit den Ergebnissen der Regressionsgleichung. Auch dort wurde festgestellt, dass allgemeine Kooperationsnetzwerke und Wissensverbünde sich positiv auf den Erfolg auswirken.

Das gilt vor allem für Systemkopf-Unternehmen. Sie sind in den beiden relevanten Netzwerktypen – den allgemeinen Netzwerken und den Wissensverbünden – deutlich überdurchschnittlich erfolgreich. Netzwerke sind zwar insgesamt eher eine Randerscheinung. Systemkopf-Unternehmen gehören aber deutlich öfter solchen Kooperationsverbünden an:

- Beinahe jedes vierte Systemkopf-Unternehmen gibt an, intensiv mit Lieferanten, Kunden und anderen Unternehmen zusammenzuarbeiten, also nach der vorliegenden Definition einem Netzwerk anzugehören. In der Referenzgruppe trifft dies nur für etwa jedes fünfte Unternehmen zu. Im Durchschnitt aller Unternehmen liegt dieser Anteil sogar nur bei 15 Prozent. Dies verdeutlicht nochmals, dass die meisten Unternehmen Einzelkämpfer sind, das heißt eher allein agieren und die Zusammenarbeit auf reine Marktbeziehungen beschränken.
- Unterdurchschnittlich stark beteiligen sich die Systemkopf-Unternehmen an lokalen Netzen. Die Quote liegt bei 12 Prozent; im Durchschnitt aller Unternehmen ist es knapp ein Fünftel. Einerseits ist dieser Befund nicht überraschend, denn Systemköpfe sind größere Unternehmen, die eher überregionale und internationale Märkte im Blick haben. Andererseits könnte man erwarten, dass auch Systemköpfe stärker in lokale Netze eingebunden sind, weil sich gerade regionale Cluster in den letzten Jahren als ein Erfolgsmodell erwiesen haben (Grömling/Lichtblau, 2006). Gerade diese Verbünde von Abnehmern und Zulieferern leben von regionaler Nähe.
- Die erfolgreichen Wissensverbünde sind eine Domäne der Systemköpfe. Beinahe 27 Prozent dieser Unternehmen geben an, einem solchen Verbund anzugehören. Im Durchschnitt aller Unternehmen sind es nur 12 Prozent. In der Referenzgruppe ist die Quote mit knapp 14 Prozent nur unwesentlich höher.

Tabelle 3.7 wirft einen Blick auf die Erfolgsfaktoren, warum die verschiedenen Netzwerktypen eine so unterschiedliche Performance haben. Lokale Netzwerke sind eine Negativauswahl. Fast alle Erfolgsfaktoren sind dort schlechter ausgeprägt als im Durchschnitt aller Unternehmen. Ausnahmen sind lediglich ein höherer Anteil von Unternehmen, die ihre produktbegleitenden Dienstleistungen ausbauen konnten und eine geringere Abhängigkeit vom Hauptkunden erreicht haben.

Genau das Gegenteil gilt für Wissensverbünde. Die hohe Innovationskraft, die überdurchschnittliche FuE-Aktivität, die im Vergleich zum Durchschnitt hohe Internationalität, eine hohe Differenzierungsfähigkeit und ein günstiges Marktumfeld begründen den überdurchschnittlichen Erfolg dieser Gruppe von Unternehmen. Sie hat strukturell eine hohe Ähnlichkeit mit den Systemköpfen.

Am interessantesten sind die überregionalen Netzwerke, also die Kooperationen zwischen Lieferanten und Abnehmern, bei denen die räumliche Nähe für die Zusammenarbeit

Erfolgsfaktoren und Erfolgsindex nach Netzwerktyp

Tabelle 3.7

Angaben in Prozent (hochgerechnet)

	Allgemeine Netzwerke	Lokale Netzwerke	Wissens-Verbund	Gesamt
Innovatoren[1]	68	62	77	66
Umsatzanteile mit Alleinstellungsmerkmalen[2]	15	13	28	21
Forschung und Entwicklung[1]	34	20	72	35
Internationalität[1]	43	19	50	37
Zu hoher Wettbewerbsdruck aus Niedriglohnländern[1]	47	53	27	40
Zu niedrige Preise auf der Absatzseite[1]	78	87	61	74
Erhöhung des Lieferanteils an der Wertschöpfungskette[1]	45	29	42	32
Erhöhung des Anteils mit produktbegleitenden Diensten[1]	65	56	58	48
Umsatzanteile mit Hauptkunden[2]	32	25	31	30
Anteil junger Unternehmen bis zu fünf Jahren[1]	15	9	17	17
Anteil des regionalen Einkaufs[2]	47	66	38	40
Erfolgsindex (Durchschnitt = 100)	**100,8**	**95,2**	**106,7**	**100,0**

Allgemeine Netzwerke: Unternehmen, die intensiv mit Kunden, Lieferanten und anderen Unternehmen bei der Entwicklung und Verbesserung von Produkten/Dienstleistungen zusammenarbeiten; Lokale Netzwerke: Unternehmen, bei denen zusätzlich die regionale Nähe bei dieser Zusammenarbeit wichtig ist; Wissensverbund: Unternehmen, die intensiv mit der Wissenschaft bei der Entwicklung und Verbesserung von Produkten/Dienstleistungen zusammenarbeiten; Gesamt: alle Unternehmen des IW-Zukunftspanels; Innovatoren: Anteil der Unternehmen, die in den letzten vier Jahren neue Produkte oder Prozesse im Unternehmen eingeführt haben oder dies planen; Forschung und Entwicklung: Anteil der Unternehmen, die zumindest manchmal Forschung und Entwicklung betreiben; Internationalität: Anteil der Unternehmen, die zumindest mit Absatztätigkeiten im Ausland aktiv sind; Potenzieller Erfolg: Erfolgswahrscheinlichkeit für einen bestimmten Unternehmenstyp, die durch Einsetzen der empirisch ermittelten Parameter der Erfolgsfaktoren in die Regressionsgleichung ermittelt wird; [1]Anteil der Unternehmen; [2]Mittelwert.
Quelle: IW Consult, 2007c

nicht wichtig ist. Diese Gruppe ist auch für Systemköpfe interessant, was sich daran zeigt, dass rund jedes vierte Systemkopf-Unternehmen einem solchen Netzwerk angehört. Zur sprachlichen Vereinfachung werden diese Unternehmen im Folgenden als Netzwerkunternehmen bezeichnet.

Diese Unternehmen haben einen deutlich geringeren Umsatzanteil mit spezifizierten Produkten (Alleinstellungsmerkmale). Sie können aber auf spezielle Lösungen und Alleinstellungsmerkmale eher verzichten, da sie eine kooperative Strategie verfolgen. Differenzierung und eine Vorreiterrolle bei der Entwicklung spielen bei Netzwerkunternehmen eine vergleichsweise geringere Rolle. Sie sind eher passive Innovatoren. Im Vergleich zum Durchschnitt (30 Prozent) modifizieren mehr Netzwerkunternehmen (37 Prozent) vorhandene Produkte und Dienste. Dafür ist der Anteil der Netzwerkunternehmen, die Produkte und Dienstleistungen selber entwickeln, niedriger (47 Prozent) als im Durchschnitt aller Unternehmen (54 Prozent). Netzwerkunternehmen können offensichtlich eine passivere Rolle als Innovator einnehmen, weil sie als Teil der Netzwerke von der Innovationskette der Systemköpfe profitieren können. Netzwerkunternehmen treiben aktiv den Tertiarisierungsprozess voran: Vergleichsweise mehr Netzwerker haben den Lieferanteil an Wertschöpfungsketten sowie an produktbegleitenden Diensten im Vergleich zu früher erhöht. Ein Grund dafür dürfte vermutlich der höhere Grad der Arbeitsteilung innerhalb dieser Netzwerke sein.

Netzwerkunternehmen agieren gleichzeitig sowohl international als auch lokal. Sie sind standortgebundener, aber nutzen auch die Vorteile im Ausland:

- 43 Prozent der Netzwerker sind zumindest über Exporte im Ausland aktiv.
- Sie sind vergleichsweise stärker internationalisiert, auch wenn die Exportquote nur bei 12 Prozent liegt und den Durchschnitt (knapp 10 Prozent) nur unwesentlich übersteigt.
- Netzwerkunternehmen sehen niedrige Preise und den Wettbewerbsdruck aus Niedriglohnländern vergleichsweise häufiger als Probleme auf der Absatzseite an.
- Auch auf der Beschaffungsseite sind Netzwerke eher durchschnittlich internationalisiert (38 Prozent, Durchschnitt: 35 Prozent). Gleichzeitig kaufen Netzwerke häufiger regional ein. Fast die Hälfte ihrer Einkäufe stammt aus der Region.
- Netzwerkunternehmen sind bei der Produktion und Forschung und Entwicklung stark inlandsorientiert. Nur wenige Netzwerkunternehmen produzieren (5 Prozent) oder forschen (7 Prozent) im Ausland. Dagegen sind sie vergleichsweise häufiger mit produktionsnahen Diensten, Absatz und Einfachdiensten im Ausland präsent.
- Die Auslandsverlagerung von Produktion bedeutet bei Netzwerkunternehmen seltener eine Substitution (54 Prozent, Durchschnitt: 73 Prozent).
- Die Hauptgründe für Netzwerkunternehmen, nicht im Ausland zu produzieren, sind der Wunsch nach Qualität und Kundennähe. Gleichzeitig werden die Argumente „Kein Interesse am Auslandsmarkt" und „Einbindung in regionale Netzwerke" vergleichsweise häufiger genannt.
- Netzwerkunternehmen wollen den Internationalisierungsprozess beschleunigen. Bei allen betrieblichen Funktionen sind die Anteile der Unternehmen, die den Aufbau oder die Ausweitung ihres Auslandsengagements planen, deutlich höher als in der Vergleichsgruppe. Auch sehen die Netzwerkunternehmen die künftige Entwicklung der wichtigsten Kennziffern (zum Beispiel Umsatz und Beschäftigung) optimistischer. Eine Ausnahme sind die Investitionen.

Der insgesamt nur knapp durchschnittliche Erfolg von Kooperationsnetzwerken ist ein wichtiger Hinweis für die Wirtschaftspolitik. Grund für diesen nicht vollständig befriedigenden Befund könnte sein, dass sich häufig nicht die passenden Unternehmen an diesen Netzwerken beteiligen. Gerade erfolgreiche Unternehmen agieren häufig allein und unabhängig. Die Struktur der heute in Kooperationsnetzwerken engagierten Unternehmen ist verbesserungsbedürftig. Vier von fünf Netzwerkunternehmen haben einen Umsatz von höchstens 1 Million Euro. Es fehlen mittlere bis große Unternehmen, die ein solches Netzwerk stärken könnten. Die Mehrheit der Netzwerkunternehmen ist im Dienstleistungsbereich (58 Prozent) angesiedelt. Industrieunternehmen sind unterdurchschnittlich repräsentiert. Gerade der industrielle Mittelstand sollte für diese Netzwerke gewonnen werden.

Insgesamt kann festgehalten werden, dass die deutsche Wirtschaft keine Netzwerkökonomie ist. Nur 15 Prozent der im IW-Zukunftspanel untersuchten Unternehmen arbeiten bei der Entwicklung oder Verbesserung von Produkten und Dienstleistungen mit Lieferanten, Abnehmern oder anderen Unternehmen zusammen. Bei Systemkopf-Unternehmen ist diese Quote viel höher. Diese Unternehmen könnten noch stärker sein, wenn die Netzwerke insgesamt erfolgreicher wären. Aber auch unabhängig davon sollte sich die Wirtschaft um das Thema Netzwerke kümmern. Denn sie sind ein strategischer Ansatz, die Bindung der Unternehmen an den Standort Deutschland zu erhöhen. Netzwerke wirken wie Klebstoff gegen die Fliehkräfte der Globalisierung.

6 Fazit

Die Ergebnisse aus dem IW-Zukunftspanel zeigen, dass Systemkopf-Unternehmen ein fester Bestandteil der Unternehmenslandschaft am Standort Deutschland sind. Diese Unternehmen bilden nicht nur in vielerlei Hinsicht eine Art Avantgarde. Sie zeichnen sich zudem in Bezug auf ihre Schlüsselfunktionen – also die Systemkopf-Funktionen – durch eine ausgesprochene Standorttreue aus. Sie setzen auf gut ausgebildete, flexible und hochmotivierte Mitarbeiter und bilden ein zukunftsfähiges Fundament insbesondere für die Entwicklung der Industrie in Deutschland. Die Systemkopf-Hypothese kann, wenn auch differenziert, bestätigt werden. Die vier eingangs aufgestellten Merkmale können empirisch belegt werden:

- Systemköpfe sind stärker internationalisiert und treiben die Globalisierung voran.
- Sie sind forschungsstark, wissensintensiv und tragen maßgeblich dazu bei, dass Deutschland eine innovative Wirtschaft ist und auf technologieintensiven Märkten bestehen kann.
- Systemköpfe prägen eine neue Form von Arbeitsteilung. Sie konzentrieren sich stärker auf dispositive Tätigkeiten und sind mehr als andere Unternehmen in Netzwerke integriert. Diese Konzentration auf hochwertige Tätigkeiten bringt es aber mit sich, dass insbesondere einfacharbeitsintensive Produktionen ins Ausland verlagert werden.
- Insgesamt stützen Systemköpfe den Standort Deutschland, schaffen also ein „Plus", weil zwei Drittel dieser Unternehmen immer noch überdurchschnittlich stark inlandsorientiert sind. Auch die sehr stark internationalisierten Systemköpfe haben insbesondere bei den hochwertigen Tätigkeiten eine starke Inlandsbasis.

Das entscheidende Ergebnis ist aber, dass Systemköpfe insgesamt erfolgreicher sind als andere Unternehmen. Das ist ihr wichtigster positiver Beitrag für den Standort Deutschland.

Literatur

Barney, Jay, 1991, Firm resources and competitive advantage, in: Journal of Management, Vol. 17, No. 1, S. 99–120

Grömling, Michael / **Lichtblau**, Karl, 2006, Deutschland vor einem neuen Industriezeitalter?, IW-Analysen, Nr. 20, Köln

IW Consult, 2007a, Werkstattbericht IW-Zukunftspanel: Ergebnisse der 3. Befragungswelle zum Schwerpunkt Internationalisierung, Köln

IW Consult, 2007b, Werkstattbericht IW-Zukunftspanel: Ergebnisse der 4. Befragungswelle zu den Schwerpunkten Erfolg und Netzwerke, Köln

IW Consult, 2007c, Sonderauswertungen aus dem IW-Zukunftspanel: Ergebnisse der 4. Befragungswelle zum Thema Systemkopf Deutschland Plus, Köln

Statistisches Bundesamt, 2006, Unternehmensregister – System 95, Sonderauswertung für Branchen auf 2-Steller-Ebene und Umsatzgrößenklassen

Kapitel 4

Christian Krys / Andreas Spannbauer

Die unternehmerische Praxis – 13 Fallstudien

Inhalt

1 Einführung

Wir haben mit Vorständen und führenden Managern von 13 deutschen Unternehmen gesprochen, um detaillierte Antworten auf die Kernfragen unserer Studie zu bekommen. Wir wollten genauer wissen: Wie organisieren deutsche Unternehmen ihre Wertschöpfungsketten im In- und Ausland? Welche Motive stehen hinter ihren Konfigurationsentscheidungen? Und: Hat die Konzentration auf die hochwertigen Teile der Wertschöpfungskette – auf die Systemkopf-Funktionen – in Deutschland Zukunft?

Die 13 Unternehmen kommen aus sehr unterschiedlichen Branchen, von der Unterhaltungsindustrie über die Automobilzulieferung bis hin zum Schiffbau. Es sind reine Konsumgüterproduzenten darunter, zum Beispiel Loewe und adidas, wie auch Unternehmen, die nur Investitionsgüter herstellen, zum Beispiel Altana und Ribe, und zudem Unternehmen, die beides produzieren, so zum Beispiel Henkel. Die Unternehmen sind ganz unterschiedlich groß – die Spanne reicht von Mittelständlern mit einem Umsatzvolumen unter 100 Millionen Euro bis hin zu Unternehmen mit Milliardenumsätzen wie Heidelberger Druck, Bosch und Infineon. Auch die Eigentümerstruktur der Unternehmen unterscheidet sich deutlich: Auf der einen Seite stehen an der Börse notierte Unternehmen, auf der anderen Seite die in Familienbesitz befindlichen Unternehmen. Dazwischen gibt es Mischformen aus beiden.

Die große Bandbreite der Unternehmen sichert eine große Vielfalt bei der Analyse und vermeidet die Gefahr, sich einseitig auf eine Kategorie von Unternehmen zu beschränken. Eine möglichst große Polarität der Eigenschaften der untersuchten Objekte ist ein anerkanntes methodisches Merkmal, um die Güte der Ergebnisse von Fallstudien zu sichern. Repräsentativität lässt sich dadurch natürlich nicht herstellen – dies können Fallstudien niemals leisten. Vielmehr dienen sie dazu, tiefe Einblicke in den Untersuchungsgegenstand zu ermöglichen.

Genau das ist das Ziel der vorliegenden Fallstudien: zu verstehen, wie Unternehmen in der Praxis tatsächlich handeln. Dazu stellen wir zunächst die Fallstudien aller Unternehmen vor und vergleichen die Ergebnisse anschließend in einer Querschnittsanalyse.

2 Einzelfallstudien

2.1 Benteler Automobiltechnik GmbH

„Es ist für uns kaum vorstellbar, in Deutschland ein größeres Werk zu eröffnen."

Nur noch 27 Prozent des Umsatzes erwirtschaftet die Benteler-Gruppe, die zu den 100 größten deutschen Industrieunternehmen gehört, in Deutschland. Die Benteler Automobiltechnik GmbH, mit 70 Prozent Anteil am Konzernumsatz der größte Geschäftsbereich der Benteler-Gruppe, produzierte und entwickelte im Jahr 2006 an 59 Standorten in 22 Ländern Komponenten, Module und Systeme für die Bereiche Fahrkomfort, Sicherheit und Emissionsreduzierung.

Erst vor kurzem wurden neue Werke in Changchun, China, und in Rumburk, Tschechien, eröffnet. Auch die meisten Jobs entstehen im Ausland. Das hat vor allem branchenspezifische Ursachen: In Asien und Osteuropa wächst der Automobilmarkt besonders rasant. In Deutschland sieht das Unternehmen dagegen aufgrund der hohen Marktsättigung wenig Möglichkeiten zu expandieren.

„Es ist für uns kaum vorstellbar, in Deutschland ein größeres Werk zu eröffnen", sagt Nick Ghoussaini, Geschäftsführer von Benteler Automobiltechnik. Das heißt nicht, dass der Standort vernachlässigt würde. „Wir investieren in Deutschland in unsere bestehenden Werke." Aber die Automobilkonzerne erwarten, dass ihnen die Zulieferer bei der Globalisierung folgen und Werke vor Ort aufbauen. Bei Benteler hält man es daher für möglich, dass in Zukunft weitere Standorte entstehen – etwa in Russland, der Türkei, Indien, Thailand, Südafrika oder Brasilien.

Markterschließung ist damit für dieses Unternehmen das dominante Motiv der Internationalisierung. Gleichzeitig aber werden Kostenvorteile der ausländischen Standorte konsequent ausgeschöpft. Das betrifft vor allem technologisch eher einfache Tätigkeiten und Komponenten, etwa die Herstellung von Bremsbelägen, Radnaben oder Gussstücken. Diese Teile sind vergleichsweise leicht zu transportieren und verursachen geringe Logistikkosten.

An einigen ausländischen Low-Cost-Standorten wird daher nicht nur für den lokalen Markt produziert. Ein Beispiel dafür ist ein Hilfsrahmen, der in Tschechien gefertigt und dann nach Deutschland exportiert wird. Die Einsparungen, die Benteler durch niedrigere Arbeitskosten und durch Subventionen im Ausland realisieren kann, werden auf 7 bis 8 Prozent des Verkaufspreises geschätzt. Qualitätsprobleme, die im Anfangsstadium der Internationalisierung bei der Auslandsproduktion auftraten, sind längst Geschichte. Der hohe Standardisierungsgrad und die gute Ausbildung gewährleisten, dass höchste Qualitätsansprüche erfüllt werden – ein Muss in einer Branche, in der die Sicherheit der Produkte oberste Priorität hat. Ghoussaini: „Qualität ist absolut fundamental für die Existenz unseres Unternehmens. Hier gehen wir keine Kompromisse ein." In der Produktion erreichen die ausländischen Standorte nach einer intensiven Einarbeitungsphase nahezu ein ähnlich gutes Verhältnis von Qualität und Produktivität wie die deutschen. „Das Werk, das weltweit am besten läuft, befindet sich in Tschechien", sagt Geschäftsführer Ghoussaini.

Der Erfolg der Produktionsstätten im Ausland basiert nicht zuletzt auf einer intensiven Qualifizierung des Personals. Mitarbeiter aus China werden einige Monate in Paderborn ausgebildet und gehen dann mit dem erworbenen Wissen wieder in ihre Heimat zurück. Besonders bemerkenswert sind laut Ghoussaini die hohe Motivation und der Lernwille vieler Menschen aus bisherigen Entwicklungsländern. In China betreuen deutsche Experten dann für zwei bis drei Jahre das neue Werk. Nach drei bis fünf Jahren arbeitet ein ausländischer Standort ähnlich effizient wie ein deutscher.

Durch diese Erfolge bestätigt, will Benteler die Auslandsaktivitäten auf höherwertige Bestandteile der Wertschöpfungskette ausdehnen. Das Unternehmen erwägt, seine Ingenieurtätigkeiten auch in Low-Cost-Ländern auszubauen. Zum Beispiel führt das Unternehmen die sogenannte Methode der Finiten Elemente, mit der unter anderem die Widerstandsfähigkeit von Materialien ermittelt wird, inzwischen in Russland durch – zu Lohnkosten pro Mitarbeiter, die etwa bei einem Fünftel der Kosten eines deutschen Ingenieurs liegen. Das Lohngefälle ist jedoch nicht das einzige Motiv für die Verlagerung ins Ausland: „Uns trifft natürlich auch der Ingenieurmangel in Deutschland, sodass wir fähige und engagierte Ingenieure in anderen Ländern suchen", sagt Ghoussaini.

Damit wird Deutschland für das Unternehmen allerdings nicht bedeutungslos. „Der Kopf des Unternehmens ist in Paderborn – und wird auch dort bleiben", so Ghoussaini. Grundlagenforschung, Entwicklung, Prototyping und die Herstellung von Investitionsgütern zur Ausrüstung der Benteler-Werke weltweit sind ebenso zentral in Deutschland angesiedelt wie die Produktionsplanung, das Marketing, der strategische Einkauf, die zentrale IT, das Controlling, das Qualitätsmanagement und die strategische Personalpolitik. „Wir führen diese Funktionen weltweit zentral aus Deutschland und haben nicht vor, daran etwas zu ändern", bekräftigt der Geschäftsführer. Und er fügt hinzu: „Es wäre kontraproduktiv, unsere Know-how-intensivsten Aktivitäten, wie zum Beispiel die Entwicklung von Prototypen, dezentral zu betreiben."

Hinzu kommt, dass deutsche Ingenieure in den Augen von Benteler Automobiltechnik noch immer einen klaren Vorsprung gegenüber ausländischen Konkurrenten besitzen. „Die Qualität des deutschen Ingenieurwesens beeindruckt international, weil es im Hinblick auf die Fähigkeit, sehr komplexe Technologien zu entwickeln und zu implementieren, meiner Ansicht nach weltweit einzigartig ist", sagt Ghoussaini. Wissensintensive Tätigkeiten, zum Beispiel die Entwicklung neuer Methoden in der Warmumformung von Stahl, bleiben bei Benteler daher aufgrund der höheren Qualifikation der Arbeitskräfte meist in Deutschland angesiedelt. Erfolgreiche Verfahren werden hier entwickelt und später, wenn die Prozesse standardisiert sind, auch an den ausländischen Standorten angewandt.

Deutschland bietet noch einen weiteren Vorteil: Als globaler Leitmarkt für die Automobilindustrie verfügt der Standort über eine gut ausgebaute Forschungslandschaft. „Deutschland baut weltweit die besten Autos, und diese Erfolge gehen auf eine umfangreiche Brancheninfrastruktur hierzulande zurück", sagt Ghoussaini. So arbeitet Benteler mit einer Reihe von Universitäten zusammen. Gemeinsam mit der Universität Paderborn werden Studenten des Maschinenbaus und der Elektrotechnik ausgebildet, indem sie parallel zum Studium eine technische Ausbildung bei Benteler absolvieren. Daneben existieren Forschungskooperationen mit Universitäten in Kaiserslautern, Darmstadt und München. Es gibt bislang keine vergleichbaren Kooperationen von Benteler in Niedriglohnländern – nicht zuletzt deswegen, weil die Leistungsfähigkeit der deutschen Universitäten hoch eingeschätzt wird.

Von der deutschen Politik erwartet Benteler Automobiltechnik, die 2005 mit 116 Millionen Euro rund 3 Prozent ihres Umsatzes in Forschung und Entwicklung investiert hat, vor allem eine wesentliche Vereinfachung der Forschungsförderung. Derzeit sei diese im Vergleich zu anderen Ländern „zu grundlagenorientiert", so Ghoussaini. Auch die Kriterien für die Vergabe von Forschungsfördermitteln werden im internationalen Vergleich als zu strikt beurteilt. Zudem würden sich die politisch Verantwortlichen an ausländischen Standorten aktiver um die Unterstützung von Unternehmen bemühen und Forschungskooperationen oft mehr Interesse entgegenbringen als deutsche Stellen. Hinzu kommen die lange Bearbeitungszeit für Anträge sowie eine vergleichsweise hohe Komplexität der Förderbedingungen. Benteler hat einen externen Dienstleister beauftragt, der die Anspruchsberechtigung des Unternehmens auf deutsche Forschungsförderung und Subventionen evaluiert. Dennoch werden viele Anträge abgelehnt.

Als weiteres Mittel zur Bindung von Wertschöpfung und Beschäftigung in Deutschland sieht Benteler die stärkere steuerliche Begünstigung von Investitionen, wie sie etwa in Tschechien in Form von Steuergutschriften existiert. Die Nettoinvestitionskosten des Unternehmens beim Bau eines Werks fallen dort unter Berücksichtigung aller Subventionen um 30 Prozent geringer aus als in Deutschland.

2.2 ThyssenKrupp Marine Systems

„Wir müssen Technologieführer sein, sonst haben wir überhaupt keine Chance.“

Christian Eckel, Vorstand des größten deutschen Werftenverbunds ThyssenKrupp Marine Systems (TKMS), mag die Kategorie „Bruttoregistertonnen“ nicht. Gemessen in Bruttoregistertonnen sieht es für Deutschland nämlich düster aus. In Bruttoregistertonnen haben Japan, Korea und China im Schiffbau zusammen einen Weltmarktanteil von 86,5 Prozent. Deutschland, die traditionsreiche Schiffbau-Nation, kam im Jahr 2005 nur auf 2,6 Prozent. „Aber“, sagt Eckel, „wenn man die Auftragswerte zugrunde legt oder wenn wir einen Parameter für Technologie hätten, sieht es völlig anders aus.“

Tatsächlich konkurriert der 2005 aus der Taufe gehobene Verbund, dem in Deutschland die Werften Blohm+Voss in Hamburg, die Nordseewerke in Emden, Nobiskrug in Rendsburg sowie die Deutsche Werft in Kiel angehören, höchst erfolgreich mit den Asiaten. Und das, obwohl nach wie vor an der deutschen Küste produziert wird. Konkrete Pläne, Tätigkeiten aus Kostengründen ins Ausland zu verlagern oder sich bei billigen Zulieferern einzudecken, gibt es nicht. Denn vom hart umkämpften Volumenmarkt für Massengutschiffe und Tanker, in dem die Asiaten die Nase vorn haben, hat sich TKMS längst verabschiedet.

Auch wenn gerade eine neue Containerschiffserie entwickelt wird: Containerschiffe werden von TKMS vor allem noch gebaut, um Kapazitäten auszulasten und die Beschäftigung zu verstetigen. Nur noch 20 Prozent des Umsatzes macht das Geschäft mit den Transportern heute aus. Stattdessen konzentriert sich der Werftenverbund strategisch auf anspruchsvolle, ausrüstungsintensive Schiffe – Marineschiffe, U-Boote oder Mega-Yachten. Diese Märkte sind zwar klein, bieten aber hohe Umsätze je Auftrag. „Wir müssen Technologieführer sein, sonst haben wir überhaupt keine Chance“, beschreibt Eckel die Strategie in diesem Nischenmarkt.

Aus Kostengründen im Ausland zu produzieren, ist für TKMS bislang keine Überlegung gewesen. Werften im Ausland zu eröffnen, sei zwar denkbar, so Eckel. Einerseits kann so das Geschäft mit Dienstleistungen, vor allem Reparaturen, weiter ausgebaut werden. Andererseits bestehen viele Kunden darauf, dass die Schiffe vor Ort gebaut werden.

Wegen des Kostendrucks in anderen Ländern fertigen zu lassen, steht dagegen nicht zur Diskussion. Erstens verlangt die Komplexität der Produkte eine möglichst integrierte Fertigung – auch, um aus Erfahrungen zu lernen. Eine umfassende Fragmentierung der Produktion ist vor diesem Hintergrund kaum möglich. „Das ist ein geschlossener Kreislauf, den wir bei jedem Schiff von Neuem brauchen“, sagt Eckel. Zweitens gibt es in Deutschland noch immer eine „hervorragende Basis an Ingenieuren“ und dank des Ausbildungssystems auch exzellente Facharbeiter.

Und drittens arbeitet TKMS in Deutschland eng mit einer Reihe von Hochschulen und spezialisierten Forschungseinrichtungen zusammen, zum Beispiel mit der TU Hamburg-Harburg, der Fachhochschule Kiel oder der Hamburgischen Schiffbauversuchsanstalt HSVA. Letztere ist ein Know-how-Pool für Hydrodynamik, der in anderen Ländern seinesgleichen sucht. Das interdisziplinäre Forschungszentrum „Center for Marine Information Systems – CeMarIS“ – an der Universität Rostock entwickelt in Kooperation mit TKMS und der TU Hamburg-Harburg selbstkonfigurierende Strukturelemente und testet deren Einsatz in CAD-Systemen. Zu den Kooperationen mit Hochschulen und Forschungseinrichtungen kommt die starke Zulieferbasis als Standortvorteil in Deutschland hinzu.

Auch Vorleistungen stammen nur begrenzt aus dem Ausland. Selbst die Containerschiffe, bei denen der Kostenwettbewerb mit den Asiaten am stärksten tobt, werden überwiegend in Deutschland gebaut. Allerdings mit ausländischer Hilfe: Die Antriebsmaschinen kommen schon seit Jahren aus Japan, die Lukendeckel werden in China eingekauft. Die Aufbauten liefert eine Stahlbaufirma aus Polen. Dadurch spart die Werft rund 10 Prozent der Kosten, Anfangsschwierigkeiten mit der Qualität nicht eingerechnet. Andere Aufgaben werden je nach Kapazitätsauslastung per Werkvertrag vergeben, meist an osteuropäische Firmen, die dann auf dem Gelände in Kiel oder Emden arbeiten.

Alles in allem hat der Anteil der ausländischen Zulieferer in den letzten fünf Jahren kaum zugenommen. „Es gibt Werften, die lassen sich ganze Kaskos aus Osteuropa anliefern, fertige Rümpfe inklusive Ausrüstung. Das machen wir bislang nicht“, sagt Eckel. „Wir haben mehrfach überlegt, in Bulgarien oder Rumänien ein Schiff bauen zu lassen, aber wir haben uns wegen der Transportkosten und der Notwendigkeit, das ganze Personal dort erst anlernen zu müssen, dagegen entschieden.“

Die inländische Beschäftigung entwickelt sich in der Folge positiv. „Vor allem bei den technologischen Spitzenkräften – in Forschung und Entwicklung, Konstruktion, Design – haben wir klar zugelegt.“ Doch längst nicht alle Stellen können zufriedenstellend besetzt werden.

Für die Schiffbauindustrie besteht gerade bei Ingenieuren ein Engpass am Standort Deutschland. Den 70 Schiffbauingenieuren, die pro Jahr ihr Studium abschließen, stehen im Durchschnitt 120 offene Stellen gegenüber. Die Zahl der Absolventen ist gering, nicht zuletzt wegen der hohen Abbrecherquote von über 50 Prozent. „Im Schiffbau ist der Ingenieurmangel längst zutage getreten.“ Denn immer stärker werden hochqualifizierte Mitarbeiter benötigt. In der Kieler Werft liegt der Anteil der „White-Collar-Worker“ inzwischen bei etwa 60 Prozent. „Und dieser Trend – mehr White als Blue Collar – wird anhalten“, prophezeit Christian Eckel.

Zur Wettbewerbsfähigkeit beigetragen hat auch die Verschmelzung der deutschen Werften zu einem gemeinsamen Verbund. „Dadurch haben wir die Größenordnung erreicht, die wir brauchen, um für die Zukunft fit zu sein“, sagt Eckel. Er sieht Deutschland in den Segmenten Mega-Yachten und Marineschiffbau als weltweiten Technologieführer. Mega-Yachten treiben – ähnlich wie die Formel 1 im Automobilsektor – die technologische Entwicklung voran. Und während es bei den Containerschiffen keinen nennenswerten Vorsprung gebe, seien die Deutschen mit brennstoffzellengetriebenen U-Booten dem Wettbewerb zehn Jahre voraus.

Allerdings weiß auch Eckel, dass dieser Vorteil nur temporär ist: „Es gibt nichts, was man nicht nachmachen kann." Für ihn ist es lebensnotwendig, auch künftig Technologieführer zu bleiben. Im Containerschiffbau dagegen will Eckel die Möglichkeit nicht ausschließen, Schiffbausektionen oder gar ganze Schiffskaskos aus Osteuropa zuliefern zu lassen. „Von den Deckshäusern abgesehen machen wir das bisher nicht, aber vielleicht kommt es irgendwann doch noch so weit. Denn China wird einen Druck auf die Preise ausüben, von dem wir uns noch gar keine Vorstellung machen."

2.3 Loewe AG

„Unser Vorteil: Alles unter einem Dach"

Der deutsche Fernsehhersteller Loewe erzielt mittlerweile über die Hälfte seines Umsatzes außerhalb Deutschlands. Vor allem in den europäischen Kernländern sind die hochwertigen Geräte aus Oberfranken gefragt. Der Auslandsanteil am Beschaffungsvolumen beträgt 80 Prozent. Und mit Sharp ist ein japanisches Unternehmen mit knapp 30 Prozent an Loewe beteiligt. Diese Fakten machen deutlich: Das Ausland ist für Loewe von existenzieller Bedeutung.

Dennoch liegt die Basis von Loewes Erfolg im Inland, genauer: am Standort des Unternehmens im oberfränkischen Kronach. Und damit weist Loewe eine Besonderheit auf, die in der Unterhaltungsindustrie – und nicht nur dort – selten anzutreffen ist. Rainer Hecker, Vorstandsvorsitzender der Loewe AG: „Entwicklung, Produktmanagement, Fertigung, Vertrieb, Marketing – alle Funktionen sind am Standort vertreten. So wie wir heute aufgestellt sind, haben wir die Funktionen bewusst hier angesiedelt, um unserem Anspruch der Premiummarke gerecht zu werden. Diese Strategie können wir am besten aus Deutschland heraus für den europäischen Markt realisieren."

Im Premiumsegment werden in der Unterhaltungsindustrie rund 40 Prozent des Gesamtumsatzes erzielt. Bei Loewe fiel bereits vor 20 Jahren die Entscheidung, sich auf diesen lukrativen Teilmarkt zu konzentrieren. Es ist gerade die Premiumstrategie, die Entwicklung und Produktion im Hochlohnland nicht nur zulässt, sondern geradezu zwingend erfordert: Der Erfolg im Premiumsegment setzt beste Verarbeitung und äußerste Zuverlässigkeit der Produkte voraus. Für die Loewe AG sind dies gewichtige Argumente, die Wertschöpfungskette in Kronach zu behalten. Die Systemkopf-Funktionen Entwicklung, Design, Marketing und Endmontage, die eine Schlüsselrolle für den Erfolg als Premiumanbieter spielen, sollen in Oberfranken bleiben.

Qualität steht an erster Stelle des Anforderungskatalogs bei Loewe. Hier profitiert der Fernsehhersteller davon, die Endmontage einschließlich der Qualitätssicherung komplett auf dem eigenen Gelände durchzuführen und so das hohe eigene Qualitätsverständnis ohne Abstriche realisieren zu können. Indem Loewe die Produktion selbstständig steuert, kann das Unternehmen außerdem schnell und flexibel auf Kundenwünsche reagieren – bis ins Detail. „Das geht bis hin zu ‚Configure to order' in der Fertigung", so Rainer Hecker.

Von besonderer Bedeutung ist das unverkennbare, puristische Design der Loewe-Produkte, das vielfach ausgezeichnet wurde. Zum einen dient es der Differenzierung zu Produkten der Wettbewerber, zum anderen soll es die fortschrittliche Technik und die Qualität der Geräte sichtbar machen. Der hohe Anspruch an das Design lässt sich nur durch die enge Verknüpfung mit der Endmontage einlösen. Denn edel wird Design durch die Kombination von außergewöhnlicher Formgebung, hochwertigen Materialien und perfekter Verarbeitung. Von daher ist es nur logisch, dass die Kernfunktion Design ebenfalls in Kronach angesiedelt ist.

Bei der technischen Entwicklung kooperiert Loewe mit Sharp. Beide Unternehmen betreiben ein gemeinsames Entwicklungscenter in Kronach. Loewe hat herausragendes Know-how auf dem Gebiet der digitalen Signalverarbeitung, Sharp ist Weltmarktführer bei LCD-Panels, Basisbestandteil aller Loewe-Fernseher. Die Unternehmen ergänzen sich also ideal. So verwundert es nicht, dass Sharp an Loewe beteiligt ist, ohne aber die Unternehmenspolitik zu beeinflussen.

Schließlich ist auch das Marketing komplett in Kronach konzentriert, denn eine Premiummarke wie Loewe lebt von der Vermittlung ihres Markenimages nach innen und nach außen. Entscheidend ist auch die Zusammenarbeit von Produktmanagement und Entwicklung. „Hier liegt“, so Hecker, „die Hauptachse für innovative Lösungen.“

Es klingt also logisch, dass Loewe als Premiumanbieter die Wertschöpfungskette in Kronach behält. Doch wie sieht es mit den Kosten aus? Es wäre nämlich ein Irrglaube zu meinen, bei einem Premiumanbieter spielten Kosten keine Rolle. Auch an der Spitze sind Marktanteile und Margen hart umkämpft. Preise – und damit auch die Kosten – stehen unter Druck.

Um in diesem Wettbewerb mitzuhalten, setzt Loewe an zwei Hebeln an. Zum einen ist die Produktion hochgradig automatisiert. 95 Prozent aller Bauelemente werden automatisch bestückt. Die direkten Personalkosten in der Produktion machen nur noch 5 Prozent der Herstellungskosten aus. Zum anderen hat Loewe die Fertigungstiefe in den letzten zehn bis 15 Jahren deutlich gesenkt und nutzt seitdem intensiv Global Sourcing. „Bei aller Systemverantwortung, die wir haben, stellen wir uns bezüglich der Komponenten tagtäglich die Frage ‚Make or buy?'“, erklärt Rainer Hecker. „Und bei der Beschaffung brauchen wir das Ausland für günstige Materialpreise, denn bei der industriellen Fertigung haben wir heute 75 bis 80 Prozent Materialkosten.“

Schon heute kommen 80 Prozent aller von Loewe beschafften Güter aus dem Ausland. Doch selbst dieser hohe Anteil markiert für Loewe noch nicht den Endpunkt: Die Beschaffungsaktivitäten sollen weiter internationalisiert werden. Der gleiche Trend gilt für den Vertrieb. Neben den bereits bestehenden Vertriebstöchtern in den Benelux-Ländern, in Italien, Frankreich und Österreich ist im Mai 2007 in Großbritannien eine weitere Vertriebstochter gegründet worden.

Großen Wert legt Loewe darauf, dass die Auslandsaktivitäten dem Standort Kronach zugute kommen. Die globale Beschaffung sichert – bei fallenden Endgerätepreisen – die Wettbewerbsfähigkeit auf der Kostenseite. Der Vertriebsausbau im Ausland sorgt für das notwendige Wachstum: „Mehr Umsatz im Ausland bedeutet auch mehr Beschäftigung hierzulande“, so Rainer Hecker.

Die Verbindung des Unternehmens mit der Region um Kronach ist eng. Von dort bezieht Loewe den Großteil des inländischen Beschaffungsvolumens. Für den Arbeitsmarkt in der oberfränkischen Region spielt der Fernsehhersteller mit über 1.000 Mitarbeitern eine Schlüsselrolle. Noch einmal so viele Beschäftigte wie bei Loewe selbst arbeiten bei regionalen Unternehmen, die Komponenten zuliefern oder Dienstleistungen durchführen. „Durch Loewe wurde in den letzten Jahren ein deutlicher Arbeitsplatzaufbau in der Region angestoßen", so Hecker.

Ein positives Bild also, das sich so zusammenfassen lässt: Wenn man günstig beschafft, hochautomatisiert produziert und unverwechselbare Produkte im Premiumsegment verkauft, dann kann man auch in Deutschland noch die volle Wertschöpfungskette betreiben.

Vorausgesetzt allerdings, dass die Rahmenbedingungen stimmen. Und hier hat auch Loewe einige Forderungen an die Adresse der Politik: So wünscht sich das Unternehmen zum Beispiel bundeseinheitliche technische Normen und Standards über die Vielfalt der Landesmedienanstalten hinaus. Kritisiert wird auch das Fördergefälle zu den neuen EU-Ländern. Wichtige Anliegen sind außerdem die Flexibilisierung des Kündigungsschutzes sowie eine intelligente Förderung der Weiterbildung durch höhere steuerliche Vergünstigungen.

Für die Fortsetzung der bisherigen Erfolgsgeschichte bedarf es vor allem qualifizierter Mitarbeiter. Diese zu gewinnen, bleibt eine entscheidende Herausforderung: Zwar arbeitet Loewe mit Hochschulen und Schulen aus der Region zusammen und kann bisher auch seinen Bedarf an Nachwuchs-Talenten decken. Doch auch Loewe wird mit dem Problem des wachsenden Ingenieurmangels konfrontiert. Hecker: „Dies muss mit aller Macht in einer konzertierten Aktion von Politik, Verbänden und Unternehmen gewendet werden. Es ist entscheidend für die Wettbewerbsfähigkeit Deutschlands, dass die Gesellschaft für Technik offener wird und technische Berufe an Attraktivität gewinnen."

2.4 Altana AG

„Der Kreislauf beginnt hier, nicht woanders."

Internationaler Erfolg vom Standort Deutschland aus – für den Spezialchemiehersteller Altana ist das kein Widerspruch. „Der Anteil des internationalen Geschäfts liegt bei 83 Prozent. Aber die Produktionskapazitäten befinden sich zu 70 Prozent in Deutschland und die Forschung sogar zu 90 Prozent", erläutert Professor Nikolaus Schweickart, ehemaliger Vorsitzender des Vorstands von Altana.[1]

Die Spezialchemie ist der Know-how-intensivste Bereich der Chemie insgesamt. Es geht hier nicht um den Ausstoß riesiger Volumina, wie es bei der Herstellung der sogenannten Commodities der Fall ist. Vielmehr stellen Spezialchemieunternehmen hochwirksame Produkte her, welche die Produkte anderer Unternehmen veredeln. Additive zum Beispiel sind in kleinsten Dosen wirksam. Schweickart: „Ein klassisches Anwendungsgebiet von Additiven ist die Metallic-Lackierung im Auto. Ein Fingerhut Additive reicht, um perfekte Lacke und Oberflächeneffekte zu erzielen."

---

[1] Nikolaus Schweickart war zum Zeitpunkt des Interviews Vorsitzender des Vorstands und ging im Mai 2007 in den Ruhestand. Nachfolger wurde Matthias Wolfgruber.

Altana ist einer der Weltmarktführer auf dem Gebiet von Additiven. Dabei sind die Kunden von Altana nicht die Automobilproduzenten, sondern die Lackhersteller. Die Produkte werden gemeinsam mit ihnen entwickelt, ihre Bedürfnisse fließen unmittelbar in die Spezifikationen ein – in der Spezialchemie spricht man daher lieber von Lösungen als von Produkten.

In der gemeinsamen Entwicklung von Lösungen liegt einer der beiden Gründe, weshalb Nikolaus Schweickart von der guten Zukunftsperspektive der Spezialchemie in Deutschland überzeugt ist: „Für die Entwicklung neuer Lösungen in der Spezialchemie brauche ich eine enge Bindung zu unseren Kunden, insbesondere zu ihren FuE-Bereichen. Diese Bindung hindert mich daran, Teile ins Ausland auszulagern, sei es nach Korea, sei es selbst nach Italien. Unsere Kunden sind meistens große Lösungspartner wie BASF oder Akzo. Sie verlagern in der Regel ihre hochspezielle Forschung nicht in Niedriglohnländer. Dadurch ist auch für uns die Gefahr, dass Forschung und Entwicklung hier erodieren, kaum gegeben."

Der zweite Faktor, der für die aussichtsreiche Perspektive der Spezialchemie in Deutschland spricht, ist die Verfügbarkeit hervorragend ausgebildeter Chemiker und Naturwissenschaftler. Sie sind das Fundament erfolgreicher Forschung und Entwicklung.

Dabei ist Deutschland nicht nur als FuE-Standort attraktiv. In der Spezialchemie sind FuE und Produktion eng miteinander verknüpft, sodass die oben erwähnten 70 Prozent Produktionsvolumen im Inland nicht verwundern. Mit Wesel – dem Hauptsitz des Unternehmens – und Fürth befinden sich die wichtigsten Produktionsstandorte Altanas nach wie vor in Deutschland. Schweickart: „Kostennachteile in Deutschland werden voll kompensiert durch die Qualität der Prozesse. Von unserer Wertschöpfungskette lassen sich selbst Teile – zum Beispiel die Erstellung von Vorprodukten – kaum auslagern. Wer also nur an Kosten im engeren Sinne denkt und nicht an die Verbindung von Kosten und Prozess, der springt ein bisschen kurz. Man kann auch bei einem relativ hohen Produktionskostenanteil eine hochprofitable Geschäftsstrategie fahren, die nachhaltig 18 bis 19 Prozent EBITDA-Rendite erbringt."

Mit den deutschen und den ausländischen Werken, die sich unter anderem im europäischen Ausland, in den USA, Südamerika, China und Indien befinden, bedient Altana den Weltmarkt. Wenn Altanas Kunden zusätzliche Kapazitäten in Fernost aufbauen, um am dortigen Marktwachstum zu partizipieren, so bedeutet das für das Unternehmen zusätzliches Wachstum an den bestehenden Standorten, aber nicht zwingend die eigene Verlagerung von Kapazitäten. Denn dadurch, dass Spezialchemikalien in Bezug auf ihr Volumen einen hohen Wert repräsentieren, lohnt sich der Transport auch über größere Distanzen.

Die wichtigsten Systemkopf-Funktionen, die in Deutschland eine „Mutterschiff-Funktion" ausüben, sind aus Sicht von Altana Forschung und Entwicklung, Produktion, Logistik und strategische Unternehmensführung. Doch auch Einkauf und Marketing sind schwerpunktmäßig in Deutschland vertreten. Denn auch diese Funktionen seien im eigenen Unternehmen ganz eng mit der Produktion und der Entwicklung verknüpft – und Deutschland habe Standortvorteile durch die Qualifikation der Menschen. Schweickart: „Der Verkäufer in der Spezialchemie ist eben ein anderer als jemand, der ein Endprodukt verkauft. Der geht nicht von Tür zu Tür und putzt Klinken, sondern der steht auf Messeständen, der geht auf Kongresse, der operiert sozusagen am Kunden auf dessen Marketingbasis. Das heißt, er ist Experte, Spezialist."

Zwar sieht Schweickart für die Zukunft, dass sich die Spezialchemie in Deutschland strukturell verändern wird. Zurzeit sei sie noch sehr auf einer fragmentierten, mittelständisch geprägten Struktur aufgebaut. Die Unternehmen würden aber nach und nach alle entweder kooperieren oder aufgekauft. Dennoch sei die Spezialchemie, so Schweickart, „der beste Beleg dafür, dass der Industriestandort Deutschland Zukunft hat". Die entscheidende Stellschraube sei die Innovationskraft, denn: „Alles, was einfach ist, ist bei uns zu teuer."

Das bedeutet für Altana ganz konkret, dass man sich von Produkten trennt oder deren Produktion in Niedriglohnländer verlagert, sobald sie zu Massenprodukten geworden sind. Mit der Verlagerung von Produktion ist die Einführung neuer Produkte und deren Herstellung in Deutschland verbunden: „Der Kreislauf beginnt hier, nicht woanders", betont Schweickart.

Während man sich mit Massenware nicht differenzieren kann und die damit zu erzielenden Preise niedrig liegen, ist Altana mit den exklusiven Spezialchemikalien technologisch interessant und unverwechselbar – und zwar über Qualität und Leistung. Die Preise, die Altana erzielen kann, sind daher von konjunkturellen Entwicklungen unabhängiger als bei Massenanbietern.

Die Preispolitik lässt sich im Markt für Spezialchemikalien außerdem leichter gestalten als in einem Massenmarkt. Schon mit Umsätzen zwischen 200 Millionen und 1 Milliarde Euro können Unternehmen einen Platz unter den ersten drei Anbietern weltweit erreichen, in einzelnen Bereichen der Spezialchemie liegen die Umsatzgrenzen für die Spitzenplätze auch deutlich darunter. Und von einer solchen Position aus lassen sich Standards und Preise für den ganzen Markt mitbestimmen.

Damit die Spezialchemie auch weiterhin so erfolgreich in Deutschland ist, müssen für Schweickart drei Voraussetzungen erfüllt sein. Erstens muss weiterhin Forschung betrieben werden, um Innovationen hervorzubringen. Zweitens ist die Qualität der Lösungen permanent auf höchstem Niveau zu halten. Und drittens – und dies ist wiederum eine Voraussetzung für die ersten beiden Punkte – muss hochqualifiziertes Personal in ausreichendem Maße zur Verfügung stehen.

Gerade der letzte Punkt bereitet auch Altana Kopfzerbrechen – der Nachwuchs an deutschen Hochschulen studiere häufig lieber Geisteswissenschaften als Naturwissenschaften oder Mathematik. Zwar liege der Anteil der Chemiestudenten noch verhältnismäßig hoch, doch zeichne sich auch hier ein Nachwuchsproblem ab. Dies muss gelöst werden, damit die Spezialchemie international wettbewerbsfähig bleiben kann. Denn in Osteuropa gebe es sehr viel mehr Absolventen in mathematisch-naturwissenschaftlichen Studiengängen.

Von der Politik fordert Altana einen stärkeren Einsatz auf dem Feld der Wettbewerbspolitik. Für die Chemiebranche sei die gegenseitige Anerkennung transparenter Regeln auf internationaler Ebene äußerst wichtig. Die Europäer seien oft Vorreiter, zum Beispiel in der Zertifizierung von Produktionsbedingungen oder der Transparenz von Produktionssubstanzen. Hier muss man zumindest dazu kommen, so die Forderung, dass andere Länder auch gewisse Standards befolgen, selbst wenn diese nicht so hoch seien wie die europäischen.

2.5 Infineon AG

„Die Halbleiterindustrie ist ein treuloser Geselle."

„Die Halbleiterindustrie ist eine der am stärksten globalisierten Industrien überhaupt", sagt Wolfgang Ziebart, Vorstandsvorsitzender der Infineon AG. Die integrierten Schaltkreise (Chips), die das Unternehmen vor allem für die Bereiche Automobilelektronik und Kommunikation herstellt, sind nur quadratzentimetergroß.

Aus strategischer Sicht haben diese Größenverhältnisse eine einfache Folge: „Sie können die Produkte in unserer Branche ohne große Transportkosten beliebig durch die Welt verschiffen – und damit konkurriert jeder Standort gegen jeden anderen Standort." Der Wettbewerbsdruck ist enorm. Die Unternehmen der Halbleiterindustrie reagieren darauf, indem sie ihre Wertschöpfung global konfigurieren. Dabei sind drei Aspekte entscheidend: Leitmärkte, Kompetenzen und Konditionen.

Der erste und wichtigste Gesichtspunkt sind Leitmärkte und Kunden. Für Infineon sind diese Leitmärkte weltweit verteilt: Im Bereich Wireless Communication ist der Leitmarkt Korea, in der Unterhaltungselektronik ist es Japan. Ziebart: „Wenn Sie in diesen Ländern nicht präsent sind – und zwar nicht nur mit Vertriebsnetzen, sondern auch mit Entwicklern, die die Bedürfnisse der Kunden vor Ort kennen –, dann laufen Sie Ihren Wettbewerbern zwangsläufig hinterher." Hinzu kommt, dass ein großer Teil der Adaptionsarbeit beim Kunden vor Ort stattfindet.

Die Frage der Leitmärkte entscheidet also maßgeblich darüber, in welchem Land und in welcher Region die entsprechenden Tätigkeiten angesiedelt werden. „Wenn wir warten würden, bis eine solche Technologie in Europa hochkommt, hätten wir schon verloren." Deutschland hat für Ziebart in der Automobilelektronik und der Automatisierungstechnik Leitmarktcharakter für die Halbleiterindustrie. Bei den Kraftfahrzeugen gilt das zumindest in den Bereichen Sicherheit und Verbrauch, während das Thema Informationstechnologie im Auto aus Sicht von Ziebart nur eine untergeordnete Rolle spielt. „Die Technikfeindlichkeit in weiten Teilen der Bevölkerung führt dazu, dass sich für uns in Deutschland in manchen Bereichen nie ein Leitmarkt entwickeln wird." Und das hat eine einfache Konsequenz: „Wenn Sie sehen, dass sich drahtlose Kommunikation nach Korea verschiebt, dann müssen Sie in Korea aufbauen und in Deutschland abbauen."

Das zweite Kriterium sind Kompetenzen. „In der Halbleiterindustrie ist die Forschung vollständig globalisiert", stellt Ziebart fest. Wegen der hohen Kosten kooperieren die Wettbewerber sogar in gemeinsamen Forschungsprojekten. So sind einige hochspezialisierte Cluster entstanden, in denen oft für den Weltmarkt geforscht wird und um die sich die entsprechenden Kompetenzen gruppieren, zum Beispiel im belgischen Leuven oder im südfranzösischen Hightech-Park Sophia Antipolis, aber auch in der Region Dresden. Letztere ist in Deutschland allerdings eine Ausnahme: „Ohne Dresden wäre Deutschland in der Halbleiterindustrie nicht mehr präsent", sagt Ziebart. Andere hiesige Standorte sind im internationalen Vergleich schlicht sehr klein.

Die Bündelung von Kompetenzen in Clustern spricht für eine starke Präsenz im Ausland – auch wegen des Fachkräftemangels, der hierzulande droht. Speziell die asiatischen Länder verfügen in diesem Sektor über gut ausgebildete Arbeitskräfte, die Forschung und

Produktion an diesen Standorten attraktiv machen. „Gerade in der Halbleiterindustrie finden Sie dort ein sehr hohes Niveau", so Ziebart. In Deutschland seien zwar die Fähigkeiten und die Motivation der Mitarbeiter derzeit sehr gut. Auf lange Sicht rechnet aber auch Infineon für die Halbleiterindustrie mit einem spürbaren Fachkräftemangel: „Wenn Sie sehen, wie viele Elektrotechniker hier noch ausgebildet werden, sieht es für die Zukunft düster aus." Dies werden vor allem kleine und mittlere Unternehmen zu spüren bekommen. Die großen Global Player wie Infineon können die drohende Personalknappheit besser kompensieren: „Wir sind nicht auf Deutschland beschränkt. Wenn wir sehen, dass wir hier nicht die geeigneten Leute bekommen, dann gehen wir eben woanders hin und rekrutieren in China", sagt Ziebart.

Die Kosten sind das dritte Kriterium für die globale Konfiguration der Wertschöpfung. Entgegen der konventionellen Weisheit sind Lohnkosten auch in der hochautomatisierten Halbleiterbranche ein maßgeblicher Hebel zur Ergebnisverbesserung. In Deutschland liegt der durchschnittliche Lohnkostenanteil zwischen 15 Prozent in einer klassischen Speicherfabrik und 30 Prozent bei Technologien, in denen der Automatisierungsgrad geringer ist. „Diese 30 Prozent sind natürlich auf dem Weltmarkt nicht wettbewerbsfähig", sagt Ziebart. In Asien liegen die entsprechenden Kosten bei rund 20 Prozent des deutschen Niveaus – ein starker Anreiz, die Produktion dort anzusiedeln.

Hinzu kommt die Höhe der staatlichen Subventionen, die in einer investitionsintensiven Branche wie der Halbleiterindustrie – vor allem im Speichersegment – extrem wichtig ist. Diese und weitere Standortbedingungen sind vor allem deswegen entscheidend, weil in der Halbleiterindustrie einmal errichtete Produktionsstätten nicht einfach verlagert werden können. Die langfristigen Erwartungen spielen daher eine große Rolle. „Wir sind darauf angewiesen, dass Standortbedingungen für eine gewisse Zeit stabil bleiben", erklärt Ziebart.

Infineon hat seine Wertschöpfung nach den Kriterien Leitmärkte, Kompetenzen und Kosten global optimiert. So betreibt das Unternehmen Forschung und Entwicklung unter anderem in Aalborg (Dänemark), Linz, Graz und Villach (Österreich), Bukarest (Rumänien), Netanya (Israel), Xi'an (China), Bangalore (Indien), Hsinchu (Taiwan), Bristol (Großbritannien), Tempe, East Fishkill und San José (USA) sowie in Sophia Antipolis (Frankreich). In Deutschland befinden sich Einrichtungen für Forschung und Entwicklung in Regensburg, Dresden, Nürnberg, Erlangen, Augsburg, Ulm und in weiteren Städten. Produziert wird hierzulande nur noch in Regensburg, Nürnberg und in Dresden. Im Ausland produziert Infineon unter anderem in Kulim (Malaysia), Suzhou und Wuxi (China), Batam (Indonesien) sowie an mehreren anderen Standorten in Asien, Europa und den USA.

Von der Politik erwartet Ziebart konzertierte Anstrengungen zur Förderung technologieintensiver Branchen, wie sie vor allem in asiatischen Ländern wie Taiwan, China oder Indien durchaus üblich seien. „Sie haben dort ganz andere Rahmenbedingungen für die Entwicklung der Halbleiterindustrie." Besonders die Förderpolitik sei in Asien deutlich technologieorientierter gestaltet als in Europa: „Wenn die EU die Hälfte ihres Budgets für Agrarsubventionen ausgibt, dann müssen wir uns nicht wundern, wenn für Zukunftstechnologien weniger Mittel übrig bleiben." Ein Ansatzpunkt der Politik sei beispielsweise die Entwicklung von Leitmärkten, welche die private Wirtschaft allein nicht schaffen könne.

Beispiele seien hier die Bereiche Verkehrsleittechnik, Energieeffizienz oder der Einsatz moderner IT im Gesundheitswesen. Zudem müsse die Forschungsförderung massiv aufgestockt werden.

Für sein Unternehmen und die Branche kann Ziebart keine Unternehmensfunktionen erkennen, die zwingend in Deutschland verbleiben müssen: „Die Halbleiterindustrie ist ein treuloser Geselle.“ Die Wertschöpfungsketten sind global disaggregiert, und einzelne Unternehmen konzentrieren sich auf immer kleinere Nischen. Größere Investitionen in Deutschland plant Infineon zurzeit nicht.

2.6 Heidelberger Druckmaschinen AG

„Die Spezialisten haben sich hier entwickelt, nicht in den USA oder in Indien.“

Als Johannes Gutenberg im 15. Jahrhundert den Buchdruck erfand, hat er wohl kaum in der Dimension „Mikrometer“ gedacht. Für die Heidelberger Druckmaschinen AG kommt es heute auf den Tausendstelmillimeter an, speziell bei Maschinen für den Bogenoffsetdruck, auf deren Produktion sich das Unternehmen spezialisiert hat. Millionen Farbpunkte, jeder feiner als eine Nadelspitze, müssen bei hoher Geschwindigkeit präzise auf das Papier gesetzt werden, um Bilder in der notwendigen Qualität und Quantität zu produzieren.

Diese Feinheit ist nur eine von vielen Herausforderungen, welche die Herstellung von Druckmaschinen zu einer äußerst Know-how-intensiven Industrie mit wenigen Anbietern und hohen Eintrittsbarrieren machen. Mit einem Anteil von 40 Prozent ist die Heidelberger Druckmaschinen AG der führende Anbieter auf dem Markt des Offsetdrucks, der weltweit insgesamt ein Volumen von 440 Milliarden Euro hat. Sieben große Hersteller – allesamt in Deutschland und Japan ansässig – teilen rund 90 Prozent dieses Marktes unter sich auf.

Rund 85 Prozent seines Umsatzes erzielt die Heidelberger Druckmaschinen AG mittlerweile im Ausland, etwa 55 Prozent außerhalb der EU. Dennoch hat der Druckmaschinenhersteller alle Stufen der Wertschöpfungskette noch immer nahezu komplett in Deutschland angesiedelt.

Die Unternehmenszentrale befindet sich in Heidelberg. Und auch das Herzstück der Produktion hochkomplexer Druckmaschinen ist in dieser Region zu finden. In Wiesloch, nur rund 15 Kilometer von der Heidelberger Zentrale entfernt, betreibt das Unternehmen auf einem Areal von 860.000 Quadratmetern mit über 6.000 Mitarbeitern die größte und modernste Druckmaschinenfabrik der Welt – vor allem deshalb, weil nur hier die entsprechend qualifizierten Mitarbeiter in ausreichender Zahl vorhanden sind. Und auf die kommt es an, wie der Vorstandsvorsitzende Bernhard Schreier betont: „Bei uns ist alles mehr oder weniger Handarbeit.“

Sämtliche funktionskritischen Arbeitsschritte werden in Eigenproduktion erledigt. Dazu gehört neben der entsprechenden Programmierung der Maschinen vor allem auch die Herstellung wichtiger Gussteile wie Walzen und Zahnräder. Die unternehmenseigene Gießerei in Amstetten zählt mit über 40.000 Tonnen Guss pro Jahr zu den großen Gießereien in Deutschland. Außerdem werden im Werk in Brandenburg 9.000 verschiedene Einzelteile und Baugruppen für die Druckmaschinen gefertigt.

Insbesondere die Nähe zu wichtigen Lieferanten ist für das Unternehmen ein großer Standortvorteil: Knapp 60 Prozent der benötigten Einzelteile werden von externen Lieferanten bezogen; der deutsche Anteil am Einkaufsvolumen beträgt 72 Prozent. Bei gemeinsamen Entwicklungsprojekten spielt die räumliche Nähe zu den Lieferanten eine besonders wichtige Rolle: „Die Spezialisten haben sich hier entwickelt, nicht in den USA oder in Indien", so Unternehmenschef Schreier.

Angesichts des enormen Innovationsdrucks und der hohen technologischen Spezialisierung in der Druckmaschinenindustrie ist der enge Kontakt zu kompetenten Entwicklungspartnern ein bedeutender Wettbewerbsvorteil. Die Offsetdruckmaschinen müssen unter Hochdruck permanent weiterentwickelt werden, denn insbesondere in den hochentwickelten Volkswirtschaften sind die Märkte größtenteils gesättigt. „Eine Maschine wird hier nur ersetzt, wenn eine neue auch produktiver ist", erklärt der Vorstandsvorsitzende.

Für den notwendigen technologischen Fortschritt wendet das Unternehmen rund 6 Prozent des Umsatzes auf. Der Schwerpunkt der eigenen FuE-Aktivitäten ist dabei im konzerneigenen Forschungs- und Entwicklungszentrum in Heidelberg angesiedelt, wo der Großteil der 1.500 FuE-Mitarbeiter des Gesamtunternehmens beschäftigt ist. Forschungsschwerpunkte liegen in den klassischen Bereichen Mechanik und Elektrotechnik sowie in dem immer wichtigeren Softwarebereich, dem sich bereits 400 Mitarbeiter widmen.

Know-how, das nicht die Kernkompetenzen des Unternehmens betrifft, wird durch Zukäufe, Unternehmensbeteiligungen oder Partnerschaften erworben. Eine bedeutende Rolle spielt beispielsweise die Kooperation mit der technotrans AG, einem führenden Hersteller im Bereich der Veredelung von Druckerzeugnissen. Aber auch die Zusammenarbeit mit Hochschulen, unter anderem mit der Hochschule der Medien in Stuttgart, trägt zur Ergänzung und zum Ausbau der unternehmenseigenen Kompetenzen bei.

Mit weltweit 500.000 Druckbetrieben gibt es für das Unternehmen eine Menge potenzieller Kunden, wobei vor allem China, Indien und Osteuropa stark an Bedeutung gewonnen haben. Jeder Absatzmarkt hat seine Besonderheiten. So gibt es in China sowohl große, hochmoderne und -effiziente Druckereien als auch eine ungeheure Vielzahl kleiner Druckereien. Die großen Druckereien befinden sich in den Ballungszentren und produzieren neben dem heimischen Bedarf auch für den Export. Kinderbücher, die in Europa verkauft werden, kommen beispielsweise häufig aus diesen Druckereien, die in Bezug auf Qualität, Größe und Effizienz der von ihnen nachgefragten Druckmaschinen die gleichen Ansprüche haben wie Druckereien in Europa, den USA oder Japan.

Die kleinen Druckereien in China drucken für den lokalen Bedarf – von Visitenkarten bis hin zu lokalen Zeitungen. Auch für diese Druckereien ist die Effizienz der von ihnen benutzten Maschinen natürlich wichtig. Doch im Vordergrund stehen günstige Anschaffungskosten und leichte Reparierbarkeit. Zwar benötigen sie zudem wesentlich kleinere Maschinen als die großen Druckereien, davon allerdings – aufgrund ihrer großen Zahl – sehr viele. Und da der Markt für Druckerzeugnisse in China stark wächst, können aus etlichen von ihnen auch große Anbieter werden, die dann große Maschinen nachfragen. Aus diesen Gründen sind auch die kleinen, lokalen Druckereien in China für Heidelberger Druck wichtige Kunden.

Um den unterschiedlichen Bedürfnissen des chinesischen Marktes entgegenzukommen und beide beschriebenen Segmente aus dem Land heraus zu bedienen, hat Heidelberger Druck im Jahr 2006 in Shanghai Qingpu ein eigenes Produktionswerk in Betrieb genommen. Neben der Entwicklung des notwendigen Lieferantennetzwerks, das bis dahin in China nicht vorhanden war, galt es dabei, das entsprechende Know-how unter den Mitarbeitern des chinesischen Werks aufzubauen. Dazu wurden chinesische Führungskräfte zur Schulung nach Heidelberg entsandt und zusätzlich deutsche Lehrlingsausbilder nach China geschickt. Dieses Engagement fällt auf fruchtbaren Boden, wie Bernhard Schreier berichtet: „Das Lernpotenzial der Leute und der Wille, etwas umzusetzen und gut zu machen, sind hervorragend.“

Das chinesische Werk stellt keine unmittelbare Bedrohung für deutsche Arbeitsplätze dar, denn es soll nur lokale Märkte beliefern. Hinzu kommt: Der eng vernetzte und hochgradig spezialisierte Cluster in Deutschland sowie die Qualifikation der hiesigen Mitarbeiter tragen entscheidend zum Unternehmenserfolg bei. Überdies sind sämtliche ernst zu nehmenden Wettbewerber in den Hochlohnländern Deutschland und Japan angesiedelt, die Lohnkosten liegen damit auf einem ähnlichen Niveau. „Was uns aber dramatisch Sorgen macht, ist die Wechselkursentwicklung zwischen dem Yen und dem Euro“, so Unternehmenschef Schreier. Denn Wertverluste des Yen gegenüber dem Euro haben den Preisdruck auf deutsche Druckmaschinen in den letzten Jahren deutlich erhöht.

Auch die beträchtlichen Schwankungen der Nachfrage bereiten vielen Druckmaschinenherstellern Probleme. Wirtschaftliche Auf- oder Abschwünge der Konjunktur machen sich unmittelbar im Absatz der Maschinen bemerkbar. Um allzu große Schwankungen der Ertragslage auszugleichen, hat das Heidelberger Unternehmen deshalb den Servicesektor als zweites wichtiges Standbein entwickelt. Denn spezifische Beratung, Wartung und Reparatur sowie Verbrauchsmaterialien werden auch in Konjunkturtiefs benötigt. Schreier: „Neben der Qualität der Maschine ist Service beziehungsweise Kundendienst für uns das zentrale Verkaufsargument.“

Dennoch lässt sich das Auf und Ab der Nachfrage nicht vollkommen nivellieren. Von Zeit zu Zeit sind deshalb entsprechende Personalanpassungen notwendig. Der Unternehmenschef bedauert in diesem Punkt die inflexiblen Regulierungen des deutschen Arbeitsrechts: „Der Kündigungsschutz hat massiven Einfluss darauf, ob Leute eingestellt werden – oder eben nicht.“ Hier erwartet Schreier verstärkte Anstrengungen der Politik, beschäftigungshemmende Hürden weiter abzubauen.

Mit der Qualität der deutschen Hochschulbildung ist der Vorstandsvorsitzende zufrieden, insbesondere bei den Maschinenbauingenieuren, die für das Unternehmen so wichtig sind. Allerdings fürchtet er künftig spürbare quantitative Engpässe bei der Verfügbarkeit der hochqualifizierten Ingenieure.

2.7 Henkel AG & Co. KGaA

„Wir sind auf dem Weg zu einem transnationalen Unternehmen.“

Wenn es um Internationalität geht, ist Henkel kaum zu übertreffen. Das Unternehmen mit Hauptsitz in Düsseldorf verkauft seine Produkte – Wasch- und Reinigungsmittel, Kosmetik und Körperpflege sowie Klebstoffe, Dichtungen und Oberflächentechnik – in mehr als 125 Länder und produziert in über 50 Ländern. Über 80 Prozent der 52.000 Beschäftigten arbeiten außerhalb Deutschlands und erwirtschaften mehr als 80 Prozent des Gesamtumsatzes. Und die Mehrzahl der Geschäftsführer kommt nicht aus Deutschland.

Wenn im Geschäftsbericht die Absatzgebiete aufgeführt werden, taucht Deutschland als einzelnes Land gar nicht mehr auf. Hier gibt es nur noch Regionen: Europa/Afrika/Nahost, Nordamerika, Südamerika, Asien/Pazifik. Professor Ulrich Lehner, Vorsitzender der Geschäftsführung von Henkel: „Wir unterscheiden nicht mehr zwischen Inland und Ausland. Für uns ist Deutschland ein Land von vielen."

International tätig ist Henkel schon seit Ende des 19. Jahrhunderts. Seit dem Jahr 2000 vollzieht das Unternehmen nun den nächsten großen Schritt – von einem multinationalen Unternehmen zu einem transnationalen Unternehmen. Was heißt das? Im Jahr 2000 war Henkel bereits in 75 Ländern vertreten, und zwar mit einer sogenannten „Multi Domestic Presence". Die Unternehmen, die in den einzelnen Ländern zu Henkel gehörten, waren weitestgehend autonome, in sich geschlossene Einheiten, die alle unternehmerischen Funktionen unter ihrem nationalen Dach vereinten: vom Einkauf bis zum Vertrieb, mit eigener Verwaltung, Finanzabteilung, IT und allem anderen.

Diese Struktur passte ideal in die Zeit nationaler Märkte. Da die Konsumgüter von Henkel zudem einen geringen „Value per volume" aufweisen, sind sie nicht sehr frachtfreundlich, also nicht kostengünstig zu transportieren. Daher wurden sie – im Gegensatz zu den Industrieklebstoffen – auch stets vor Ort produziert.

Mit der zunehmenden Globalisierung ging die Ära der nationalen Märkte allerdings zu Ende. Transportmöglichkeiten verbesserten sich, Kunden wurden selbst zu Global Playern. Das Unternehmen Henkel nutzt diese neuen Möglichkeiten, indem es seine Struktur anpasst. Lehner: „Wir fassen zunehmend Funktionen, wenn sie dafür geeignet sind und es sinnvoll ist, zu übernationalen Strukturen zusammen. Das betrifft den Einkauf, die regionale Konzentration der Produktion, die Zusammenfassung von Verwaltungsorten und unterstützenden Service-Organisationen, und die Zusammenfassung von Vertrieben."

In der neuen, transnationalen Struktur haben globale Kunden – der Konzern erzielt über 30 Prozent seines Umsatzes mit Industriekunden – bei Henkel eine zentrale Anlaufstelle. Die Zahl der europäischen Verwaltungsstätten wird von 38 auf sieben reduziert. In der Produktion wird die regionale Konzentration angestrebt, allerdings unter der Restriktion, nach wie vor marktnah zu produzieren. Einen Teil der Produktion hat Henkel auch an Fremdfirmen ausgelagert. Es handelt sich hier um Produkte, zu deren Herstellung kein spezielles Know-how benötigt wird.

Das vorherrschende Motiv dafür, das Unternehmen in eine transnationale Struktur zu transformieren, ist die Optimierung der Geschäftsführung. Im Zuge der Transformation werden weltweit einheitliche Systeme eingeführt, die es der Geschäftsführung zum Beispiel ermöglichen, jederzeit einen Überblick über den Gesamtbestand an Vorräten zu erhalten.

Gleichzeitig strebt Henkel mit den neu geschaffenen Strukturen eine Optimierung der Kosten an. So baut das Unternehmen gerade ein Zentrum für die Abwicklung konzerninterner Lieferungen in Bratislava auf. Primäre Zielsetzung ist die Synchronisierung der

Rechnungsstellung, denn bisher wurden Rechnungen, die innerhalb des Konzerns ausgestellt werden, wie Fremdrechnungen behandelt. Auf Bratislava fiel die Wahl, weil der Standort niedrige Kosten verspricht. Zudem liegt die slowakische Hauptstadt nur 65 Kilometer von Wien entfernt, wo Henkel mit seiner Osteuropa-Holding ein Kompetenz-Zentrum besitzt.

Viele Funktionen wurden auch in Deutschland zusammengefasst. Überhaupt spielt Deutschland nach wie vor eine wichtige Rolle bei Henkel, auch wenn es als Absatzgebiet nicht mehr explizit im Geschäftsbericht ausgewiesen wird. So ist Deutschland mit rund 25 Prozent der jährlichen Investitionen von über 400 Millionen Euro Henkels größtes Investitionsziel. Deutschland ist zudem ein großer Absatzmarkt. Henkel produziert nicht nur für den deutschen Markt vor Ort, sondern hat hier auch viel Know-how im Bereich Produktionstechnologie konzentriert. Und die Systemkopf-Funktionen Forschung, grundlegende Entwicklung, Marketing, Branding, Vertriebs- und insbesondere Unternehmenssteuerung will Henkel auch in Zukunft in Deutschland belassen.

So wird der größte Teil der Forschung von Henkel in Düsseldorf und Hamburg betrieben. Die Aktivitäten in den USA und Japan beziehen sich nur auf ausgewählte Spezialitäten. Lehner: „Für uns ist Forschung eine zentrale Funktion, und die werden wir hier behalten." Die Kooperation mit Universitäten, Forschungsgesellschaften und Unternehmen in der Entwicklung von Grundlagen für neue Produkte und Produktionstechnologien erfolgt allerdings auf internationaler Ebene. Jedes Jahr zeichnet Henkel herausragende Forschungsarbeiten mit dem „Research/Technology Invention Award" aus.

Im Bereich der Entwicklung werden zwei Drittel der Tätigkeiten lokal durchgeführt. Zunächst erfolgt die zentrale Entwicklung in den einzelnen Divisionen in Deutschland. Dann werden die Produkte von den Entwicklungsabteilungen vor Ort an die Bedürfnisse der lokalen Märkte angepasst. Ähnlich wie in der Entwicklung ist Henkel im Bereich Marketing aufgestellt: Das globale Marketing in Düsseldorf wird durch die regionale Marktkenntnis von Marketing-Mitarbeitern in den jeweiligen Ländern ergänzt.

Wenn es darum geht, neue Standorte im Ausland aufzubauen, ist „Follow the customer" für Henkel ein wichtiges Motiv, wie Ulrich Lehner erklärt: „Gerade in der Industrieproduktion muss man ganz nah am Kunden sein, um schnell auf veränderte Anforderungen reagieren zu können. Zurzeit migriert zum Beispiel die Elektronikindustrie von den USA nach China. Hier gehen wir mit und bauen in China Produktion auf."

Nach Meinung von Henkel führt die fortschreitende Globalisierung wichtiger Kunden zu einer Konsolidierung bei den Zulieferbetrieben: Mangels Know-how und Finanzkraft seien viele kleine und mittlere Unternehmen nicht in der Lage, ihren Kunden ins Ausland zu folgen. Die Umsätze dieser Unternehmen fielen dann den großen Unternehmen zu, zum Beispiel Henkel im Markt für Industrieklebstoffe.

Insgesamt vereint Henkel eine umfassende internationale Präsenz mit einer starken Verankerung in Deutschland im Bereich Know-how-intensiver Systemkopf-Funktionen. Auch die Politik sollte ihren Beitrag dazu leisten, dass dies so bleibt: Ein wirklich vereinigter Binnenmarkt in Europa, in dem konzerneigene Tochtergesellschaften nicht mehr wie Fremdunternehmen behandelt werden, eine exzellente Ausbildung in Deutschland, die schon im Kindergarten beginnt, und Deregulierung in einigen Bereichen, besonders aber auf dem Arbeitsmarkt – das sind die Hauptforderungen von Henkel an die politischen Entscheidungsträger.

2.8 Bosch Kraftfahrzeugtechnik

„Die Speerspitze unserer Entwicklung bleibt in Deutschland."

Die Elektronik moderner Autos wird von Rechnern gesteuert, die in ihrer Leistungsfähigkeit der Rechenleistung eines Pentium-D-Prozessors entsprechen. Aber auch wenn der Anteil elektronischer Bauteile in den Kraftfahrzeugen in den letzten Jahren drastisch zugenommen hat, gilt immer noch: Ohne Mechanik stehen alle Räder still. Und bei den elektromechanischen Bauteilen ist ebenfalls Hightech-Qualität gefragt. Die ist bei Bosch Kraftfahrzeugtechnik, dem größten Automobilzulieferer der Welt, der fast drei Viertel seines Umsatzes außerhalb Deutschlands erzielt und der größte Unternehmensbereich von Bosch ist, häufig noch „Made in Germany".

„Bei hochpräziser mechanischer Fertigung spürt man richtig die Kompetenz, wenn man bei uns durch die deutschen Standorte geht", sagt Wolf-Henning Scheider, Vorsitzender des Bereichsvorstands Gasoline Systems. „Es gibt viele Beispiele, dass die exakte Bearbeitung von Werkstoffen nur in ganz wenigen Ländern der Welt funktioniert. Und da gehört Deutschland meistens mit dazu."

Aber nicht allein wegen der mechanischen Präzisionsfertigung sind die deutschen Standorte für Bosch Kraftfahrzeugtechnik von zentraler Bedeutung. 40 Prozent der weltweiten Wertschöpfung werden in Deutschland erbracht, 25 der weltweit insgesamt 132 Produktionsstandorte befinden sich hier. Und die zentralen Funktionen wie Forschung und Entwicklung, globale Beschaffung und Marketing sind im Raum Stuttgart angesiedelt. Von hier aus erfolgt die Führung dieser Funktionsbereiche auf der Ebene des Gesamtunternehmens ebenso wie die Führung der meisten Divisionen.

Der Systemkopf – die Speerspitze des Know-hows – befindet sich also in Deutschland. Dies spiegelt die Internationalisierungsstrategie von Bosch wider. Am Anfang steht die Bearbeitung eines Marktes durch lokale Vertriebs- und Servicestrukturen. Der Verkäufer spielt dabei eine wichtige Mittlerrolle: Durch seine Nähe zu den Kunden kennt er deren Wünsche und kann diese an die Techniker weitergeben. Dafür sind Verkäufer gefragt, die nicht nur Vertriebstalent mitbringen, sondern auch umfangreiches technisches Know-how.

Die zweite Stufe ist die lokale Applikationsentwicklung: Vor Ort werden die Komponenten so angepasst, dass sie die spezifischen Kundenbedürfnisse genau befriedigen. Schließlich folgt die dritte Stufe, der Aufbau lokaler Produktion und Beschaffung. Damit Hand in Hand geht die Erzeugnisentwicklung, also die Entwicklungskompetenz für einzelne Produkte.

Noch relativ selten wird eine Plattformentwicklung im Ausland aufgebaut. Diese höchste Stufe der Entwicklungskompetenz bleibt in der Regel in Europa, meistens in Deutschland. Es sei denn, die Anwendung ist für Deutschland aus bestimmten Gründen nicht relevant: Ein Beispiel dafür ist die Plattformentwicklung für Boschs Ethanolmotoren.

Sie wird in Brasilien betrieben, weil die brasilianische Regierung die Entwicklung und Verbreitung dieser Technologie massiv unterstützt.

Scheider betont die Bedeutung von Forschung und Entwicklung in Deutschland: „Die Speerspitze unserer Entwicklung und ebenso der Forschung bleibt schwerpunktmäßig in Deutschland. 64 Prozent aller Mitarbeiter im FuE-Bereich arbeiten in Deutschland. Die übrigen verteilen sich zu ähnlichen Anteilen auf das übrige Europa, Amerika und Asien, einschließlich sonstiger Regionen. Die Konzentration der Plattformentwicklung und die große Anzahl an FuE-Mitarbeitern zeigen, dass Deutschland für uns der wichtigste FuE-Standort ist."

Und Bosch baut den FuE-Standort Deutschland sogar weiter aus: Nur circa 30 Kilometer vom größten Entwicklungsstandort Schwieberdingen entfernt entstand im Jahr 2004 in Abstatt ein neues Entwicklungszentrum für 2.000 Mitarbeiter.

Auch bei der Produktion spielt Deutschland nach wie vor eine große Rolle. Hier verfolgt Bosch das Konzept der Leitwerke: Entwicklungsstandorte arbeiten bei der Entwicklung neuer Produkte zunächst immer mit diesen Werken zusammen. Sie stellen als erste diese neuen Produkte her. Die überwiegend in Deutschland angesiedelten Leitwerke zeichnen sich durch herausragendes Know-how aus, sowohl für Produkte als auch für Produktionsprozesse. Nachdem die Herstellung neuer Produkte erfolgreich angelaufen ist, sind die Leitwerke dafür zuständig, in den anderen Werken weltweit diese bewährten Fertigungsmethoden zu verbreiten und die Produktion aufzubauen.

Leitwerk und übrige Fertigungswerke existieren parallel. Das Leitwerk ist die Know-how-Speerspitze und hat eine Patenschaftsfunktion; die anderen Bosch-Werke sitzen in allen Teilen der Welt. Dabei produziert auch das Leitwerk in großer Stückzahl. So lief bei einer Tagesproduktion von fast 600.000 Stück im Leitwerk Bamberg im Jahr 2007 bereits die achtmilliardste Zündkerze – von bisher zehn Milliarden weltweit produzierten – vom Band. Die übrigen Fertigungswerke sind entweder dicht bei den jeweiligen Kunden angesiedelt oder an Standorten mit niedrigen Kosten, zum Beispiel in Osteuropa, in der Türkei, in Mexiko und in Asien.

Durch den ständigen Wettbewerb mit der internen Konkurrenz ist das Leitwerk motiviert, kosteneffizient zu produzieren. „Im Fertigungsbereich haben deutsche Standorte nur eine Chance über permanente Prozessinnovationen. Die Beschäftigten in den Leitwerken sind hochmotiviert nachzuweisen, dass sie durch Ihre Produktivität und Innovationskraft mit Werken in Niedriglohnländern mithalten können", erklärt Scheider.

Dies gelingt natürlich nicht immer. Auch bei Bosch werden Tätigkeiten konsequent ausgelagert, die sich in Deutschland nicht mehr rechnen. Manchmal besteht sogar der Automobilhersteller darauf, dass Zulieferteile an Niedriglohnstandorten produziert werden. Selbst wenn es zunächst noch nicht unmittelbar sichtbar ist, erhofft er sich daraus mittelfristig erhöhte Rationalisierungspotenziale.

International gilt für Bosch Kraftfahrzeugtechnik der Leitsatz: „In der Triade beim Kunden sein." Das Unternehmen produziert also in Europa für europäische Kunden, in Nordamerika für die USA und Kanada und in Asien für den asiatischen Markt. Scheider: „Die Nähe zum Kunden ist gerade im Automobilgeschäft enorm wichtig, da es hier auf optimale Logistik ankommt. Es ist in der Kalkulation nicht drin, wenn wir bei Fehlern in der Planungskette neue Teile per Flugzeug ordern müssten. Das kann ganz schnell passieren, wenn man in Indien für die USA produziert." Die Nähe zum Kunden wird mit eigenen Auslandstöchtern, aber auch über Joint Ventures sichergestellt.

Alle zentralen Funktionen wie Marketing, Einkauf oder Administration sind im Stuttgarter Raum angesiedelt, haben aber ein Pendant in den Regionen. Die weltweite Ergebnisverantwortung liegt in den Händen der Leiter der einzelnen Geschäftsbereiche. Im Moment sind sie dabei, Prozesse zu vereinheitlichen und das Geschäft zu synchronisieren. Denn die Kunden agieren immer globaler und daher ist es wichtig, dass sich Bosch diesen in Amerika genauso präsentiert wie in Europa. Dabei unterstützen die Regionenchefs die Geschäftsbereichsleiter mit ihrem lokalen Know-how und helfen, die Stärken der jeweiligen Region zu nutzen.

Für die deutsche Politik sieht Bosch folgende Herausforderungen: die weitere Erhöhung der Flexibilität auf dem Arbeitsmarkt, die gezielte Unterstützung für Forschung und Entwicklung im Hochtechnologiebereich und die systematische Förderung des Ingenieurnachwuchses. Bei Letzterem sieht der Automobilzulieferer auch den Unternehmenssektor selbst in der Pflicht. Scheider: „Die Unternehmen haben hier eine gehörige Portion Selbstverantwortung. Wichtig vonseiten der Politik ist es, für ein technologiefreundliches Klima zu sorgen. Äußerungen hochrangiger Persönlichkeiten, die sich über eine mangelnde Leistungsfähigkeit der deutschen Industrie äußern, sind da nur kontraproduktiv."

2.9 adidas AG

„Unsere Wurzeln liegen in Herzogenaurach."

Schaut man sich grundlegende Kennzahlen von adidas an, wird schnell klar, dass die Sportartikelbranche anders tickt als viele andere Branchen: Nahezu 100 Prozent aller Produkte von adidas werden von unabhängigen Vertragshändlern produziert. Insgesamt arbeitet adidas mit weit über 500 unabhängigen Zulieferern aus aller Welt zusammen.

Die meisten Produzenten sind in Asien ansässig. Von dort kommen 64 Prozent aller Zulieferer, dort werden 97 Prozent der gesamten adidas- und Reebok-Schuhe hergestellt sowie 76 Prozent aller Bekleidungsprodukte. Das wichtigste Produktionsland ist China.

Vorreiter dieses Modells war Nike. Frank Dassler, General Counsel von adidas: „In den achtziger Jahren hat man sich in Deutschland über die ‚New Kids on the Block' noch relativ arrogant lustig gemacht. Doch dann hat man schnell gemerkt, welche Vorteile das Modell hat, besonders auf der Kostenseite, und es kopiert."

Die Beziehungen zu seinen Lieferanten hält adidas für seine Marke adidas direkt über regionale Beschaffungsbüros in seinen Kernbeschaffungsländern (die adidas-Tochter Reebok verfolgt ein anderes Lieferantenkonzept). Damit hat das Unternehmen unmittelbaren Einfluss auf seine Lieferanten im Hinblick auf Innovationen, Qualitätskontrolle und die Einhaltung von Sozial- und Umweltstandards. Dassler: „Wir haben natürlich eine besondere Verantwortung gegenüber den Menschen, die in Südchina, Korea und anderswo für uns tätig sind. Die Aufmerksamkeit der Öffentlichkeit ist hier sehr groß, und wir dürfen uns durchaus zu den Besten zählen, was die Themen Soziales, Umwelt und Transparenz anbelangt."

Heute hat das Unternehmen adidas, das im Gegensatz zu seinem Herzogenauracher Mitbewerber Puma den Großteil seines Umsatzes mit Sportartikeln und nur etwas mehr als 20 Prozent mit Lifestyle-Produkten macht, nur noch drei eigene Spezialfabriken, davon eine in Deutschland. Mit der Akquisition von Reebok kamen zudem zehn Produktionsstätten hinzu. Auf der Beschaffungs- und Produktionsseite ist die Frage nach eigener Produktion oder Outsourcing sowie nach In- oder Ausland also beantwortet.

Auch auf anderen Ebenen ist adidas in puncto Internationalität kaum zu überbieten: Von den über 170 Tochtergesellschaften sitzen nur neun in Deutschland, sieben der neun Entwicklungs- und Testzentren befinden sich jenseits der deutschen Grenze. Mehr als 80 Prozent des Umsatzes werden außerhalb Europas erzielt, wobei mehr als zwei Drittel der Mitarbeiter außerhalb Deutschlands beschäftigt sind. Vor allem das Geschäft außerhalb Europas wächst mit enormen Raten: In Asien stieg der Umsatz im Jahr 2007 währungsbereinigt um 18 Prozent, in Lateinamerika sogar um 38 Prozent.

Angesichts einer so starken internationalen Orientierung drängt sich die Frage auf: Was bleibt für den Hauptsitz im fränkischen Herzogenaurach? Die Antwort: Herzogenaurach ist nach wie vor der wesentliche Systemkopf von adidas. Drei von vier Vorstandsbereichen sitzen dort: Unternehmensführung, Marketing und Finanzen. Global Operations residiert zwar in Portland, USA. Teile dieses Bereichs sind aber auch in Herzogenaurach angesiedelt.

Ganz eindeutig befinden sich in Herzogenaurach die Wurzeln – dic „Foundation" – des Konzerns. „Ende der neunziger Jahre hatten wir eine Grundsatzdiskussion, ob wir den Hauptsitz von adidas verlagern sollten, etwa nach London, Paris oder Frankfurt", sagt Frank Henke, Global Director Social & Environmental Affairs bei adidas. „Doch wir haben uns bewusst für Herzogenaurach entschieden. Herzogenaurach hat eine so große Abstrahlung auf das Commitment der Mitarbeiter und auf das, was die Marke und die Gruppe darstellt, dass die Entscheidung eindeutig ausfiel."

Und Herzogenaurach wächst – seit etlichen Jahren um rund 100 Mitarbeiter jährlich. Dabei ist die Atmosphäre sehr international: Man trifft auf Mitarbeiter aus 40 verschiedenen Nationen mit einem Durchschnittsalter von 34 Jahren, und die Geschäftssprache ist natürlich Englisch. „Mit der Vielzahl an Mitarbeitern aus unterschiedlichen Ländern, die hier in Herzogenaurach arbeiten, versuchen wir, die Bedürfnisse und Präferenzen unserer weltweiten Kunden vor Ort abzubilden. Insofern ist Herzogenaurach sozusagen unser ‚internationaler Systemkopf am Standort Deutschland', an dem sich Designer, Entwickler, Marktforscher und andere, die aus verschiedenen Kulturen kommen, kreativ ergänzen", erläutert Frank Dassler.

In Herzogenaurach arbeitet auch das wichtigste Entwicklungszentrum von adidas – das sich übrigens nur äußerst selten an öffentlich geförderten Forschungsprojekten beteiligt. Die Antragsverfahren dauern adidas schlicht zu lange. Zudem verhindert die Pflicht zur Veröffentlichung der Ergebnisse, dass das Unternehmen einen Wettbewerbsvorsprung ausreichend lang aufrechterhalten kann.

Die Weiterentwicklung des Standorts Herzogenaurach ist durch ein starkes Engagement gekennzeichnet. Der Konzern sieht sich hier in unternehmerischer Verantwortung und verfolgt ein ganzheitliches Konzept. 1999 wurde das ehemalige Militärgelände „Herzo-

Base“ dafür als weltweites Hauptquartier auserkoren und in vier Bereiche aufgeteilt: Die „World of Sports“ ist der Sitz der Zentrale von adidas, die „World of Commerce“ beherbergt unter anderem ein Factory Outlet von adidas, in der „World of Living“ befinden sich Wohnanlagen und in der „World of Public“ öffentliche Einrichtungen. Innerhalb der „World of Sports“ versucht adidas, Synergieeffekte im Zusammenspiel von Funktionen zu realisieren. So sind die Bereiche Marketing und Operations in einem Gebäude untergebracht.

In Herzogenaurach spielt die Zusammenarbeit mit regionalen Akteuren, zum Beispiel mit einer Event-Marketing-Agentur, eine wichtige Rolle. Und neben weltweiten strategischen Hochschulpartnerschaften ist adidas mit der Universität Erlangen-Nürnberg eine Kooperation eingegangen. Trotz der regionalen Bindung von adidas an Herzogenaurach möchte das Unternehmen aber noch nicht von einem Cluster sprechen, der sich dort gebildet hat. Clusterbildung betreibt adidas auf internationaler Ebene. Henke: „Wir sind dazu übergegangen, dass unsere Hauptlieferanten ihre Materialien aus dem jeweils lokalen Umfeld beschaffen. Mit dieser regionalen Clusterbildung in China, in Vietnam, in Thailand und anderswo erhöhen wir die Geschwindigkeit und Flexibilität unserer gesamten Lieferkette.“

Obwohl administrative Funktionen – zum Beispiel die Buchhaltung – einen Schwerpunkt in Herzogenaurach haben, sind sie nicht ausschließlich dort vertreten. Karl Sedlmeyer, Head of Supply Chain Services: „Bei uns werden Services weltweit dargestellt, sie haben immer lokale Repräsentanzen. Wo es Schwerpunkte gibt, hängt von den Kompetenzen vor Ort ab.“

Zweifellos ist Herzogenaurach die strategische Denkfabrik von adidas. Grundlegende Konzepte werden, in Zusammenarbeit mit den internationalen Standorten, hier entwickelt und beschlossen. Dabei geht es auch immer wieder um eine optimale Konfiguration der Wertschöpfungskette und das Ausnutzen internationaler Marktchancen.

So wird in Herzogenaurach darüber nachgedacht, ob Reebok das Beschaffungsmodell von adidas übernehmen soll. Bis dato verfolgt die adidas-Tochter ein Low-Cost-Modell und arbeitet über zwischengeschaltete Agenten mit seinen Lieferanten zusammen. Aber die Weiterentwicklung der Handelslandschaft stellt Bedingungen an die Lieferanten, die Prozesskette künftig so zu bedienen, wie es Low-Cost-Hersteller mit diesem Modell nicht leisten können.

Auch ein weiterer Ausbau des Direktvertriebs über eigene Shops und Factory Outlets sowie das Internet steht auf der Tagesordnung. Bereits jetzt betreibt adidas weltweit fast 900 eigene Einzelhandelsgeschäfte. Vor allem außerhalb Europas will adidas damit expandieren. Henke: „Insbesondere in Schwellenländern, die keine entwickelte Vertriebsinfrastruktur haben, bauen wir den Direktvertrieb aus. So hat sich zum Beispiel China von einem reinen Beschaffungs- zu einem Beschaffungs- und Vertriebsmarkt gewandelt.“

Mit dem eigenen Einzelhandel wird außerdem das Ziel verfolgt, neue Einkaufserlebnisse und eine hohe Identifikation mit der Marke zu erreichen. Das Unternehmen hat mehr Kontrolle über den Verkauf und bekommt Marktforschungsergebnisse ungefiltert. Mittel- bis langfristig peilt adidas in diesem Zusammenhang an, 15 bis 20 Prozent des Umsatzes über den Direktvertrieb zu erzielen.

Interessanterweise wird in Herzogenaurach auch darüber nachgedacht, ob die Produktion nicht wieder näher an die Absatzregionen zurückgeholt werden soll. Zum einen, um schneller auf sich ändernde Markterfordernisse reagieren zu können. Denn speziell die von adidas verkauften Lifestyle-Produkte sind häufig kurzlebigen Trends und Moden unterworfen. Zum anderen, um die Kosten und die Belastung der Umwelt durch den Transport zu verringern. Aufgrund der weltweiten Beschaffung sind die Transportwege lang, und das Thema Ökobilanz eines Produkts gewinnt immer mehr an Bedeutung. Die Verringerung von Transportbelastungen – verbunden mit kürzeren Lieferzeiten – ist daher für adidas ein wichtiger Faktor.

Ob Deutschland von einer Rückverlagerung der Produktion profitieren würde, steht jedoch auf einem anderen Blatt. Im Umkreis kommen viele europäische Länder als mögliche Standorte infrage. Sedlmeyer: „Alles, was in der Größenordnung von 24 Stunden verteilt werden kann, reicht. Heute schon lassen wir Textilien in Asien vorkonfektionieren und bedrucken oder besticken sie aktuell in Portugal, zum Beispiel wenn eine Fußballmannschaft ein Finale gewonnen hat."

Arbeitsplätze, die in Deutschland bei adidas entstehen, werden daher wohl weiterhin in Bereichen mit Systemleitfunktionen – Unternehmenssteuerung, Marketing, Design, FuE, Supply Chain Management, Controlling – aufgebaut und ein dementsprechend hohes Qualifikationsprofil aufweisen.

2.10 Richard Bergner Holding GmbH & Co. KG (Ribe)

„Sorgfältige Internationalisierung mit überschaubarem Risiko – Erfolgsrezept für Mittelständler"

„Das war für uns das erste Mal. Vor einem solchen Schritt hat man schon Respekt", beschreibt Frank A. Bergner, geschäftsführender Gesellschafter von Ribe die Situation, als das Unternehmen in Nitra in der Slowakei vor zehn Jahren seinen ersten Auslandsstandort eröffnete. Inzwischen haben sich die Auslandsaktivitäten prächtig entwickelt – knapp 30 Prozent der Produktion kommen aus dem Ausland, 400 der rund 1.500 Mitarbeiter sind außerhalb Deutschlands beschäftigt.

Frank Bergner ist in der vierten Generation Nachfolger von Richard Bergner, dem Gründer und Namensgeber des fränkischen Unternehmens, dessen Stammsitz Schwabach bei Nürnberg ist. Ribe ist in den Geschäftsbereichen Verbindungstechnik, technische Federn und Elektroarmaturen tätig, wobei die Verbindungstechnik mit circa 75 Prozent den Großteil des Gesamtumsatzes von knapp 140 Millionen Euro ausmacht.

In der Verbindungstechnik bietet Ribe vor allem Spezialschrauben an. Die Firmen der Automobilindustrie – Hersteller wie Zulieferer – sind mit 80 Prozent die Hauptabnehmer. „Unser Credo ist es, hochwertige Spezialitäten anzubieten. Den Automobilbauern liefern wir zum Beispiel hochfeste Stahl- und Aluminiumschrauben für den gesamten Antriebsstrang. Wir haben umfangreiche Entwicklungsarbeit geleistet. In einer Schraube steckt eine Menge Know-how drin, denn sie ist das komplexeste Maschinenbauelement, das es gibt", erläutert Bergner.

Mit der Konzentration auf Spezialitäten versucht Ribe, sich gegenüber seinen zahlreichen Wettbewerbern im In- und Ausland zu differenzieren und dem Preiskampf bei den Massengütern (Commodities) auszuweichen. Ribe steckt daher zwischen 5 und 6 Prozent seines Umsatzes in FuE. Bei der Entwicklung geht es zum Beispiel um neue Montagekonzepte im Automobilbau oder um Verbindungselemente für neue Werkstoffe. Zahlreiche Patente zeugen von der Innovationskraft von Ribe.

Bei so viel Know-how, das Ribe in seine Produkte steckt, liegt die Frage nahe: Musste und konnte Ribe da überhaupt ins Ausland gehen? Frank Bergner nennt zwei wesentliche Gründe für das Auslandsengagement von Ribe: „Der eine Ausgangspunkt war die hohe Arbeitsintensität in der Zerspanung, eine Tätigkeit, die vor allem bei Kleinserien notwendig ist, um die endgültige Geometrie von Teilen nach der Kaltverformung abzubilden. Zum anderen bereitete es uns große Probleme, dass wir hier vor Ort die Kleinserien organisatorisch nicht von den Großserien trennen konnten. Die Verlagerung der Fertigung der Kleinserien und der Zerspanung nach Nitra diente also zum einen der Kostensenkung, zum anderen war es auch eine Art Befreiungsschlag aus einer damals nicht optimalen Fertigungsstruktur hier in Schwabach heraus."

Der Aufbau des Standorts in Nitra war für Ribe durchaus ein Wagnis. Schließlich war das Unternehmen seit Jahrzehnten ausschließlich in Schwabach tätig gewesen. Die Unternehmensführung legte daher großen Wert darauf, klar zu kommunizieren, dass der Gang nach Nitra eine notwendige und sinnvolle Ergänzung des Standorts Schwabach ist. Um den Schwabachern Nitra nahe zu bringen, wurden viele Mitarbeiter dorthin gefahren. Es gab gemeinschaftliche Aktivitäten und sogar Familienaustausche mit den dortigen Beschäftigten.

Dass es keine Worthülse war, von einer „Ergänzung" zu sprechen, zeigte sich später: Auch Schwabach legte beim Personalbestand zu, als dieser in den letzten vier Jahren bei Ribe insgesamt um 8 bis 12 Prozent pro Jahr wuchs. Eine nicht unerhebliche Rolle spielte dabei neben der Alleinstellung bei vielen Produkten die Kosteneffizienz, die durch die Auslandswerke erheblich gesteigert werden konnte. Bergner: „Osteuropa ist nach wie vor interessant. Selbst wenn Sie eine geringere Produktivität und zusätzliche Logistikkosten berücksichtigen, können Sie dort immer noch 20 bis 30 Prozent Kostenersparnisse erzielen."

Nach Nitra folgte mit dem Kauf einer Wärmebehandlung zur Härtung der Schrauben in Dubnica die Eröffnung eines weiteren Standorts in der Slowakei. Später kamen Standorte in Tschechien hinzu. Derzeit betreibt Ribe in der Verbindungstechnik zudem ein Joint Venture in den USA und unternimmt erste Schritte in Mexiko und China. Im Bereich Elektroarmaturen ist Ribe in Schwabach und Radebeul sowie in Österreich und China tätig.

Bei der Internationalisierung spielt für Ribe auch das Motiv „Follow the customer" eine wichtige Rolle. In der Nähe der slowakischen Standorte befinden sich Werke großer Automobilhersteller, die Kunden von Ribe sind. Die Aktivitäten in den USA sowie in Mexiko und China sind ebenfalls den dort entstehenden Märkten geschuldet. Bergner: „Die neue Firma in China soll unsere Spezialschrauben anbieten. Unsere Kunden gehen mit ungeheurer Vehemenz nach China, und die bisherigen Angebote an Schrauben bewegen sich dort auf einem sehr niedrigen Niveau. Das Werk in Mexiko bauen wir gerade auf, da unsere europäischen Abnehmer von uns für die Belieferung ihrer Werke im NAFTA-Raum erwarten, dass wir dort ‚Local Content' anbieten."

Wichtig ist Ribe bei der Internationalisierung die kontrollierte und sorgfältige Vorgehensweise. Bergner: „Man muss sich gut überlegen, mit welchen Produkten man ins

Ausland geht und sich fragen, was wirklich verlangt wird. Und man muss erst mal mit überschaubaren Mitteln und überschaubarem Risiko anfangen und das Land und die Kultur kennen lernen. Für den Mittelstand ist der Schritt ins Ausland schwieriger als für Großunternehmen, denn er verfügt in der Regel über weniger Mitarbeiter, die im Ausland strategisch tätig sein können, also zum Beispiel die Standortauswahl vornehmen, Vertragsverhandlungen führen und Marketing- und Vertriebsaufgaben wahrnehmen können."

Die Mitarbeiter wurden intensiv geschult, damit sie vor Ort ihre Aufgaben gut erledigen können und die Qualität der im Ausland erzeugten Produkte dem hohen Anspruch von Ribe entspricht. Das Werk in Nitra beschäftigt zum Beispiel ausschließlich lokale Kräfte, die mehrere Monate lang in Schwabach ausgebildet wurden. Zur Vorbereitung auf die Aktivitäten in China nahmen alle betroffenen Mitarbeiter inhouse an intensiven interkulturellen Trainings teil.

Doch es gibt noch mehr bei der Internationalisierung zu beachten. Bergner: „Ich würde keinem empfehlen, die Internationalisierung als Sanierungsschritt durchzuführen. Das führt ins Chaos, denn dafür dauert eine Verlagerung zu lange. Außerdem muss man auch nach den Ländern differenzieren, in die man verlagert. Eine Verlagerung nach China oder Mexiko erfordert einen ungleich höheren Aufwand, insbesondere was die Schulung der Mitarbeiter anbelangt, als eine Verlagerung in die Slowakei oder nach Tschechien. In China kommt hinzu, dass die Mitarbeiter das Unternehmen nach der Ausbildung häufig schnell wieder verlassen, weil sie durch die Ausbildung ihren Marktwert gesteigert haben, und dass man in China schnell kopiert wird."

Insgesamt wachse auch für mittelständische Unternehmen der Druck zu internationalisieren. „Kleine Unternehmen sind vielleicht nicht so sehr davon betroffen, weil sie sich Nischen suchen", sagt Bergner. „Aber ab einer Größe von 100 Millionen Euro Umsatz und einem gewissen Kundenkreis kommen Sie nicht umhin, sich der Internationalisierung zu stellen, wenn Sie nicht heruntergefahren werden wollen. Das trifft gerade auch für den Automobilbereich zu, wo ein großer Kostendruck herrscht und Ihre Abnehmer Sie drängen, ihnen ins Ausland zu folgen. Und in den meisten Betrieben gibt es Funktionen, die verlagerbar sind."

Um die Fähigkeiten zur Internationalisierung zu erlangen, sieht Bergner Zusammenschlüsse für Mittelständler nicht als das Mittel der ersten Wahl an. Zum einen habe die Kleinteiligkeit von Mittelständlern zwar Nachteile, sie zeige aber auch die Leistungsfähigkeit der Spezialisten an. Außerdem seien Mittelständler starke Individuen, die es wenig gewohnt seien, Kompromisse mit anderen einzugehen. Verknüpft mit über Jahrzehnten gewachsenen Strukturen sei die Integration eines Unternehmens daher schwieriger, als den kontrollierten Schritt ins Ausland eigenständig zu gehen, so wie es Ribe getan hat. Dabei habe das Unternehmen sowohl Kontakte zu auslandserfahrenen Unternehmern und Managern als auch Marktstudien und Seminare intensiv genutzt.

Auch bei Kooperationen mit Mittelständlern hat Ribe aus den oben genannten Gründen meistens weniger gute Erfahrungen gemacht. Eine internationale Kooperation läuft im Gegensatz dazu allerdings sehr gut: die „Global Fastener Alliance", ein Netzwerk von Verbindungselemente-Herstellern aus Deutschland, Korea, Japan, den USA und Indien. Das Erfolgsgeheimnis: eine gute Vertrauensbasis, ein enger Informationsaustausch, gemeinsames Benchmarking, Unterstützung bei Logistik und Produktion, aber auch eine klare Einhaltung von Wettbewerbsgrenzen zwischen allen Beteiligten.

Die intensiven internationalen Aktivitäten von Ribe basieren auf der Stärke des Heimatstandorts. Bergner: „Unsere Systemkopf-Funktionen – Unternehmensführung, Marketing, FuE und komplexe Technologien – werden langfristig in Schwabach bleiben. Es gibt bei uns Fertigungsbereiche, die sehe ich auch in 15 Jahren noch nicht in der Slowakei oder in Tschechien, und erst recht nicht in China oder Mexiko, weil sie so viel gewachsene Kenntnisse und Führungsfähigkeiten erfordern."

Als verlagerungsfähig sieht Bergner dagegen Qualitätsfunktionen und die technische Verwaltung an. Ein Qualitätsauditor, der gut englisch spricht, könne beispielsweise auch in Tschechien sitzen und die Audits sowohl dort als auch in den übrigen Auslandswerken und in Schwabach durchführen. Die Dokumentation von Zeichnungen und ähnliche Funktionen ließen sich ebenfalls ins Ausland verlagern, sobald man dort die technischen Voraussetzungen geschaffen habe.

Die Stärke in Schwabach beruht übrigens nicht darauf, dass das Unternehmen dort einem Cluster angehören würde. Als Schraubenhersteller ist Ribe in Süddeutschland eher Exot, Cluster existieren in dieser Branche in der Gegend um Hagen und Lüdenscheid. Allerdings ist Ribe in Schwabach nahe bei seinen großen Kunden aus dem Automobilsektor – ein großer Vorteil.

Universitäre Kooperationen bestehen mit den Universitäten Darmstadt, Paderborn und Erlangen-Nürnberg. Über die Vergabe von Praktika sowie Studien- und Diplomarbeiten an Studenten schafft Ribe Interesse für das Unternehmen. Bergner: „Das Ingenieurtalent, das wir in Deutschland finden, ist weltweit einmalig. Auch wir spüren hier allerdings schon einen Mangel an Nachwuchs." Seine anderen Fachkräfte zieht Ribe in den eigenen Reihen groß: „Das ist der beste Nachwuchs, denn die Leute kennen den Betrieb und die Kultur, sie beherrschen Technik und Abläufe. Das haben wir im Ausland in dem Umfang nicht." Fast 10 Prozent der Belegschaft sind Auszubildende. Damit bildet Ribe über seinen eigenen Bedarf hinaus aus.

Von der Politik erwartet Bergner vor allem, dass Reformen, etwa bezüglich Unternehmens- und Erbschaftsteuern, schneller kommen und damit Planungssicherheit herrscht. Steuersenkungen könnten der Wirtschaft zusätzliche Impulse verleihen. Der Vorschlag, keine Erbschaftsteuer zu erheben, wenn ein übernommener Betrieb mehrere Jahre weitergeführt wird, findet ebenfalls Bergners Zustimmung.

2.11 Weiss Kunststoffverarbeitung GmbH & Co. KG

„‚Made in Germany' wird von unseren Abnehmern nicht mehr verlangt."

Günstige Gelegenheiten muss man nutzen. Als ein Spritzguss-Unternehmen in Györ in Ungarn seinen Hauptkunden verlor, griff die Firma Weiss Kunststoffverarbeitung zu und sicherte sich die Mehrheit. „Die Konstellation war einfach gut", sagt Jürgen B. Weiss, geschäftsführender Gesellschafter der in Illertissen an der Grenze zwischen Bayern und Baden-Württemberg ansässigen Firma. „Es ist ein funktionierendes Unternehmen mit etwa 30 Mitarbeitern, dem die Aufträge weggebrochen sind, da der Hauptkunde aufgekauft wurde. Wir dagegen haben sehr viele Aufträge und Know-how. Beides bringen wir in die Firmengründung mit ein und verlagern außerdem noch einige Maschinen. Sehr viel Geld kostet uns das nicht, das Risiko ist überschaubar, was für uns sehr wichtig ist."

Jürgen Weiss leitet das 1946 gegründete Familienunternehmen gemeinsam mit seinem Vater Dietmar Weiss und dessen Cousin Bruno Weiss. Weiss produziert Spritzgussteile, von einfachen Haken für Einkaufswagen bis hin zu hochpräzisen Kettenspannern, die in Automotoren eingesetzt werden. Im Vierschichtbetrieb werden täglich rund 525.000 Teile hergestellt. Bei einem Umsatz von knapp 30 Millionen Euro arbeiten bei Weiss zurzeit 185 feste Mitarbeiter.

Unabhängigkeit ist die oberste Firmenphilosophie von Weiss – sei es von Banken, sei es von bestimmten Märkten oder Kunden. Zwar sind Automobilzulieferer wesentliche Abnehmer der Produkte von Weiss, doch liefert das Unternehmen ebenso auch Teile an Hersteller zum Beispiel von Medizingeräten, Bohrmaschinen, Staubsaugern und Skibindungen. Die meisten Kunden kommen aus Deutschland, einige aus dem übrigen Europa.

Dass ein Internationalisierungsschritt von Weiss überhaupt ins Auge gefasst wurde, lag nicht zuletzt an einem Paradigmenwechsel bei den Kunden. Weiss: „Noch vor fünf, sechs Jahren hieß es bei vielen unserer Kunden: Es muss ‚Made in Germany' sein. Das war Bestandteil der Verträge. Mittlerweile wird stärker auf den Preis geachtet und es heißt: ‚Ihr könnt machen, was Ihr wollt. Hauptsache, die Qualität stimmt.' Und bei den größeren Kunden gibt es zum Teil sogar die explizite Forderung, an einem Low-Cost-Standort zu produzieren. Wenn Sie das nicht anbieten können, ist das schlecht, selbst wenn Sie ansonsten noch nicht einmal teurer sind."

Interessant für die Verlagerung ins Ausland sind im Spritzgussbereich vor allem kleinere Serien, bei denen die Rüstzeiten für die Maschinen überproportional zu Buche schlagen, sowie Montagetätigkeiten, die wenig automatisierbar sind. Die Produktion reiner Spritzteile in großer Stückzahl ist dagegen aufgrund der hohen Automatisierung in Deutschland genauso günstig wie in jedem anderen Land, da der Lohnkostenanteil äußerst niedrig ist.

Ungarn hat Weiss viel zu bieten. Wenn auch das Lohnniveau dort angezogen hat, so ist das Land dennoch nach wie vor ein Low-Cost-Standort. Ein Monteur arbeitet dort für 5 Euro pro Stunde gegenüber 18 Euro in Deutschland. Wichtige Kunden sitzen vor Ort, unter anderem hat auch Audi in Györ einen größeren Standort. Weiss: „Ich denke, dass wir in Ungarn an Aufträge kommen, die wir von Deutschland aus nicht bekommen hätten. Die ungarische Firma, die wir übernommen haben, hätte sie wiederum vermutlich auch nicht bekommen, weil sie nicht über unser Know-how und unsere Referenzen verfügt hat. Es ist sogar durchaus vorstellbar, dass wir in Ungarn Aufträge über die Lieferung von Hightech-Teilen akquirieren und diese Teile in Deutschland produzieren. Das Ganze ist keine Einbahnstraße."

Zudem ist Ungarn nicht zu weit vom Heimatstandort in Illertissen entfernt. Das Land ist gut erschlossen und die Mitarbeiter dort sprechen sogar zum Teil deutsch. Als Pionier in ein Land wie die Ukraine zu gehen oder einen Standort in China aufzubauen, kommt dagegen für Weiss nicht infrage: „Für China sind wir zu klein, um dort Fuß fassen zu können. Außerdem droht immer, dass Ihr Produkt dort innerhalb kurzer Zeit kopiert wird." Zudem sei die Gefahr für Automobilbauer groß, dass durch ein in China fehlerhaft produziertes Teil ein langfristiger Imageschaden entstehe. Das ist ein Risiko, das sich angesichts der im Vergleich zum Gesamtpreis eines Autos relativ geringen Kosten von Kunststoffteilen nicht lohne.

Langfristig könnte sich das jedoch ändern, wenn China in der Qualität aufgeholt habe, so Weiss. Im Moment lässt Weiss über Partnerfirmen schon Formen in China bauen – allerdings nur Formen, die nicht jahrelang auf allerhöchstem Qualitätsniveau sehr hohe Stückzahlen produzieren sollen. Hochpräzise Formen, mit denen über viele Jahre mehrere 100.000 Teile pro Jahr hergestellt werden, werden nach wie vor in Deutschland gebaut, wobei Weiss seinen eigenen Formenbau in den letzten Jahren verkleinert hat und vermehrt Formen von deutschen Zulieferern einkauft. Werden mit einer Form sehr hohe Stückzahlen produziert, fällt ihr Preis, der durchaus deutlich über 100.000 Euro betragen kann, kaum noch ins Gewicht. Daher rechnet sich die Nutzung von in Deutschland gebauten Formen.

Bei allen Vorteilen der Internationalisierung betont Weiss auch den hohen Aufwand, der gerade für Mittelständler entstehe: „Bei einem zweiten Standort müssen Sie das Controlling dafür aufbauen. Sie müssen außerdem immer wieder vor Ort sein. Derjenige, der das Ganze dort organisiert, fällt natürlich hier aus. Und bei einem fremden Mitarbeiter ist unsicher, ob alles glatt läuft. Wenn Sie ganz neu starten, müssen Sie zudem die Fachleute vor Ort rekrutieren. Schließlich muss man die Logistikkosten – speziell bei großvolumigen Teilen – beachten, wenn man im Ausland für Kunden im Inland produziert."

Die erwähnte Risikobegrenzung ist daher für Weiss bei Internationalisierungsschritten äußerst wichtig. Neben einem Einstieg wie in Ungarn, also bei einem funktionierenden Unternehmen, käme für Weiss eine Kooperation mit einem größeren Zulieferer infrage: Im Rahmen einer „Fabrik in der Fabrik"-Lösung, bei der Weiss Maschinen auf dem Gelände des Kooperationspartners betreibt, sei ein Gang ins Ausland denkbar. Ebenso könne Weiss die technische Beratung des ausländischen Kooperationspartners im Bereich Kunststoff übernehmen.

Der Heimatstandort in Illertissen hat für Weiss nach wie vor allerhöchste Bedeutung. Hier ist das wesentliche Know-how angesiedelt, hier sitzen die Systemkopf-Funktionen: Unternehmensführung und -verwaltung, Entwicklung, hochwertige Produktion, Qualitätskontrolle, Marketing und technischer Vertrieb. Es ist auch nicht geplant, in Illertissen Stellen abzubauen, sobald der Standort in Ungarn anläuft. Wo es weiter wachsen will, entscheidet das Unternehmen in ein bis zwei Jahren, wenn erste Erfahrungen aus Ungarn vorliegen.

In Illertissen sitzen auch die Fachkräfte von Weiss: Konstrukteure, Verfahrensmechaniker für Kunststofftechnik, Formenbauer, Kaufleute und andere. In den letzten Jahren sind die Anforderungen an die Mitarbeiter enorm gestiegen, denn der Markt hat sich dramatisch verändert. Erstens fand ein Wandel von einem Verkäufer- hin zu einem Käufermarkt statt. Ging es früher vor allem um das Abarbeiten von Aufträgen, müssen diese heute bei zunehmender Konkurrenz intensiv akquiriert werden. Marketing – früher ein Fremdwort in der Kunststoffbranche – ist ebenso wie der technische Vertrieb essenziell geworden. Da Praxiserfahrung im technischen Vertrieb sehr wichtig ist, arbeiten dort sowohl ehemalige Formenbauer wie ehemalige Konstrukteure.

Zweitens kommen die Kunden heute mit umfangreichen Pflichtenheften zu Weiss. Fertige Zeichnungen mit exakten Materialangaben sind Vergangenheit, sodass die Entwicklung von Teilen, die nun gemeinsam mit den Kunden durchgeführt wird, viel größeren Raum einnimmt als früher. Drittens sind die Qualitätsanforderungen stark gestiegen. Beschäftigte Weiss vor zehn Jahren nur drei Mitarbeiter in der Qualitätssicherung, sind es heute schon 15.

Viertens schließlich verkauft das Unternehmen heutzutage Lösungen statt bloßer Teile. Kunden wenden sich mit ihrem Problem an Weiss und erhalten umfassende Beratung. Weiss: „Wir haben uns von einem reinen Teilelieferanten zu einem Systemlieferanten entwickelt. Das Angebot, alles aus einer Hand zu liefern, kommt bei den Kunden sehr gut an – das sichert uns eine große Wertschöpfungstiefe."

Technische Beratung ist daher für die Firma zur Kernkompetenz geworden. „Wenn Kunden wissen, dass wir ihr Problem lösen, sind sie auch bereit, einen höheren Preis zu akzeptieren", sagt Weiss. Dies stärkt den Standort Illertissen. Denn das vorhandene Know-how lässt sich von hier schnell an die Kunden bringen, von denen die wichtigsten in einem Umkreis von 200 Kilometern angesiedelt sind. Bezüglich der Zulieferer befindet sich Weiss allerdings nicht in einem Cluster – der Kunststoff kommt von Firmen wie BASF, und bei den Metallteilen suchen die Kunden die Lieferanten häufig mit aus, unabhängig von einer regionalen Bindung.

Da das Know-how in Illertissen für Weiss eine so wichtige Bedeutung hat, bildet das Unternehmen dort sehr viel aus – mehr als 10 Prozent der Mitarbeiter sind Auszubildende. Dies ist auch eine Reaktion darauf, dass Weiss seit mindestens zehn Jahren große Schwierigkeiten hat, Fachkräfte zu finden. Das gilt vor allem für die technischen Bereiche.

An der Politik kritisiert Weiss insbesondere, dass ein Unternehmen schon ab 200 Mitarbeitern einen Betriebsrat freistellen muss. Eine Grenze, welche die Firma bisher ganz bewusst unterschreitet, indem sie rund 60 Zeitarbeiter beschäftigt – und die sie für die Zukunft veranlasst, Personal möglicherweise eher in Ungarn als in Illertissen aufzubauen. Kündigungsschutz, Unternehmens- und Erbschaftsteuerreform sowie Bürokratie sind weitere Themen, bei denen es nach Meinung von Jürgen Weiss dringend Erleichterungen und Vereinfachungen für die Unternehmen geben sollte. Statistikpflichten zu erfüllen zum Beispiel koste viel Zeit und werde in keiner Weise vergütet.

Weil die Stärke des Mittelstands in der Flexibilität liege, lasse sich vieles rasch im Einvernehmen mit den Mitarbeitern regeln – dies müsse die Politik unterstützen. Notwendig seien daher einfache Gesetze, welche die Flexibilität des Mittelstands unterstützen und ihm unterm Strich nutzen. Das sei aber bei der Unternehmenssteuerreform auf den ersten Blick nicht erkennbar. Im Übrigen mahnt Jürgen Weiss Planbarkeit bei politischen Entscheidungen an. So sei das Vorziehen des Zahlungstermins für die Krankenkassen so kurzfristig gekommen, dass sein Unternehmen erst mit Verzögerung darauf reagieren konnte.

2.12 emz-Hanauer GmbH & Co. KGaA

„Die Entwicklung braucht den direkten räumlichen Kontakt zur Produktion."

Wenn er über das Gelingen internationaler Aktivitäten von Unternehmen spricht, dann betont Thomas Hanauer, Geschäftsführer von emz-Hanauer, einen Erfolgsfaktor besonders: „Man muss stets kulturkonform vorgehen, das ist ganz wichtig. Das bedeutet, dass man zwar mit standardisierten Prozessen arbeitet, mit den Menschen aber lokaltypisch, entsprechend ihrer Mentalität umgeht." Um dieses Ziel sicherzustellen, arbeitet emz-Hanauer in seinen Werken in Tschechien und Mexiko mit lokalen Führungskräften. Nur der jeweilige Geschäftsführer kommt aus Deutschland und stellt die Verbindung zum Stammhaus in Nabburg her.

Diese Vorgehensweise, die auf die unterschiedliche Kultur und Mentalität der Mitarbeiter eingeht, passt zu der Firma. Sie wurde 1948 gegründet und ist seit drei Generationen familiengeführt. Das Unternehmen lebt das Motto „Smiling Company" – es wird sehr viel Wert auf einen menschlichen und fairen Umgang der Mitarbeiter untereinander sowie zwischen Mitarbeitern und Kunden gelegt. Der persönliche und offene Kontakt zu den Kunden stellt für das Unternehmen ein Kernelement seines Erfolgs dar: „Dadurch, dass wir eine kleine, quasi verschworene Gemeinschaft sind, in die wir alle Kunden einbeziehen, können wir uns von unseren oftmals konzerngebundenen Wettbewerbern absetzen", sagt Hanauer.

Weitere Erfolgsbausteine der Firma sind Innovation und Qualität. Beides ist auf den Märkten, die das Unternehmen bedient, von größter Bedeutung: emz-Hanauer ist Systempartner von Endgeräteherstellern in den drei Bereichen Haustechnik, Hausgeräte und Umwelttechnik. Entwickelt und produziert werden zum Beispiel Steuerungen zur Druckhaltung in Heizsystemen, Trübungssensoren für den Einsatz in Wasch- und Spülmaschinen und Müllschleusensysteme zur aufkommensorientierten Abrechnung von Restmüll bei Müllgroßcontainern.

Hanauer: „Wir bieten ‚Smart Solutions' an, das ist das Leitbild gegenüber unseren Kunden. Als Systempartner betreiben wir nahezu die komplette Wertschöpfungskette, von der Entwicklung der Technologie über die kundenspezifische Applikation bis hin zur Fertigung. Der Kundennutzen steht dabei immer im Vordergrund. Unsere Abnehmer sollen durch unsere Produkte selbst einen Wettbewerbsvorteil am Markt erzielen. Daher haben wir uns auf innovative Produkte konzentriert: 30 bis 50 Prozent des Umsatzes erzielen wir mit Produkten, die jünger als drei Jahre sind. Bei der Qualität achten wir sowohl auf das Endprodukt als auch darauf, dass die Prozesse im Unternehmen auf Top-Niveau sind."

Das Auslandsengagement von emz-Hanauer begann vor gut zehn Jahren mit der Eröffnung eines Werks in Cernosin in Tschechien. Zurzeit arbeiten dort 150 Beschäftigte. 2004 kam mit Queretaro ein Produktionsstandort in Mexiko hinzu, an dem 100 Mitarbeiter beschäftigt sind. Größter Standort ist nach wie vor der Stammsitz in Nabburg mit 400 Beschäftigten. Das Umsatzvolumen von 60 Millionen Euro wird zu etwa gleichen Teilen im In- und Ausland erzielt. Ungefähr die Hälfte des Auslandsumsatzes entfällt auf den NAFTA-Raum, die andere Hälfte teilen sich Europa und Asien.

Bei der Entwicklung der Aktivitäten in Tschechien und Mexiko standen für emz-Hanauer unterschiedliche Motive im Vordergrund. Die Gründung des tschechischen Werks diente der Kostensenkung. Die Entscheidung für Tschechien wurde nicht zuletzt wegen der räumlichen Nähe zu Nabburg getroffen – die Fahrtzeit nach Cerosin beträgt nur eine Stunde.

Die Gründung des Werks in Queretaro in Mexiko hatte mehrere Gründe. Erstens sollte der Währungsnachteil ausgeglichen werden, der sich beim Export aus dem Euro- in den Dollarraum ergab – in den USA sitzen viele Kunden von emz-Hanauer. Zweitens ist es logistisch sehr viel einfacher und günstiger, von Mexiko aus in die USA zu liefern als von Deutschland aus. Drittens schließlich kam Mexiko ins Spiel, weil es unter den Staaten des NAFTA-Raums mit den niedrigsten Personalkosten aufwarten kann.

Während Queretaro ein reines Montagewerk ist, in dem es weder Kunststoff- oder Stanzteilefertigung noch einen Werkzeugbau – und erst recht keine Produktentwicklung – gibt, wird das Werk in Tschechien langsam in Richtung höherwertiger Arbeiten weiterentwickelt. Inzwischen gibt es dort deshalb auch einen Vorrichtungsbau.

Die Standortwahl traf das Unternehmen in beiden Fällen, nachdem es sich – insbesondere bei anderen Unternehmern – umfangreich informiert hatte. Beim Gang nach Mexiko profitierte emz-Hanauer besonders von seiner Mitgliedschaft im Unternehmensverbund mittelständischer Unternehmen. Ein anderes Mitgliedsunternehmen hatte in dem Land bereits Erfahrungen gesammelt und konnte diese an emz-Hanauer weitergeben. „Ein Mittelständler muss den Gang ins Ausland neben dem normalen Tagesgeschäft durchführen. Externer Rat – besonders von gleichgesinnten Unternehmen – hilft hier sehr", sagt Hanauer.

In Tschechien suchte sich emz-Hanauer bewusst einen kleinen Ort als Standort aus, um als Unternehmen „der große Fisch im kleinen Teich" zu sein. Denn in einem großen Ort befürchtete emz-Hanauer Standortkonkurrenz durch große Unternehmen, die dem Betrieb die Fachkräfte am Ort abwerben würden. In Mexiko wiederum wählte das Unternehmen – nachdem es sich von der Auslandshandelskammer eine Standortübersicht hatte erstellen lassen – einen Standort im Norden, aber nicht unmittelbar an der Grenze zu den USA. Das Kalkül: Einerseits kann die Firma so nah an ihren Kunden in den USA sein, andererseits vermeidet sie die hohe Fluktuationsrate von Mitarbeitern, die in der unmittelbaren Grenzregion bei 15 bis 20 Prozent pro Monat liegt.

Beide Auslandsengagements wurden mit überschaubarem Risiko durchgeführt. Hanauer: „Wir haben das Glück, dass sich die Investitionen, die zur Errichtung unserer Fertigungsgebäude und zur Verlagerung von Produktlinien notwendig sind, in Grenzen halten. In Mexiko sind wir darüber hinaus zunächst in eine Miethalle gegangen und haben erst zwei Jahre später selbst gebaut."

Die Auslandsstandorte tragen stark zum Erfolg von emz-Hanauer bei: Kosten konnten gesenkt, Kunden direkter bedient werden. Dabei profitiert das Unternehmen sowohl in Tschechien als auch in Mexiko mittlerweile davon, dass sich seine Kunden in der Nähe ansiedeln. Die Qualität der im Ausland erzeugten Produkte stimmt ebenfalls. Hanauer: „Es hat eigentlich von vornherein gut geklappt, ein hohes Qualitätsniveau im Ausland zu erzielen, denn wir haben die bereits hier funktionierenden Prozesse verlagert, sodass sich im

Prinzip nur das Bedienpersonal geändert hat. Und in dessen Schulung haben wir viel Aufwand hineingesteckt, denn die Kunden sind sehr wachsam, dass die Produkte aus dem Ausland das gleiche Qualitätsniveau haben wie die in Deutschland gefertigten."

Sein Augenmerk hat emz-Hanauer nun auf den Wachstumsmarkt Asien gelegt: „Wir kalkulieren, dass sich der Aufbau einer Fertigung ab einem Umsatzvolumen von 10 Millionen Euro lohnt. Wir gehen davon aus, dass wir das in den nächsten Jahren mit unseren Exporten in Asien erreichen und dann die Produktion dort aufnehmen werden."

Neben den Produktionsstandorten in Tschechien und Mexiko betreibt emz-Hanauer in den USA eine Vertriebsfirma und beschäftigt dort Firmenvertreter, welche die Kunden vor Ort in der Entwicklung unterstützen. In Südkorea und China arbeitet das Unternehmen mit Vertriebspartnern zusammen, die ebenfalls Applikationsunterstützung beim Kunden durchführen. Und auch in Italien, Frankreich und Polen sitzen Vertreter von emz-Hanauer, um die Kunden in deren Muttersprache zu betreuen.

Doch bei aller Bedeutung der Auslandsaktivitäten: Der weitaus größte Standort befindet sich nach wie vor in Nabburg. Hier sind die wesentlichen Systemkopf-Funktionen von emz-Hanauer vertreten: Die Unternehmenssteuerung, die Entwicklung und der Bau von Fertigungsvorrichtungen und kleineren Fertigungsanlagen.

Bei dem Anspruch von emz-Hanauer, seinen Kunden stets innovative Produkte zu bieten, spielt die Entwicklung natürlich eine herausragende Rolle. Hanauer: „Eine gut funktionierende Entwicklung ist über Jahre gewachsen. Die kann ich nicht aus dem Boden stampfen. Es würde auch sehr lange dauern, bis eine Verlagerung Nutzen bringt, vielleicht zehn Jahre, und selbst dann kann man sich nicht sicher sein. Außerdem verdienen Ingenieure im Ausland auch nicht so viel weniger als in Deutschland. Und wenn ich eine Entwicklung in China aufbaue, dann ist die Wahrscheinlichkeit, dass uns dort der ‚Super-Ingenieur' verlässt und zu einem Wettbewerber geht, viel größer als hier. Daher spricht alles dafür, die Produktentwicklung hier in Deutschland zu belassen."

Auch den Bau von Fertigungsvorrichtungen und Fertigungsanlagen sieht Hanauer langfristig weiterhin in Deutschland. Sein Unternehmen hat hier über Jahre ein Fertigungssystem aufgebaut, das sich stark an die japanischen Methoden – Kanban und Kaizen – anlehnt. Viel Know-how ist hier hineingeflossen, das sich ebenfalls nicht ohne Weiteres transferieren lässt. Werkzeuge erstellt emz-Hanauer dagegen nur noch dann, wenn sie besonders komplex sind. Ansonsten betreibt das Unternehmen den Werkzeugbau nur noch auf einem Niveau, dass er sich betriebwirtschaftlich rentiert und sichergestellt ist, dass das hochwertige Know-how im Hause bleibt. Zwei Drittel aller Werkzeuge werden mittlerweile aus dem Ausland zugekauft.

In Nabburg befindet sich auch nach wie vor ein großer Teil der Fertigung des Unternehmens, zum Beispiel die Kunststoffspritzerei, die Stanzteilefertigung, die Elektronikfertigung und die Endmontage, in der es noch zahlreiche Einfacharbeitsplätze gibt. Drei Gründe sind für die starke Konzentration der Fertigung am Standort Nabburg ausschlaggebend. Erstens kann das Unternehmen so schnell auf Kundenwünsche reagieren. Hanauer: „Es ist unser Wettbewerbsvorteil, alles an einem Standort zu haben. Hätten wir diese

Struktur nicht, würden wir enorm an Geschwindigkeit verlieren. Und Geschwindigkeit ist gerade in unserem Markt ein echter Erfolgsfaktor."

Zweitens möchte emz-Hanauer die Entwicklung nicht von der Produktion abkoppeln – am integrierten Standort Nabburg lernen die Entwickler durch das Feedback aus der Produktion. „Die Entwicklung braucht den direkten räumlichen Kontakt zur Produktion. Wenn sie ihn verliert, ist das tödlich für die Entwicklung." Drittens bekennt sich emz-Hanauer klar zu Nabburg, selbst wenn die Rendite bei einer Produktion in Tschechien höher wäre. Hanauer. „Es ist einfach eine Philosophiefrage. Wir wollen die Arbeitsplätze hier, so lange es geht, erhalten."

Insgesamt ist die Zahl der Arbeitsplätze in Nabburg in den letzten Jahren ungefähr konstant geblieben. Auch in den nächsten Jahren soll das Niveau der Beschäftigung gehalten werden. Dabei ist der Qualifizierungsgrad der Mitarbeiter in Nabburg gestiegen. Es arbeiten nun mehr Beschäftigte in der Entwicklung und im Vertrieb und weniger in der Fertigung als noch vor zehn Jahren.

In der Region profitiert emz-Hanauer zum einen vom oben erwähnten Unternehmensnetzwerk mittelständischer Unternehmen. In diesem Verbund entwickeln die dort vertretenen Unternehmen gemeinsam ihre Führungskräfte weiter, unter anderem gibt es ein General-Management-Programm mit der Managementschule in St. Gallen. Zum anderen ist emz-Hanauer im Cluster „Sensorik" vertreten, der seinen Sitz in Regensburg hat. Neben Unternehmen sind hier auch die Universität sowie die Fachhochschule in Regensburg vertreten. Hanauer: „Der Cluster hat einen großen Nutzen, denn man kann sich hier schnell treffen, ein Cluster hat ja auch viel mit persönlichen Kontakten zu tun."

Politisch liegt Thomas Hanauer vor allem das Thema Arbeitsrecht am Herzen: „Wenn wir mehr Flexibilität beim Kündigungsschutz hätten, würden wir uns viel leichter tun, zusätzliches Personal in Deutschland einzustellen." Auch die Beschränkung der befristeten Arbeit auf sechs Monate sollte aufgehoben werden – eine Forderung an die Tarifpartner: „Wenn wir hier eine Frist von 24 Monaten hätten, wäre ich auch bereit, auf Leiharbeiter zu verzichten." Kritisch sieht Hanauer die Erbschaftsteuerreform. Das ursprünglich geplante Abschmelzmodell wäre gut gewesen. Doch die im Moment diskutierte Verkehrswerte-Regelung stelle für sein Unternehmen eine klare Verschlechterung gegenüber der jetzigen Situation dar.

2.13 Maschinenfabrik Reinhausen GmbH

„Wir verdichten in Reinhausen intensiv nach."

Das Geschäft der Maschinenfabrik Reinhausen (MR) ist wahrlich global: Rund 90 Prozent seines Umsatzes von gut 400 Millionen Euro erzielt das Unternehmen im Ausland. Kerngeschäft ist die Produktion und Wartung von Laststufenschaltern, die dazu dienen, Spannungsschwankungen an Transformatoren in Sekundenbruchteilen auszugleichen. Bei der Produktion ist das Unternehmen mit einem Marktanteil von rund 50 Prozent Weltmarktführer. Die Stufenschalter von MR sind große Hightech-Produkte, die an Leistungstransformatoren in Umspannwerken zum Einsatz kommen. Zum Beispiel rüstet MR zum gegenwärtigen Zeitpunkt 14 Transformatoren in der Volksrepublik China im Rahmen des Drei-Schluchten-Staudammprojekts mit Stufenschaltern aus.

In der Produktion von Stufenschaltern hat MR eine lange Tradition. Seit 1929 ist das Unternehmen auf diesem Feld tätig. Gegründet wurde die Firma sogar schon 1868. In Reinhausen, einem Stadtteil von Regensburg, hat MR seine Zentrale und beschäftigt hier – zusammen mit dem zweiten Regensburger Standort in Haselbach – mit gut 1.200 Mitarbeitern den weitaus größten Teil seiner weltweiten Belegschaft von knapp 1.900 Mitarbeitern. Das Unternehmen gehört zu 74 Prozent den Gründerfamilien, 26 Prozent der Anteile hält Siemens, deren Stufenschalterfertigung MR 1989 erworben hatte.

Im Ausland ist MR seit 1980 tätig. In dem Jahr wurde eine Tochtergesellschaft in Brasilien gegründet, weil der brasilianische Staat den Anbietern von Kerntechnologien eine Local-Content-Politik bezüglich ihrer Lieferanten vorschrieb und generell daran interessiert war, dass ausländische Unternehmen in Brasilien fertigten. Eine aktive Auslandsstrategie verfolgt MR seit etwa zehn Jahren. Die meisten der 16 ausländischen Tochtergesellschaften sind in dieser Zeit entstanden.

Die Mehrheit der Auslandstöchter von MR sind reine Service- und Vertriebsgesellschaften. Nicolas Maier-Scheubeck, Geschäftsführer von MR: „Dieser Typ von Auslandsgesellschaften entsteht systematisch bei uns dann, wenn wir in einer bestimmten Region ein entsprechend großes Potenzial vermuten. Afrika ist hier im Moment ein gutes Beispiel, früher waren es Russland und Asien. Außerdem kommen Gründungen zustande, wenn in einer Region bereits viele Geräte von uns installiert sind, sodass hier automatisch Geschäft für unsere Servicemitarbeiter bei Wartung und Instandhaltung anfällt."

Darüber hinaus betreibt MR Gesellschaften, die neben Service- und Vertriebstätigkeiten im Ausland auch Montagearbeiten erledigen. Dabei werden in den Produktionsgesellschaften – mit einer Ausnahme – Teile montiert, die in Deutschland gefertigt wurden. Bei der Ausnahme handelt es sich um ein Joint Venture in Indien, das seine Teile selbst produziert. Maier-Scheubeck: „Indien ist eindeutig ein Preismarkt. Hier haben Sie keine andere Möglichkeit, als vor Ort zu produzieren."

In aller Regel sind Preismärkte allerdings nicht die Zielmärkte von MR. Vielmehr bedient das Unternehmen ganz bewusst Qualitätsmärkte – denn MR ist stark in Innovation, Differenzierung und Qualität. Maier-Scheubeck: „Unser Motto lautet: ‚Don't follow the mainstream!' Wir machen explizit Leistungswettbewerb und bieten unseren Kunden stets innovative und maßgeschneiderte Lösungen. Einer unserer Erfolgsfaktoren ist, dass wir die dadurch geschaffene Komplexität unseres Produktportfolios innen sehr gut beherrschen. Außerdem haben unsere Kunden seit vielen Jahren die gleichen Ansprechpartner, die natürlich ein ungeheures Erfahrungswissen mitbringen."

Wo Qualitätsmärkte noch schwach ausgeprägt sind, zum Beispiel in Asien, ist MR bestrebt, die dortigen Preismärkte oder Graubereiche zu Qualitätsmärkten zu erziehen. Neben der Mitarbeit in Gremien ist hier vor allem intensives Endkundenmarketing wichtig: MR versucht, die Energieversorgungsunternehmen (EVU) davon zu überzeugen, dass es sich lohnt, an ihren Transformatoren die hochwertigen Stufenschalter von MR einzusetzen. Im

Idealfall schreibt der betreffende Energieversorger dann seinem Transformatorlieferanten vor, zukünftig den Stufenschalter von MR zu verwenden.

Das Endkundenmarketing wird bewusst vom zweiten Bereich des Kerngeschäfts unterstützt – dem Assetmanagement, bei dem es um die Wartung der von MR gelieferten Stufenschalter geht. Maier-Scheubeck: „Das Assetmanagementgeschäft dient uns auch als Marketingtool für unser Erstausrüstungsgeschäft, denn wenn die EVUs mit unserem Service zufrieden sind, beeinflussen sie häufig ihren Trafolieferanten, Stufenschalter von MR zu benutzen." Generell ist das Assetmanagementgeschäft schwieriger zu bearbeiten als das Erstausrüstungsgeschäft. Denn die Wartung wird meist von den Energieversorgern selbst durchgeführt. MR liefert hier Ersatzteile, schult die Mitarbeiter der EVUs in eigenen Trainingscentern und versucht, sich für die höherwertigen Wartungsarbeiten zu positionieren.

Eine herausragende Rolle bei der Umsetzung seines Wettbewerbsansatzes spielen für MR die Standorte in Regensburg, insbesondere der in Reinhausen. Alle Wertschöpfungsstufen sind hier vertreten, auch der allergrößte Teil der Produktion erfolgt hier. Maier-Scheubeck: „Unsere Wertschöpfung ist extrem hoch, wir lassen uns nur Rohstoffe, Halbzeuge und bestimmte Kunststoffteile zuliefern. Bei der Teilefertigung führen wir die komplette Bearbeitung durch, was von den Mitarbeitern ein hohes Qualifikationsniveau verlangt. Außerdem tunen wir unsere Maschinen so, dass sie unsere Anforderungen erfüllen."

MR ist gerade dabei, das Regensburger Gravitationszentrum weiter zu stärken: Die Belegschaft wird um 300 Mitarbeiter, also um 25 Prozent erweitert. Und: Von den 71 Millionen Euro, die in den Ausbau neuer Standorte fließen, werden 54 Millionen Euro in Regensburg investiert. Maier-Scheubeck: „Wir führen eine intensive Nachverdichtung durch. Das bedeutet, dass wir in Reinhausen sowohl in der Breite als auch in der Höhe wachsen werden. Nachverdichtung heißt aber auch, dass wir gerade dabei sind, die Sechs-Tage-Woche als betriebliche Regelarbeitszeit einzuführen."

Die große Bedeutung des Standorts Regensburg hat vier Gründe. Erstens sieht MR die räumliche Bündelung aller Wertschöpfungsstufen als äußerst wichtigen strategischen Wert an. Maier-Scheubeck: „Selbst zwischen den Werken in Reinhausen und Haselbach versuchen wir, Schnittstellen so gering wie möglich zu halten. Das Problem bei dislozierten Standorten ist, dass sich niemand darüber Gedanken macht, die Koordinationskosten transparent zu machen. Erst wenn Qualitätsprobleme auftreten, werden Koordinationskosten sichtbar. Und es dauert Jahre, bis ich die Qualifikationsdefizite von Mitarbeitern an anderen Standorten sehe, die losgelöst von der Entwicklung, losgelöst vom Vertrieb und von anderem arbeiten."

Mit den Qualifikationsdefiziten von Mitarbeitern an auswärtigen Standorten ist Punkt zwei der Argumente für Regensburg angeschnitten. MR profitiert an seinem zentralen Standort von der großen Ansammlung erfahrener und hochqualifizierter Kräfte. In Zeiten sehr großen Wachstums reichen das Arbeitskräftepotenzial in Regensburg und Umgebung und die Ausbildungsanstrengungen von MR – zwischen 7 und 9 Prozent der Belegschaft sind Auszubildende – allerdings nicht aus: Für die oben genannte Aufstockung der Regensburger Belegschaft um 300 Mitarbeiter hat MR in einer gemeinsamen Aktion mit der Bundesagentur für Arbeit bundesweit arbeitsuchende Zerspanungstechniker angeschrieben. Und um den Mangel bei Ingenieuren auszugleichen, kooperiert das Unternehmen nicht nur mit Hochschulen, sondern verpflichtete kürzlich zwei indische Ingenieure für die Arbeit in Deutschland. Maier-Scheubeck: „Da stoßen wir natürlich auf die Anwerbeproblematik des deutschen Staates. Es ist auch ein ungeheurer Aufwand, Aufenthaltsgenehmigungen für Mitarbeiter unserer Tochtergesellschaften zu bekommen. Wenn wir aber nicht ausreichend hochqualifizierte Energietechnik-Ingenieure bekommen, ist unsere Nachverdichtung hier bedroht."

Drittens besteht auch eine enge emotionale Bindung an den Standort Regensburg, denn hier wurde MR gegründet. Hier sitzt seit mehreren Generationen das Stammhaus und hier und in der Umgebung wohnen die Familien, denen MR zu 74 Prozent gehört. Die Wurzeln in Regensburg sind also stark.

Schließlich tragen auch zwei Netzwerke dazu bei, dass MR seinen Stammsitz so sehr schätzt. Da ist zum einen das Unternehmensnetzwerk mittelständischer Unternehmen. Darin sind sieben Firmen aus der Region organisiert, die gemeinsam Weiterbildung für den Nachwuchs und für Fach- und Führungskräfte betreiben und sich personell eng vernetzen. Zum anderen beherbergt Regensburg mit dem Cluster „Sensorik" einen der wenigen bayerischen Cluster außerhalb Münchens und Nürnbergs. Maier-Scheubeck: „Der Cluster strahlt mittlerweile von Prag bis Passau. Sensorik ist deshalb so interessant, weil sie ein Bindeglied zwischen Hard- und Software ist. Und Software ermöglicht Ihnen, mechanischen Geräten Intelligenz zu verleihen und dadurch ihren Lebenszyklus zu verlängern." Folgerichtig hat die von MR eingerichtete Scheubeck-Jansen-Stiftung im Jahr 2002 an der FH Regensburg eine Professur für Sensorik gestiftet.

Der Politik attestiert Nicolas Maier-Scheubeck, dass sie sich mittlerweile um die richtigen Themen kümmere: Demografie, Bildung, Innovation, Regelungsdichte und Globalisierung in einem positiven Kontext, der sich nicht einseitig dem Thema Kosten widme. Allerdings fehlten der Politik allzu oft Methoden und Kapazitäten, um die Themen richtig zu bearbeiten. Außerdem würden die komplexen Zusammenhänge zwischen den einzelnen Themen nicht beachtet und viel zu einfache Ursache-Wirkungs-Ketten aufgestellt.

Konkret kritisiert Maier-Scheubeck die einseitige Fixierung auf Dienstleistungen als Zukunftsfeld: „Dienstleistung ist in Deutschland nur dann zukunftsfähig, wenn ich sie an das bereits vorhandene Wertschöpfungspotenzial andocke. Dann können Dienstleistungen auch den Produktlebenszyklus verlängern. In unserem Sensorik-Cluster arbeiten wir genau hieran."

Die Cluster-Thematik hat MR zusammen mit anderen Unternehmen, der IHK, der städtischen Wirtschaftsförderung und einem Professor für Regionalökonomie durchdrungen. Der Politik fehle es an systematischen Tools und volkswirtschaftlichen Fähigkeiten, um Clusteranalysen durchzuführen, Strukturdefizite zu erkennen und Wirtschaftsförderung erfolgreich zu betreiben. Sie benutze daher den Begriff Cluster falsch im Sinne der Ansammlung gleicher Unternehmen. Stattdessen sei ein Cluster die Ansammlung sich räumlich ergänzender Fähigkeiten und gehe zudem dynamisch über alte Raumgrenzen hinweg.

Wenn Cluster identifiziert wären, könne man auch besser an den Hochschulen profilbildend tätig werden – auch hier sieht Maier-Scheubeck eklatante Defizite. Im Übrigen müssten die Hochschulen in Deutschland endlich in die Wettbewerbslandschaft entlassen werden. Solange das Haushaltsrecht in die Hochschulen und in deren Anatomie hineinregiere, sei deren Freiheit viel zu sehr eingeschränkt.

Ein weiterer Hemmschuh für die zukünftige Entwicklung des Standorts Deutschland sei die Tendenz zur Egalisierung von Lohnabschlüssen: „Es ist falsch, die unteren Lohngruppen bei Tarifabschlüssen überproportional anzuheben. Wir müssen als Gesellschaft die Lohnspreizung aushalten. Denn aus der Anreicherung von Wertschöpfungskernen resultieren zahlreiche einfache Dienstleistungsjobs: Lagertätigkeiten, Prüftätigkeiten, Transporttätigkeiten und andere. Diese Tätigkeiten bieten der Schicht in unserer Gesellschaft, die nur schwer qualifizierbar ist, eine Perspektive. Bei zu hohen Löhnen wandern diese Jobs aber ins Ausland ab."

Maier-Scheubeck kritisiert auch das immer weiter um sich greifende Regelungsgeflecht. Die fähigsten Mitarbeiter in der Personalabteilung von MR seien nur damit beschäftigt, darauf zu achten, dass sich das Unternehmen regelkonform im Sinne von Verordnungen – etwa des Sozialversicherungsrechts – verhalte: „Zeigt sich zivilisatorischer Fortschritt eigentlich in immer mehr oder in immer weniger Regeln? Ich meine, wir müssten mit immer weniger Regeln auskommen."

Schließlich verlangt Maier-Scheubeck von der Politik, dass sie sich stärker für die Durchsetzung international gültiger Regeln wie dem WTO-Abkommen einsetze. Marken- und Patentschutz sei gerade in China ein wichtiges Thema. Im Übrigen sei „Made in Germany" nach wie vor ein Qualitätssiegel und dürfe auf keinen Fall durch „Made in Europe" ersetzt werden.

3 Querschnittsanalyse

Im folgenden Abschnitt werden die Fallstudien vergleichend analysiert. Insbesondere untersuchen wir, inwieweit deutsche Unternehmen den von uns im Einleitungskapitel vorgestellten Systemkopf-Ansatz verfolgen. Dafür wird erstens analysiert, wie Unternehmen ihre Wertschöpfungsketten global zerlegen und welchen Motiven sie dabei folgen. Welche Typen von Unternehmen können dabei identifiziert werden? Zweitens wird untersucht, welche Rolle Cluster und Netzwerke für die Unternehmen spielen und ob die Einbindung in regionale Cluster die Abwanderung von Wertschöpfung bremst. Schließlich werfen wir einen vergleichenden Blick auf die politischen Forderungen der Unternehmen.

Bevor wir zu den Ergebnissen der drei Untersuchungsfelder kommen, vorab zwei Feststellungen bezüglich der von uns analysierten Unternehmen: Sie agieren zum einen allesamt in globalen Branchen. Die Unternehmen haben daher einen starken Anreiz, bei ihren Wertschöpfungsaktivitäten globale Kostenunterschiede auszuschöpfen, um so auf der Kostenseite wettbewerbsfähiger zu werden. Zum anderen bieten alle Unternehmen hochwertige, differenzierte Produkte an, keines der Unternehmen ist ein reiner Kostenoptimierer.

3.1 Globale Wertschöpfungskonfiguration

Zunächst geht es um die Frage: Welche Tätigkeiten werden von den Unternehmen jeweils im In- und im Ausland durchgeführt – und wie lassen sich diese Tätigkeiten klassifizieren?

Tatsächlich zeigt die Untersuchung: Je komplexer beziehungsweise qualifikationsintensiver die entsprechenden Tätigkeiten sind, desto seltener werden diese im Ausland durchgeführt. Weniger qualifikationsintensive Tätigkeiten werden dagegen häufig im Ausland angesiedelt – oder die Unternehmen kaufen entsprechende Vorleistungen bei ausländischen Zulieferern ein.

Bei den untersuchten Unternehmen können vier Typen unterschieden werden. Dabei soll die von uns vorgenommene Typisierung besondere Schwerpunkte aufzeigen, überschneidungsfrei sind die Typen nicht.

1. Wertschöpfungsoptimierer: Ein Unternehmen wie **adidas** ist ein klassisches Beispiel für eine vertikale Fragmentierung der Wertschöpfungskette. Im Bereich der Produktion greift das Unternehmen intensiv auf Vorleistungen von Herstellern in Niedriglohnländern zurück. Gesteuert werden diese Aktivitäten zum Großteil von Deutschland aus. Wichtige Teile des Bereichs Global Operations finden sich hier genauso wie die Bereiche Marketing und Finanzen. Auch das wichtigste Entwicklungszentrum befindet sich nach wie vor in Herzogenaurach. In der Folge verzeichnet adidas an seinem Firmensitz eine jährlich wachsende Beschäftigung, obwohl oder vielmehr weil ein großer Teil der Wertschöpfung kostengünstig im Ausland erbracht wird.

2. Transnationalisierer: Eine Reihe von Unternehmen zentralisiert wichtige Funktionen in regionalen oder weltweit zuständigen Knotenpunkten. Dabei bleibt der Knotenpunkt für Systemkopf-Funktionen die Unternehmenszentrale in Deutschland. Diese gewinnt zum Teil noch an Bedeutung, weil weitere Funktionen ebenfalls dort zusammengefasst werden. Das dominante Motiv für die Internationalisierung war oder ist bei vielen dieser Unternehmen die Markterschließung. In der Branche der Automobilzulieferer ist diese klar von „Follow the customer"-Strategien geprägt, das Gleiche gilt im Bereich von Industrieklebstoffen. Unternehmen reagieren auf die Verschiebung der Nachfrage hin zu den großen Entwicklungs- und Schwellenländern. Diese Unternehmen sind aber nicht bei ihrem ursprünglichen Ziel – nämlich durch die Produktion im Ausland Märkte zu erschließen – stehen geblieben. Vielmehr geht es zunehmend auch darum, die Kostenseite zu optimieren. Bei Auslandsengagements werden also horizontale und vertikale Motive verbunden.

- **Bosch** entwickelt seine Plattformen überwiegend in Deutschland. Seine Entwicklung hat das Unternehmen hierzulande kürzlich sogar ausgebaut. Das Konzept der Leitwerke, in denen die Herstellung neuer Produkte zunächst anläuft und die erst später – nach einer entsprechenden Optimierung der Prozesse – an kostengünstigeren Standorten im Ausland dupliziert wird, unterstreicht die Bedeutung, die Deutschland nach wie vor für das Unternehmen besitzt.
- **Benteler Automobiltechnik** führt eine Reihe wettbewerbsrelevanter Aktivitäten weiterhin in Deutschland durch. Die Tatsache, dass hier zum Beispiel die Investitionsgüter zur Ausrüstung der Benteler-Fabriken im Ausland produziert werden, verweist auf die nachhaltige Bedeutung des deutschen Standorts für die globale Strategie des Unternehmens. Grundlagenforschung, Entwicklung und Prototyping sind nach wie vor in Paderborn angesiedelt. Und auch die unterstützenden Tätigkeiten der Wertschöp-

fungskette zur Sicherung der Unternehmensinfrastruktur (Produktionsplanung, Marketing, Einkauf, IT, Controlling und Qualitätsmanagement sowie die strategische Personalpolitik) sind dort zentralisiert.

- **Henkel** schließlich konzentriert seine Forschungsaktivitäten in Düsseldorf und Hamburg. Auch Entwicklung und Marketing werden zentral in Deutschland erledigt und dann lediglich lokal adaptiert. Die Bedeutung von Deutschland – weiterhin größter Investitionsstandort von Henkel – ist sogar noch gewachsen: Einige weitere Funktionen, die bisher global verteilt ausgeführt und nun – im Rahmen der Transnationalisierung – zusammengefasst wurden, sind heute in Deutschland angesiedelt.

3. Integrierte Differenzierer: Eine dritte Gruppe der von uns untersuchten Unternehmen betreibt den ganz überwiegenden Teil seiner Wertschöpfungskette nach wie vor in Deutschland. Diese Unternehmen legen großen Wert auf die räumlich enge Integration ihrer Unternehmensfunktionen. Dabei betonen sie vor allem den engen Zusammenhang zwischen Produktion und Entwicklung: „Developed in Germany“ erfordere auch „Made in Germany“. Dementsprechend produzieren sie – bei einem sehr unterschiedlichen Anteil an Vorleistungen – schwerpunktmäßig bis ausschließlich in Deutschland.

Von der Absatzseite her setzen die integrierten Differenzierer in der Regel konsequent darauf, technologieintensive Nischenmärkte zu bedienen. Aus preissensitiven Volumenmärkten haben sich die Unternehmen weitgehend zurückgezogen, sie vermeiden so den Wettbewerb mit Herstellern aus Niedriglohnländern. Die Premiumstrategie treibt die Nachfrage nach hochqualifizierten Arbeitskräften.

- **Loewe** konzentriert alle höherwertigen Funktionen in Deutschland, um seine Premiumstrategie erfolgreich verfolgen zu können. Dies betrifft Entwicklung, Design, Endmontage, Marketing und einen Großteil des Vertriebs. Allerdings importiert das Unternehmen das Gros der notwendigen Vorleistungen von ausländischen Zulieferern und sichert so seine preisliche Wettbewerbsfähigkeit.
- **ThyssenKrupp Marine Systems** behält nicht nur Forschung und Entwicklung, sondern auch die Produktion in Deutschland. Nur diese integrierte Produktion ermöglicht die Lernprozesse, die für die Herstellung von hochwertigen Schiffen nötig sind. Auf den Volumenmärkten für Containerschifffahrt ist das Unternehmen zwar auch präsent – seine Kernkompetenz liegt aber im anspruchsvollen Bau von Marineschiffen und von Mega-Yachten.
- **Heidelberger Druck** setzt ebenfalls auf eine integrierte Fertigung in Deutschland. Nur so kann jenes Präzisionsniveau erreicht werden, das die Bogenoffset-Druckmaschinen von Heidelberger Druck von denen der Wettbewerber unterscheidet. Eine Fertigung in Niedriglohnländern beurteilt das Unternehmen grundsätzlich skeptisch.
- **Altana** ist auf dem Gebiet der Spezialchemie tätig, das generell einen Premiummarkt darstellt. Das Unternehmen legt großen Wert auf die Integration aller wichtigen Funktionen in Deutschland: Unternehmensführung, FuE, Einkauf, Produktion, Logistik und Marketing. In Deutschland ist das Unternehmen in der Nähe wichtiger Kunden ange-

siedelt, es kann seine Prozesse auf einem einmalig hohen Niveau halten und aus einem großen Reservoir hervorragend ausgebildeter Naturwissenschaftler schöpfen.

- Die von uns untersuchten mittelständischen Unternehmen **Maschinenfabrik Reinhausen, emz-Hanauer, Ribe und Weiss Kunststoffverarbeitung** lassen sich auch dem Typus des integrierten Differenzierers zuordnen. Sie stellen überwiegend hochwertige Spezialprodukte her und bieten häufig Systemlösungen. Sie beraten ihre Kunden intensiv darüber, wie deren Probleme gelöst werden können. Einen großen Teil der Wertschöpfung erbringen die Firmen nach wie vor in Deutschland. Insbesondere ist ihre Produktentwicklung hier konzentriert, ebenso wie der größte Teil der Produktion. Die räumliche Nähe, die ein integrierter Standort bietet, wird als großer Vorteil angesehen. Allerdings wird das Ausland von der Mehrzahl der Unternehmen sowohl aus Kostengründen als auch aus dem Motiv heraus, Kunden vor Ort bedienen zu können, verstärkt als zusätzlicher Produktionsstandort genutzt.

4. Globalisierer: Ein vierter Typus von Unternehmen wird von **Infineon** repräsentiert: Hier ist eine zwingende Fokussierung von wettbewerbswirksamen Funktionen auf Deutschland nicht (mehr) zu beobachten. Eine höhere Technologieaffinität, ein höherer Grad an wissenschaftlicher Kompetenz oder die Notwendigkeit, die Forschung gemeinsam mit den globalen Wettbewerbern zu bündeln, wirken als Pull-Faktoren des Auslands. In Verbindung mit Push-Faktoren wie dem vergleichsweise hohen Lohnniveau oder der starken Regulierung des Arbeitsmarktes in Deutschland führen diese Aspekte zu einer Unternehmensstrategie, die nur gering an den Standort Deutschland gebunden ist.

Unternehmenstypen in der Globalisierung Abbildung 4.1

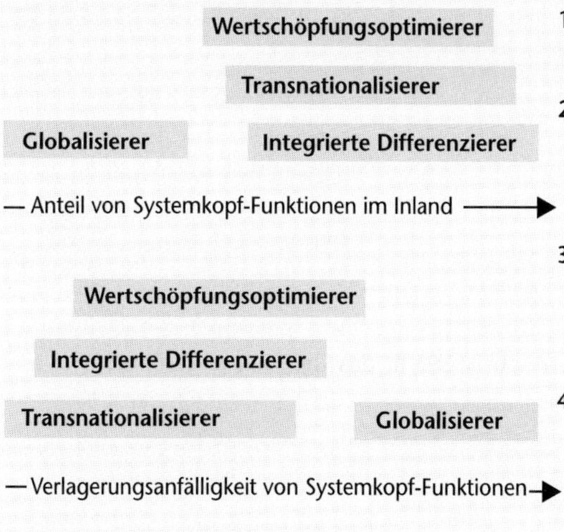

1. **Wertschöpfungsoptimierer**
   - Vertragshersteller im Ausland
   - Schwerpunkt der Steuerung im Inland
2. **Transnationalisierer**
   - Eigene Herstellung im In- und Ausland
   - Zentralisierung wichtiger Funktionen an weltweit oder regional zuständigen Knotenpunkten
3. **Integrierte Differenzierer**
   - Großer Anteil der Wertschöpfungskette in Deutschland
   - Bearbeitung technologieintensiver Nischenmärkte
4. **Globalisierer**
   - Produktion und FuE zum Großteil im Ausland
   - Steuerungsfunktionen auch verlagerungsanfällig

Quelle: Roland Berger Strategy Consultants

Diese Ergebnisse bestätigen unsere erste Vermutung weitgehend. Unternehmen globalisieren ihre Aktivitäten zunehmend. Außerdem machen die Beispiele eines deutlich: Hochwertige, wissensintensive Unternehmensfunktionen werden deutlich seltener ins Ausland verlagert als einfache Arbeiten. Selbst bei weltweit agierenden Unternehmen bleiben wettbewerbsrelevante Tätigkeiten, mit denen sich Unternehmen differenzieren, überwiegend in Deutschland angesiedelt. Auch „Made in Germany" hat weiterhin Zukunft, wenn es um hochwertige Produktion geht: Von vielen Firmen wird es als essenziell angesehen, auch in Deutschland zu produzieren, da die Entwicklung die enge Verbindung zur Produktion benötige. Zahlreiche Unternehmen betreiben in Deutschland ganz bewusst die komplette Wertschöpfungskette, um Koordinationskosten zu minimieren und schnell auf Kundenwünsche reagieren zu können. Auch das Investitionsvolumen in Deutschland ist beachtlich. Einige Unternehmen – zum Beispiel Henkel und MR – geben explizit an, dass Deutschland nach wie vor ihr wichtigster Investitionsstandort ist.

Grundsätzlich wird die Internationalisierungsstrategie erkennbar von der globalen Branchenstruktur – etwa der Zahl der Wettbewerber und ihrer Strategiewahl – mitbestimmt. Doch alle Unternehmen gaben an, dass sie international tätig sein müssen und dass ihre globalen Aktivitäten ihr Unternehmen insgesamt, also auch im Inland, gestärkt hätten.

Alle Unternehmen tun viel dafür, dass ihre Auslandsengagements erfolgreich sind. So werden die ausländischen Mitarbeiter intensiv geschult und eingearbeitet. Die mittelständischen Unternehmen richten darüber hinaus ein besonderes Augenmerk auf die Risikobegrenzung ihrer Auslandsengagements: Ein Scheitern im Ausland darf die Existenz ihres Unternehmens nicht gefährden. Die Investitionsvolumina sind daher limitiert, die Standortentscheidungen werden besonders sorgfältig vorbereitet. Da Mittelständler außerdem nicht – anders als größere Unternehmen – über spezialisierte Stäbe verfügen, sind die Geschäftsführer beim Gang ins Ausland persönlich stark involviert.

Wissensintensive Unternehmensfunktionen hängen natürlich von der Verfügbarkeit entsprechend qualifizierter Mitarbeiter ab. Hierauf wies die Mehrzahl der befragten Unternehmen ebenso hin wie darauf, dass bei den Fachkräften, insbesondere bei Ingenieuren, in Zukunft ein Mangel drohe.

Eine Reihe von Unternehmen zeigt zudem: Durch eine klare Premiumstrategie und die Fokussierung auf innovative Nischenmärkte können Unternehmen einer schärferen Konkurrenz aus Niedriglohnländern durchaus entgehen. Obwohl die Auswahl von Fallstudien natürlich nie repräsentativ sein kann, ist es doch interessant zu sehen, dass die meisten der von uns untersuchten Unternehmen der Gruppe der integrierten Differenzierer zuzurechnen sind. Selbst in Branchen, in denen Deutschland auf der gesamtwirtschaftlichen Ebene keine Wettbewerbsvorteile mehr aufweist beziehungsweise schwindende Weltmarktanteile verzeichnet, können einzelne Unternehmen höchst erfolgreich agieren. Entscheidend ist also nicht nur die Entwicklung der gesamten Branche, sondern vor allem auch die gewählte Strategie des jeweiligen Unternehmens.

3.2 Bedeutung von Clustern

Im Zusammenhang mit dem zweiten eingangs angesprochenen Untersuchungsfeld sind folgende Fragen von Bedeutung: Wie sehr sind die Unternehmen in regionale oder überregionale Netzwerke eingebunden? Und: Wie wichtig ist diese Einbindung für ihre Arbeit? Können die damit verbundenen Vorteile auch problemlos im Ausland generiert werden?

Hier lassen sich zwei Typen von Unternehmen unterscheiden. Eine erste Gruppe von Unternehmen betont die Bedeutung ihrer regionalen Einbindung. Eine zweite Gruppe setzt dagegen zwar auf Kooperationen, gestaltet diese jedoch überwiegend international.

Die Befürworter regionaler Netzwerke betonen die Zusammenarbeit mit leistungsfähigen Zulieferern und die Verknüpfung mit gleichgesinnten Unternehmen. Zum Teil sind die von den Unternehmen benötigten Kompetenzen so speziell, dass sie nur in enger Kooperation entstehen können. Das erklärt die räumliche Nähe dieser Zulieferer zu den Unternehmen. Die Kompetenzen wurden mit den jeweiligen Kooperationspartnern oft über Jahre oder Jahrzehnte hinweg gemeinsam aufgebaut. Die Zulieferer agieren hier nicht nur als Teilelieferant, sondern oft auch als Entwicklungspartner. Durch die räumliche Nähe können die Zulieferer effizient gesteuert und kontrolliert werden, sodass sie ihrerseits schnell auf Änderungen der Kundenwünsche oder auf Reklamationen reagieren können.

- **Benteler** sieht einen großen Netzwerkvorteil im deutschen Leitmarkt der globalen Automobilindustrie, der eine umfassende Brancheninfrastruktur mit sich bringt. Dabei zieht das Unternehmen besonderen Nutzen aus der Möglichkeit, Know-how-intensive Ingenieur- und Entwicklungsaktivitäten eng vernetzen zu können.
- **ThyssenKrupp Marine Systems** misst vor dem Hintergrund der zunehmend komplexen Entwicklungs- und Fertigungsprozesse vor allem den eng vernetzten, integrierten Produktionsprozessen in Deutschlands Norden eine große Bedeutung bei.
- **Loewe** ist trotz des umfangreichen Beschaffungsvolumens aus dem Ausland eng mit der Region um Kronach verknüpft. Durch Loewe wurde bei Zulieferern und Dienstleistern, mit denen Loewe kooperiert, in der Region ein Arbeitsplatzaufbau ausgelöst. Bei diesen ist inzwischen die gleiche Zahl von Mitarbeitern beschäftigt wie bei Loewe selbst. Loewe sieht vor allem in der hohen Reaktionsgeschwindigkeit von Kooperationspartnern, die eng um den eigenen Standort angesiedelt sind, einen großen Vorteil.
- **Heidelberger Druck** profitiert besonders stark von einer engen Kooperation mit seinen hochspezialisierten Lieferanten aus der Region. Denn nur sehr wenige Unternehmen verfügen über das notwendige Spezialwissen, um mit dem Druckmaschinenhersteller gemeinsame Entwicklungsprojekte durchführen zu können. Da die hochkomplexen Maschinen oftmals an spezifische Kundenbedürfnisse angepasst werden müssen, spielen auch kurze Wege aus den Entwicklungsabteilungen zur eigenen Produktion eine große Rolle.
- Die mittelständischen Unternehmen **emz-Hanauer** und **Maschinenfabrik Reinhausen** stellen den Nutzen ihres regionalen Netzwerks mittelständischer Unternehmen heraus. Dieses Netzwerk war für emz-Hanauer zum Beispiel beim Aufbau des Werks in Mexiko hilfreich. Beide Unternehmen profitieren von gemeinsamen Trainee-Ausbildungen, der Weiterbildung ihrer Fach- und Führungskräfte und generell der personellen Vernetzung.

Ein weiterer Vorteil eines regionalen Clusters ist die Zusammenarbeit mit Hochschulen und Forschungsinstituten. Diese dienen zum einen als Know-how-Pool und Kooperationspartner bei Forschungs- und Entwicklungsprojekten. Zum anderen gewinnen die Unternehmen durch die Nähe zu Universitäten und Fachhochschulen qualifizierte Nachwuchskräfte. Die räumliche Nähe zu Hochschulen und Instituten ist allerdings für die einzelnen Unternehmen von sehr unterschiedlicher Bedeutung.

- **Benteler** arbeitet im Bereich der Ingenieurausbildung eng mit der Universität Paderborn und der Fachhochschule Bielefeld zusammen. In beiden Fällen wurden kooperative Studiengänge entwickelt, die sich aus dem Studium und längeren Praxisphasen im Unternehmen zusammensetzen.
- **ThyssenKrupp Marine Systems** kooperiert mit dem interdisziplinären Forschungszentrum „Center for Marine Information Systems – CeMarIS“ – an der Universität Rostock, entwickelt dort zusammen mit der TU Hamburg-Harburg selbstkonfigurierende Strukturelemente und testet deren Einsatz in CAD-Systemen.
- **Loewe** arbeitet eng mit den Universitäten Bamberg und Bayreuth sowie der TU Ilmenau in Thüringen zusammen. Die Zusammenarbeit beinhaltet sowohl Initiativen im Bereich Forschung und Entwicklung als auch die Präsentation des Unternehmens in der Universität, um Absolventen für Loewe zu gewinnen.
- Für ein sehr spezialisiertes Unternehmen wie **Heidelberger Druck** ist die Einbindung in die Region auch für die Gewinnung von nicht-akademischen Fachkräften wichtig.
- Auch die **mittelständischen Unternehmen** versuchen, ihre Fach- und Führungskräfte überwiegend in der Region zu finden. Sie arbeiten dabei auch mit Hochschulen zusammen. Im Bereich FuE erfolgt die Zusammenarbeit zum Teil mit Hochschulen aus der Region, zum Teil überregional, je nach Fachkompetenz. Die **Maschinenfabrik Reinhausen** und **emz-Hanauer** sind darüber hinaus im bayerischen Cluster „Sensorik“ aktiv, der in Regensburg angesiedelt ist. Hier existiert eine institutionalisierte, regionale Zusammenarbeit zwischen Unternehmen und Hochschulen, die – wie im Falle von MR – bis zur Stiftung einer Professur reicht.

Die zweite Gruppe von Unternehmen kooperiert dagegen vor allem international. Diese Firmen nutzen Kompetenzen und Kostenvorteile, die sie innerhalb eines Clusters in Deutschland nicht realisieren können, zum Beispiel weil sich international schon Kompetenzcluster gebildet haben. Die Unternehmen bringen ihrerseits Kompetenzen und Kapital in die internationalen Netzwerke ein. Der Austausch von Kompetenzen unterscheidet diese Netzwerke von reinen Lieferbeziehungen.

- **adidas** ist für seine zahlreichen Zulieferer nicht nur Auftraggeber, sondern ebenso Berater. Das Unternehmen unterstützt die Qualitätskontrolle bei den Zulieferern und schult sie in Sozial- und Umweltstandards. Weil die Zulieferer ihrerseits bevorzugt mit Materiallieferanten aus ihrer jeweiligen Region zusammenarbeiten, entstehen auf diese Weise weltweit regionale Netzwerke.

- **Infineon** ist zusammen mit seinen Wettbewerbern in ein Forschungskonsortium eingebunden, um die extrem hohen Forschungskosten in der Halbleiterindustrie bewältigen zu können.
- **Henkel** arbeitet auf internationaler Ebene mit Universitäten, Forschungsgesellschaften und Unternehmen zusammen, um Grundlagen für neue Produkte und Produktionstechnologien zu entwickeln.
- **Ribe** kooperiert im Rahmen der „Global Fastener Alliance“ mit Unternehmen aus Deutschland, Korea, Japan, Indien und den USA.

Natürlich gibt es auch Unternehmen, die sowohl regional als auch international Netzwerke aufgebaut haben. So sichert beispielsweise Loewe, dessen regionales Netzwerk oben erwähnt wurde, durch seine internationale Kooperation mit Sharp die Lieferung von LCD-Panels und tauscht mit den Japanern – wiederum im gemeinsamen Entwicklungszentrum in Kronach – Know-how in Forschung und Entwicklung aus. Bosch kooperiert sowohl mit Unternehmen in seiner Heimatregion rund um Stuttgart als auch international, zum Beispiel durch Joint Ventures in China.

Unsere Ergebnisse zeichnen also ein differenziertes Bild bezüglich der Frage, ob regionale Netzwerke im Globalisierungsprozess stabilisierend auf den heimischen Standort wirken. Einerseits betonen einige Unternehmen die Vorteile ihrer Verankerung in der jeweiligen Region, der dort befindlichen spezialisierten Forschungs- und Ausbildungseinrichtungen und der Zusammenarbeit mit anderen Unternehmen. Andererseits spielen überregionale Kooperationen ebenso eine wichtige Rolle, bei manchen Unternehmen dominieren sie sogar gegenüber regionalen Clustern. Dies ist auch nicht weiter überraschend, da sich die technologischen Voraussetzungen für entsprechende Abstimmungsprozesse immer mehr verbessern.

Einige der untersuchten Beispiele zeigen außerdem: Einheimische Cluster können zwar wie Klebstoff auf ansässige Unternehmen wirken, ebenso können Cluster im Ausland aber auch einen ‚Pull-Faktor‘ darstellen – sie können also eine Abwanderung beschleunigen. Dafür spricht das Beispiel von Infineon: Eine hohe Konzentration von Forschungsaktivitäten an anderen Standorten kann durchaus eine gewisse Sogwirkung nach sich ziehen. Entsprechend hoch ist für Unternehmen der Anreiz, sich stärker auf diese ausländischen Cluster zu konzentrieren – und dort auch die entsprechenden Aktivitäten anzusiedeln.

Nicht vergessen darf man bei der Standort- und Clusterdiskussion den emotionalen Aspekt: Mehrere Unternehmen betonten, dass die Bindung an ihren Standort und die Region über viele Jahre gewachsen sei. Ganz besonders gilt das für die mittelständischen Unternehmen, die oft seit mehreren Generationen in den Händen derselben und am Ort tief verwurzelten Familien liegen. Aber auch ein Unternehmen wie adidas pflegt bewusst seine Wurzeln am Heimatstandort. Aus der Verbundenheit mit dem Standort erwächst eine Selbstverpflichtung der Unternehmen, die dort vorhandenen Arbeitsplätze zu erhalten und nach Möglichkeit auszubauen.

3.3 Das „Plus": Positive Rückwirkungen auf den Standort

Wo Unternehmen eng mit anderen Unternehmen der Region vernetzt sind, wirken sie positiv auf ihren Standort zurück. Ein Beispiel dafür ist Loewe. Auch innerhalb von Unternehmen gibt es positive Rückwirkungen: Hochwertige, intensiv an der Wertschöpfung beteiligte Tätigkeiten benötigen auch einfachere Tätigkeiten zur Unterstützung – neben einfachen Produktionsarbeiten sind dies Dienstleistungen, die sich um die industriellen Kerne bilden. Diese Dienstleistungen dürfen jedoch nicht mit denen verwechselt werden, die sich ebenfalls um die industriellen Kerne bilden und die höchstes Qualifikationsniveau erfordern, wie zum Beispiel technischer Vertrieb und Service. Die einfachen Dienstleistungen beinhalten dagegen zum Beispiel Lager- oder Transporttätigkeiten und bieten geringqualifizierten Mitarbeitern eine Perspektive.

Inwieweit diese einfachen Tätigkeiten am Standort bleiben, hängt neben ihrer prinzipiellen Verlagerungsfähigkeit davon ab, wie hoch das Lohnniveau ist. Hier wurde darauf hingewiesen, dass die Gesellschaft bereit sein müsse, eine stärkere Lohnspreizung zuzulassen – die überproportionale Anhebung der unteren Lohngruppen bei Tarifabschlüssen sei der falsche Weg. Ohne angemessene Lohnspreizung wanderten die Jobs demgegenüber ins Ausland ab.

Die positive Rückwirkung erfolgreicher deutscher Unternehmen beschränkt sich in der Regel natürlich nicht auf die Region. Unternehmen beschaffen national wie international. Zulieferer in ganz Deutschland können daher davon profitieren, wenn Unternehmen ihre Wertschöpfung optimal konfiguriert haben, dadurch ihre Wettbewerbsfähigkeit steigern und dementsprechend mehr produzieren und mehr Teile nachfragen – falls die Beschaffung sich nicht zuungunsten Deutschlands ins Ausland verschiebt. Ob durch die verstärkten Beschaffungsaktivitäten der Einsatz einfacher Arbeit und damit die Beschäftigung von Geringqualifizierten bei deutschen Zulieferern steigt, lässt sich anhand der Fallstudien jedoch nicht bestimmen.

3.4 Politische Anliegen der Unternehmen

Zwei Anliegen brennen nahezu allen von uns befragten Unternehmen unter den Nägeln: mehr Flexibilität im Arbeitsrecht und generell weniger Regulierung. Beim Arbeitsrecht sehen sie vor allem den Kündigungsschutz als Hindernis dafür an, neue Mitarbeiter einzustellen. Außerdem kommt die Grenze zur Sprache, ab der ein Betriebsrat eingestellt werden muss. Als Appell an die Tarifpartner werden die Beschränkungen bei zeitlich befristeten Verträgen beklagt. Beide Probleme führen zu einer starken Nutzung von Zeitarbeit, die von den Firmen in diesem Umfang gar nicht gewollt ist – die Unternehmen würden die Einstellung fester Mitarbeiter bevorzugen.

Generell fühlen sich die Unternehmen von zu vielen Regeln und Verordnungen belastet. Der Aufwand, sich regelkonform zu verhalten, sei durch die Vielzahl an Regeln enorm; es würden wichtige Kapazitäten gebunden, die dann an anderer Stelle – also bei wettbewerbsrelevanten wertschöpfenden Tätigkeiten – fehlen würden. Besonders frappierend bringt es Nicolas Maier-Scheubeck von der Maschinenfabrik Reinhausen auf den Punkt, wenn er fragt, ob sich zivilisatorischer Fortschritt eigentlich in immer mehr oder in immer weniger Regeln zeigen würde.

Zu viele Regeln und eine zu lange Bearbeitungszeit belasten Unternehmen auch dann, wenn sie Fördermittel – speziell für FuE – beantragen wollen. Generell beklagen sie, dass die EU zu viel Geld in Agrarsubventionen und zu wenig in Hochtechnologie stecke. Die zu sehr auf Osteuropa ausgerichtete EU-Förderpolitik benachteilige zudem die Unternehmen in Deutschland. Hier müsse sich die Bundesregierung stärker für die Interessen deutscher Unternehmen einsetzen. Dies gelte ebenso, wenn es um die Durchsetzung international gültiger Regeln gehe, sei es bei der Zertifizierung von Produktionsbedingungen, bei der Transparenz von Produktionssubstanzen oder beim Marken- und Patentschutz.

Reformen schneller durchzuführen, Planungssicherheit für die Unternehmen zu schaffen, Wettbewerb zwischen den Hochschulen zuzulassen und dort fachliche Schwerpunkte zu setzen – das sind weitere politische Forderungen der Unternehmen. Außerdem verlangen sie Steuersenkungen, die zusätzliche Wachstumsimpulse auslösen. Kritisiert wird auch die zu starke Fixierung der Politik auf reine Dienstleistungen, ohne die Bedeutung der Industrie bei der Schaffung von Dienstleistungen zu beachten. Die mittelständischen Unternehmen mahnen darüber hinaus eine Erbschaftsteuerreform an, welche die Fortführung des Betriebs belohnt statt bestraft.

Zum Abschluss sei noch einmal eine Aussage von Nicolas Maier-Scheubeck erwähnt, der ein grundsätzliches Problem anspricht: Die Themen, die im Moment in der Diskussion sind, seien zwar die richtigen. Aber der Politik mangele es sowohl an den Kapazitäten, die Themen vernünftig zu bearbeiten, als auch an den passenden Methoden. Dies führe dazu, dass die Themen falsch bearbeitet würden und die notwendige Verknüpfung miteinander völlig außer Acht gelassen werde.

4 Fazit

Die von uns untersuchten Unternehmen belegen, dass das Geflecht der Bestimmungsfaktoren, die zur Entscheidung über eine Verlagerung von Unternehmenstätigkeiten führen, komplex ist. Monokausale Erklärungen, die eine immer stärkere Beschleunigung der Globalisierungsaktivitäten nur auf der Basis von Lohnkostendifferenzen beschwören, greifen damit ebenso zu kurz wie Aussagen, die auf der Basis von anekdotischer Evidenz das Scheitern von Verlagerungsbemühungen feststellen und einen gegenläufigen Trend vorhersagen. Die Fallstudien zeigen aber drei Dinge klar und deutlich:

- Systemkopf-Funktionen, die eine hochwertige Wertschöpfung erbringen, haben in Deutschland Zukunft. Sie sind die Pfunde, die es den deutschen Unternehmen ermöglichen, ihre differenzierten und innovativen Produkte zu entwickeln und mit Angeboten im Premiumsegment dem Preisdruck des Massenmarktes auszuweichen. Die Systemkopf-Funktionen umfassen dabei nicht nur Unternehmenssteuerung und FuE, sondern viele weitere Know-how-intensive Unternehmensfunktionen, einschließlich hochwertiger Produktion. Auf die Bedeutung der Integration der Funktionen wiesen die Unternehmen ganz besonders hin. Diese Befunde decken sich mit den Ergebnissen der im vorherigen Abschnitt vorgestellten intensiven Unternehmensbefragungen.

Internationalisierung, Forschung und Entwicklung, innovative Produkte und eine Differenzierungsstrategie sind wesentliche Erfolgsfaktoren. Gerade diese sind bei Systemkopf-Unternehmen besonders stark ausgebaut.

- Auslandsaktivitäten und die Neuorientierung von Wertschöpfungsketten gehen in der Regel nicht zulasten inländischer Beschäftigung. Im Gegenteil: Oft profitiert die Beschäftigung im Inland von den internationalen Aktivitäten der Unternehmen – entweder weil neue Absatzmöglichkeiten eröffnet werden oder weil Kostenersparnisse im Ausland die Wettbewerbsfähigkeit der Unternehmen steigern. Die stetige Veränderung von Unternehmen wie Henkel, die bislang viele ihrer Tätigkeiten an den verschiedensten Standorten unabhängig voneinander durchgeführt haben, birgt für Deutschland sogar eine zusätzliche Chance – und zwar dann, wenn im Zuge einer verstärkten Koordination diese Unternehmensfunktionen stärker von Deutschland aus gesteuert werden sollen, als dies bislang der Fall war. Auch diese Aussage ist konsistent mit den Ergebnissen der Befragung. Denn trotz der überdurchschnittlich starken Auslandsorientierung der Systemkopf-Unternehmen sind viele hochwertige Funktionen in Deutschland verblieben und die Unternehmen mit ihrer Strategie erfolgreich. Systemkopf-Unternehmen sind damit wichtige Anker für Wertschöpfungsketten in Deutschland.
- Deutsche Unternehmen können im internationalen Wettbewerb ausgezeichnet bestehen – aber sie brauchen dafür den entsprechend hochqualifizierten Nachwuchs. Die Wettbewerbsvorteile, die deutsche Unternehmen gegenüber dem Ausland haben, beruhen auf Wissensvorsprüngen, speziell in den Systemkopf-Funktionen. Diese Wissensvorsprünge sind stets temporär, sie müssen ständig erneuert werden. Und das gelingt nur – darauf haben die von uns befragten Unternehmen immer wieder hingewiesen –, wenn wir es schaffen, genügend Talente, besonders in den Ingenieur- und Naturwissenschaften, aber auch im nicht-akademischen Bereich, hervorzubringen.

Kapitel 5

Hans-Joachim Haß / Matthias Krämer / Christian Krys

Handlungsempfehlungen an Wirtschaft und Politik

Inhalt

1 Einleitung

Der beschleunigte globale Strukturwandel und die damit einhergehenden Veränderungen in den weltweiten Wertschöpfungsketten stellen für die Unternehmen und die Wirtschaftspolitik gleichermaßen Herausforderung und Gestaltungsmöglichkeit dar. Systemkopf-Funktionen mit hohem Wertschöpfungspotenzial kommt dabei eine besondere Bedeutung zu. Auf der Unternehmensebene liefern sie Optionen, sich auf den globalen Märkten differenzieren zu können, auf volkswirtschaftlicher Ebene sichern sie Wachstum und Beschäftigung. Ihre Potenziale erschließen und entfalten sich jedoch nicht von selbst. Vielmehr bedürfen sie strategischer Wahrnehmung und Gestaltung, sowohl durch die Unternehmensleitungen als auch durch die wirtschaftspolitischen Akteure. Hierzu werden im Folgenden Vorschläge unterbreitet.

2 Handlungsempfehlungen für die Unternehmensebene

Die Globalisierung ist für Unternehmen eine nicht zu leugnende Tatsache. Das weltweite Bruttoinlandsprodukt, also die Wertschöpfung aller Heimatmärkte, ist seit dem Jahr 1990 jährlich um 3 Prozent gewachsen, die weltweiten Exporte um 8 Prozent und die ausländischen Direktinvestitionen im selben Zeitraum um 11 Prozent. Die strategische Schlussfolgerung für Unternehmen daraus ist einfach: Überdurchschnittliches Wachstum – und das ist immer noch Voraussetzung für echte unternehmerische Perspektiven – setzt globale Expansion voraus. Die Entwicklung hin zur Internationalisierung des Geschäfts wird sich auch nicht umkehren, denn

- der Kosten- und Margendruck nimmt in vielen Industrien weiter zu und zwingt immer mehr dazu, internationale Faktorkostenvorteile auszunutzen,
- die großen Auslandsmärkte wachsen schneller und bieten damit große Absatzpotenziale – etwa durch den steigenden Wohlstand in Indien oder in China, das Deutschland in diesem Jahr als Exportweltmeister ablösen wird.
- Zudem führen neue Technologien – weltweite Informations- und Steuerungssysteme oder neue Logistik- und Handelslösungen – dazu, dass internationale Aktivitäten immer besser und kostengünstiger vernetzt werden können. Strategen sprechen hier von sinkenden Transaktionskosten.

Internationalisierung ist in der Regel mit dem Aufbau von Kapazitäten im Ausland verbunden. Das zeigen die oben aufgeführten Zahlen des rasanten Anstiegs der Direktinvestitionen, wobei das Wachstum der Direktinvestitionen in manchen Staaten – zum Beispiel in China und Indien – noch deutlich höher liegt. Häufig erfolgt der Aufbau von Kapazitäten im Ausland rein wachstumsorientiert. Es werden zum Beispiel Vertriebsgesellschaften gegründet, um die eigenen Produkte im Ausland besser absetzen zu können. Gelingt dies im ersten Schritt, folgt oftmals die Errichtung von ausländischen Produktionsstandorten. Auslandsaktivitäten können aber auch die Verlagerung von Beschäftigung vom Inland ins Ausland beinhalten.

Unsere Untersuchung beschäftigte sich nun damit, ob es bestimmte Unternehmensfunktionen gibt, die weniger verlagerungsanfällig sind als andere. Gemeint sind Systemkopf-Funktionen, die sich im Wesentlichen dadurch auszeichnen, dass sie steuernden Charakter haben beziehungsweise Kernfunktionen sind, viel Know-how verlangen und hochgradig wertschöpfend sind. Simpel gesprochen lautete unsere These: Wissen ist weniger mobil als vermutet. Alle Unternehmensfunktionen, die auf Wissen basieren, haben auch weiterhin in Deutschland Zukunft.

Wir konnten unsere These sowohl in der großzahligen Befragung als auch in den Einzelinterviews bestätigen – ausführlich wurde dies in den vorangegangenen Kapiteln geschildert. Dabei zeigte sich, dass die Unternehmen ihre Wertschöpfungsketten durchaus sehr unterschiedlich konfigurieren. Die Spanne reicht von Unternehmen, die nahezu die komplette Wertschöpfung in Deutschland leisten, bis hin zu Unternehmen, die nahezu 100 Prozent ihrer Produktion ins Ausland verlagert haben. Alle Unternehmen betonten aber, wie wichtig die Systemkopf-Funktionen im Inland für ihre Wettbewerbsfähigkeit sind und dass diese hier auch in Zukunft verbleiben werden. Das entspricht genau unserer These, wonach diese Funktionen weniger mobil sind als andere.

Was bedeutet dies nun für die Unternehmen? Wie müssen sie sich aufstellen, um im weltweiten Wettbewerb zu bestehen? Wie können sie dabei ihre Systemkopf-Funktionen nutzen und damit gleichzeitig hochwertige Arbeit im Inland halten? Wir wollen diese Fragen mit den folgenden zehn Handlungsempfehlungen beantworten.

2.1 Die eigenen Systemkopf-Funktionen identifizieren

Der erste Schritt ist, dass ein Unternehmen sich bewusst wird, was seine wettbewerbskritischen Funktionen sind: Wodurch differenziert es sich von seinen Wettbewerbern? Trotz der oben genannten gemeinsamen Charakteristika können die erfolgsrelevanten Systemkopf-Funktionen bei verschiedenen Unternehmen unterschiedliche sein. Für ein Unternehmen ist etwa Marketing äußerst wichtig, bei einem anderen sind es Forschung und Entwicklung und bei einem dritten kann es die Steuerung der Logistik sein.

Jedes Unternehmen sollte daher kritisch im Sinne einer Bestandsaufnahme seine oftmals sehr differenzierten Unternehmensfunktionen einem systematisierenden Schema zuordnen. Hier bietet sich die Wertschöpfungskette nach Porter an, die geläufiger Standard ist. Eine solche Zuordnung kann man nun zum Beispiel mit anderen Unternehmen vergleichen und ein Branchenbenchmarking durchführen. Dabei ist zum einen zu untersuchen, welche Teile der Wertschöpfungskette die anderen Unternehmen selbst erstellen und welche sie ausgelagert haben. Zum anderen ist zu analysieren, welche Teile sich im Inland in der Zentrale befinden und welche internationalisiert wurden. Schließlich ist zu untersuchen, welche Teile der Wertschöpfungskette Wettbewerber als wettbewerbsentscheidend ansehen und ob diese Teile in deren Zentrale organisiert sind. Ein solches Benchmarking kann eine Basis für eigene Entscheidungen sein, wo man seine Systemkopf-Funktionen ansiedelt. Aber Vorsicht: Eine Branchenbenchmark bildet lediglich die gegenwärtige Situation ab. Es besteht immer die Gefahr, dass man dem Mainstream folgt und so darauf verzichtet, zukunftsorientiert einen eigenen Trend zu setzen.

Organisatorisch ist die Identifizierung der Systemkopf-Funktionen Aufgabe des obersten Managements und in letzter Konsequenz des Geschäftsführers oder CEOs. Nur er kann unbelastet von Bereichsinteressen und damit im Sinne des Gesamtunternehmens entscheiden. Unterstützen kann ihn hier sicherlich externer Rat.

2.2 Entscheiden, wo die Systemkopf-Funktionen anzusiedeln sind

Diese Fragestellung erscheint auf den ersten Blick paradox: Haben wir doch weiter oben bereits festgestellt, dass Systemkopf-Funktionen aufgrund ihres großen Wissensanteils besonders gut in Deutschland aufgehoben sind und das auch in Zukunft sein werden. Die Ergebnisse der Fallstudien haben aber auch gezeigt, dass man hier durchaus differenzieren muss. Die Mehrzahl der Systemkopf-Funktionen – und vor allem diejenigen, die das Gesamtunternehmen betreffen – ist am besten in der Zentrale angesiedelt. Für große Unternehmen kann es sich aber durchaus lohnen, nachgelagerte Systemkopf-Funktionen, die etwa die Steuerung von Regionen oder auch die Anwendungsentwicklung betreffen, in zentralen Stellen einer Region anzusiedeln. Zudem müssen manche Unternehmen in Leitmärkten mit Funktionen wie Forschung und Entwicklung vertreten sein.

Die Integration der Systemkopf-Funktionen in der Zentrale hat große Vorteile: Die Funktionen können sehr eng verzahnt und ohne große Reibungsverluste zusammenarbeiten, die Transaktionskosten sind hier also niedrig. Andererseits erlaubt die dezentrale Ansiedlung von nachgelagerten Systemkopf-Funktionen in regionalen Knotenpunkten eine schnelle Reaktion auf Kundenwünsche. Große Unternehmen müssen hier also differenzieren. Die Empfehlung aufgrund der Erfahrungen der Fallstudienunternehmen lautet, die allermeisten Speerspitzen – zum Beispiel die Entwicklung – in der inländischen Zentrale anzusiedeln. Deutschland bietet dafür nach wie vor gute Rahmenbedingungen, was sich auch in seinen guten Platzierungen im Wettbewerbsranking des World Economic Forum niederschlägt (Platz 1 in der Einzigartigkeit des Wettbewerbsvorteils, der Qualität lokaler Zulieferer, der Innovationskapazität, der Präsenz in der gesamten Wertschöpfungskette und dem Niveau der Produktionsprozesse).

Dennoch sind die Rahmenbedingungen natürlich an vielen Stellen zu verbessern, wie Abschnitt 3 zeigen wird, der sich mit den Handlungsempfehlungen für die Politik beschäftigt. Für mittelständische Unternehmen stellt sich die Frage in der Regel nicht, ob sie nachrangige Systemkopf-Funktionen im Ausland ansiedeln sollen. Sie sind zu klein, um transnationale Knotenpunkte zu bilden, und tun daher gut daran, alle Systemkopf-Funktionen in der Heimat zu bündeln.

2.3 Entscheiden, wo die Nicht-Systemkopf-Funktionen anzusiedeln sind

Die Entscheidung, wo Unternehmensfunktionen angesiedelt werden sollen – seien es Systemkopf-Funktionen, seien es Nicht-Systemkopf-Funktionen –, ist stets unter Beachtung von zwei Aspekten zu treffen: Wie kann ein Unternehmen dadurch sein Wachstum steigern – und wie kann es seine Effizienz erhöhen? Wachstum ist oberstes Managementziel. Es ist der Indikator für den aktuellen Erfolg eines Unternehmens und erschließt gleichzeitig die Potenziale für zukünftigen Erfolg. Nur wachsende Unternehmen können investieren und sind attraktiv für Talente. Dabei muss Wachstum stets mit Effizienzsteigerung verbunden sein, denn nur Unternehmen, die ihre Leistungen mit niedrigen Kosten erstellen können, sind in der Lage, im weltweiten Wettbewerb mitzuhalten. Dies gilt auch für Unternehmen, die Premiumprodukte anbieten – eine erfolgreiche Strategie gerade deutscher Unternehmen.

Bei Nicht-Systemkopf-Funktionen ist die Empfehlung, stets Wachstums- und Effizienzgesichtspunkte im Auge zu haben, deshalb besonders wichtig, weil häufig einer der beiden Punkte ausgeblendet oder zumindest vernachlässigt wird. Unternehmen verlagern Produktion nach Osteuropa oder China, um Kosten zu sparen. Oder sie gründen eine Vertriebsgesellschaft in Indien, um dort ihre Produkte besser verkaufen zu können. Dabei ermöglichen die dank der Produktionstochter eingesparten Kosten Investitionen des Gesamtunternehmens im In- und Ausland. Zudem kann die Produktionstochter der Ausgangspunkt sein, den ausländischen Markt zu erschließen. Gleichzeitig erhöht eine Vertriebstochter die Effizienz des Gesamtunternehmens, indem Reisen von Vertriebsmitarbeitern von der Zentrale in ausländische Märkte seltener werden.

Betrachtet man den Kostenaspekt bei der Entscheidung, Funktionen im In- oder Ausland anzusiedeln, dürfen nicht nur die offensichtlichen Faktorkostendifferenziale eine Rolle spielen. Ebenso entscheidend sind die Transaktionskosten und die Qualität der im Ausland hergestellten Produkte: Um eine ausländische Produktionstochter zu steuern und auf das Qualitätsniveau zu bringen, das man im Inland gewohnt ist, sind vor allem am Anfang sehr viele Reisen des Managements, Schulungen der Mitarbeiter und andere Maßnahmen nötig. Außerdem fehlt im Ausland die enge Verzahnung der Funktionen, wie man sie vom Inland her kennt. Reibungsverluste sind zwangsläufig der Fall. Auch vor diesem Hintergrund sollten sich Unternehmen stets fragen, ob sich eine Verlagerung ins Ausland rechnet und – falls sie dies bejahen – genau prüfen, ob nicht Osteuropa aufgrund seiner räumlichen Nähe ein besseres Ziel darstellt als Asien.

Aufbauend auf unseren Interviews schließt sich eine weitere Empfehlung an: Unternehmen müssen ihre Hausaufgaben im Inland gemacht haben, bevor sie an den Schritt ins Ausland denken. Der Aufbau von Auslandsniederlassungen ist zeitaufwendig und sollte nicht als Sanierungsschritt erfolgen. Außerdem sollten gerade mittelständische Unternehmen den Gang ins Ausland gut vorbereiten, umfangreichen externen Rat einholen und den ersten Schritt mit begrenzten Mitteln durchführen, sodass ein mögliches Scheitern das Unternehmen nicht in Schieflage bringen kann.

2.4 Weiter internationalisieren – speziell im Mittelstand

Trotz des Aufwands, der mit der Internationalisierung verbunden ist, kann Unternehmen nur empfohlen werden, sich den gesamten Optionenraum – Selbstherstellung versus Fremdherstellung und Inland versus Ausland – anzuschauen und dann eine rationale Entscheidung zu treffen. Das Systemkopf-Konzept funktioniert nämlich gerade dann, wenn Unternehmen ihre Wertschöpfungskette weltweit optimieren.

Die großen deutschen Unternehmen sind heute international ausgezeichnet positioniert, wie die folgenden Vergleichszahlen belegen:

- Jedes sechste der 50 größten Unternehmen der Welt hat seinen Sitz mittlerweile in Deutschland, während die Anzahl der Unternehmen aus den USA in dieser Top-Liste in den letzten fünf Jahren von 24 auf nur noch 15 zurückgegangen ist. Das ist ein echtes Kompliment für deutsche Unternehmensführungen und für den Standort.
- Die DAX-30-Unternehmen erzielen heute durchschnittlich 70 Prozent ihrer Umsätze im Ausland. 2001 waren es lediglich 38 Prozent.

Internationalisierung rechnet sich auch: Die 500 größten deutschen Unternehmen haben seit 1994 beim Umsatz im Durchschnitt um 64 Prozent zugelegt – vorwiegend durch verstärkte Internationalisierung. Diese Unternehmen nutzen weltweite Faktorkostendifferenzen zur Effizienzsteigerung. Und sie erschließen sich spezielles Know-how in ausländischen Leitmärkten.

Allerdings hat gerade der Mittelstand noch großen Nachholbedarf, was die Internationalisierung anbelangt. Dadurch verschenken die Unternehmen enorme Wachstumschancen. Mit durchschnittlich 30 Prozent sind alle deutschen Unternehmen – und damit insbesondere der Mittelstand – seit 1994 weniger als halb so stark gewachsen wie die großen Unternehmen. Ein wesentlicher Grund dafür: Gerade die mittelgroßen Mittelständler sind weniger international aufgestellt, machen nur 37 Prozent ihres Umsatzes im Ausland und haben nur 9 Prozent ihrer Mitarbeiter „abroad“. Das ist nur vermeintlich gut für die Beschäftigung am Standort Deutschland, denn die Konkurrenz formiert sich: 60 Prozent der Fusionen und Übernahmen weltweit finden heute in Asien statt. Vor zehn Jahren waren Europa und die USA noch weit vorne. Wenn wir nicht wollen, dass wir unternehmerisch an Wachstumsdynamik und Wettbewerbsfähigkeit verlieren, müssen wir gerade beim Mittelstand verstärkt globalisieren.

2.5 In Humankapital investieren

Bildung ist der Schlüssel zur internationalen Wettbewerbsfähigkeit Deutschlands. Als rohstoffarmes Hochlohnland können wir nur das Wissen unserer Menschen in die Waagschale werfen. Diese Feststellung ist zwar inzwischen fast Allgemeingut geworden, kann aber dennoch nicht oft genug betont werden, weil hier noch sehr viel zu tun ist. Darauf gehen die politischen Handlungsempfehlungen ausführlich ein.

Doch auch die Unternehmen haben hier eine Verantwortung. Bildung ist nicht die alleinige Aufgabe des Staates. Die von uns interviewten Unternehmen haben sowohl ihre Bringschuld erwähnt als auch den großen Gewinn, den sie erzielen, wenn sie sich ihre Fach- und Führungskräfte selbst heranziehen. Erfolgreiche Unternehmen bilden umfangreich aus und bilden ihre Mitarbeiter intensiv weiter.

Um den Systemkopf-Ansatz zum Erfolg zu führen, ist auch die Ausbildung von nichtakademischen Fachkräften wichtig. Denn um die Systemkopf-Funktionen optimal durchzuführen, bedarf es nicht nur hochqualifizierter Ingenieure und Naturwissenschaftler, sondern auch gut ausgebildeter Facharbeiter. Dies gilt gerade vor dem Hintergrund der von den Unternehmen immer wieder betonten Bedeutung einer engen Verzahnung von FuE und Produktion: Entwicklungsingenieure brauchen in der Produktion Ansprechpartner, die ihnen genau sagen können, wo es hakt, und die Ideen für Verbesserungen einbringen. Auch in anderen Systemkopf-Funktionen sind nicht-akademische Fachkräfte mit hoher Qualifikation wichtig – sei es etwa im Design, im Marketing oder in der Qualitätskontrolle. Wenn Betriebe große Ausbildungsanstrengungen unternehmen, investieren sie damit in ihre zukünftige Wettbewerbsstärke.

Die von uns interviewten Mittelständler zeigen, wie sich Unternehmen helfen, die allein zu klein sind, als dass sie sich teure Management- oder Fachkurse leisten können: Sie schließen sich zusammen und betreiben gemeinsame Weiterbildung. Dadurch entsteht gleichzeitig ein persönliches Netzwerk, innerhalb dessen sich die Mitarbeiter der kooperierenden Unternehmen auf Zuruf gegenseitig weiterhelfen – oder, wenn man es abstrakter ausdrücken möchte: innerhalb dessen sich das Humankapital selbstständig weiterentwickelt.

Clevere Unternehmen investieren natürlich schon vorsorglich in Humankapital: Sie betreuen Praktikanten, Diplomanden und Doktoranden, sind mit Vorträgen in Schulen und Universitäten präsent und führen Veranstaltungen im Unternehmen durch, um Talente auf sich aufmerksam zu machen. Gerade mittelständischen Unternehmen kann diese direkte Ansprache nur empfohlen werden, weil sie aufgrund ihrer geringeren Bekanntheit sonst beim Wettbewerb um Talente gegenüber Großunternehmen oft den Kürzeren ziehen. Mitarbeiter, welche die Arbeit bei Mittelständlern einmal kennengelernt haben, schätzen sie oft sehr und bleiben dort, weil sie bei Mittelständlern im Vergleich zur sehr differenzierten Arbeit bei Großunternehmen selbstständig für ein übergreifendes Gebiet verantwortlich sind.

2.6 Eine Innovationskultur im Unternehmen schaffen und eine Vertrauensorganisation implementieren

Der spezielle Nutzen von Systemkopf-Funktionen wie FuE oder Marketing liegt darin, dass sie in der Lage sind, Innovationen hervorzubringen. Deutsche Unternehmen können nur dann am Weltmarkt bestehen, wenn sie leistungsfähigere, sicherere, attraktivere, insgesamt also bessere Produkte anbieten als ihre Konkurrenten aus anderen Ländern. Ebenso wichtig sind Prozessinnovationen, die etwa für eine optimierte Logistik oder Produktion sorgen, und Geschäftsmodellinnovationen. Auch hier spielen die Systemkopf-Funktionen eine große Rolle, insbesondere die Unternehmensführung.

Um innovativ zu sein, benötigen Unternehmen zum einen das erwähnte Humankapital, also die richtigen Mitarbeiter. Talente können sich aber nur entfalten, wenn sie die entsprechenden Bedingungen vorfinden: Ein Unternehmen, das auf Innovationen setzt, muss daher eine Innovationskultur vorleben. Entscheidend sind hier fünf Aspekte:

- Das Topmanagement muss gegenüber den Mitarbeitern deutlich machen, dass es den persönlichen Einsatz für Innovationen wünscht und anerkennt. Hierzu gehört neben entsprechenden Anreizen durch die Honorierung der Entwicklung von Innovationen vor allem auch die Schaffung von Freiräumen, in denen die Mitarbeiter kreativ sein können. Es muss Zeiten der Entschleunigung geben, um zum kreativen Nachdenken zu kommen.
- Eine Innovationskultur ist sowohl durch Wettbewerbs- und Leistungsorientierung als auch durch Risikobereitschaft geprägt. Längst nicht alle Ideen werden zu marktreifen

Innovationen – Fehlschläge müssen also eingeplant werden und dürfen im Ernstfall nicht als das Scheitern von Mitarbeitern bewertet werden.

- Die Mitarbeiter sind gut weiterzubilden, damit sie ihre Innovationsanstrengungen kontinuierlich von einem höheren Niveau aus starten.
- Das Unternehmen muss Prozesse bereitstellen, in denen sich die Kreativität der Mitarbeiter entfalten kann. Hierzu gehören entsprechende Kommunikationskanäle und Austauschplattformen ebenso wie ein umfassendes Wissensmanagement.
- Flache Hierarchien fördern die Innovationsfähigkeit von Unternehmen. Zwar benötigen auch kreative Mitarbeiter Hierarchien als wichtige Orientierungspunkte, doch kommt es darauf an, dass die Hierarchien durchlässig und nicht zu groß sind.

Den idealen Rahmen für eine Innovationskultur stellt die sogenannte Vertrauensorganisation dar, die auf vier Kernelementen aufbaut. Erstens ist eine exzellente Führung nötig, die in ihrem Verhalten eine Vorbildfunktion übernimmt. Gefordert werden von einer solchen Führung ein hohes Maß an Glaubwürdigkeit, eine breite Einbindung der Mitarbeiter, individuelle Unterstützung, Kontinuität im Verhalten und eine ausgeprägte Leistungsorientierung. Zweites Kernelement der Vertrauensorganisation ist eine dezentrale Organisationsstruktur, die dem einzelnen Mitarbeiter vor Ort Entscheidungsfreiheit gewährt und ihn befähigt, Entscheidungen fundiert zu treffen. Drittens basiert die Vertrauensorganisation auf Transparenz: Unternehmensstrategie und -ziele sind im Unternehmen breit verankert. Es gibt eine klare Corporate Governance, eine offene Kommunikation über Leistung und eine schnelle und umfassende Information der Mitarbeiter über relevante Ereignisse. Schließlich beinhaltet die Vertrauensorganisation die bereits erwähnten Freiräume für Innovation.

Die Vertrauensorganisation ist aber im Zusammenhang mit unserem Thema – den Systemkopf-Funktionen – nicht nur für die Schaffung einer Innovationskultur wichtig. Sie kann, wenn ein Unternehmen im Ausland aktiv wird, dazu beitragen, Ängste von Mitarbeitern abzubauen. Wir haben in den Fallstudien gesehen, dass es ein erfolgreicher Weg war, die deutschen Mitarbeiter von Ribe in die Slowakei einzuladen, um sich über das dort errichtete Werk zu informieren und die neuen Kollegen kennenzulernen. Transparenz und Information hilft, Vorbehalte zu überwinden und auch gegenüber neuen Kulturen offen zu sein.

Die Implementierung einer Vertrauensorganisation geht nicht von heute auf morgen. Es ist ein Transformationsprozess, der von einem intensiven Change Management begleitet werden muss. Denn schließlich geht es darum, die Einstellung von gestandenen Menschen zu verändern – und das ist nicht gerade wenig. Der Schlüssel zum Erfolg liegt darin, die Mitarbeiter so zu mobilisieren, dass sie voll hinter dem Veränderungsprozess stehen. Ein klares Bekenntnis des Managements ist dafür ebenso notwendig wie die Transparenz von Vorgehensweise und Zielen.

2.7 Den Systemkopf in Deutschland internationalisieren

Diese Empfehlung klingt zunächst paradox. Wir meinen damit, dass Unternehmen gut daran tun, auch internationale Fach- und Führungskräfte in ihren Systemkopf in Deutschland zu integrieren. Weltunternehmen, zum Beispiel adidas oder Henkel, sind mit dieser

Strategie sehr erfolgreich. Trotz der großen Exporterfahrung braucht Deutschland den internationalen Input an Humankapital. Anders argumentiert: Gerade wegen der großen Exportabhängigkeit benötigt Deutschland Topkräfte aus dem Ausland, um in den Weltmärkten weiterhin zu bestehen und um für frischen Wind in den Führungsetagen sowie unter den Fachkräften zu sorgen. Dies fördert ebenso die Innovationsleistung wie die kulturelle Flexibilität deutscher Unternehmen.

Diese Forderung ist ausdrücklich nicht dem Mangel an deutschen Fachkräften geschuldet, den viele unserer Fallstudienunternehmen schon heute beklagen – dies ist ein schwerwiegendes Problem, auf das die politischen Handlungsempfehlungen ausführlich eingehen. Nein: Auch wenn wir ausreichend deutsche Fachkräfte hätten, bräuchten wir den internationalen Input. Wir sollten keine Angst davor haben, dass dadurch unsere deutschen Stärken, auf die wir im abschließenden Abschnitt 2.10 zu sprechen kommen, verwässert werden oder gar Know-how abgezogen wird, weil Menschen später wieder in ihr Heimatland zurückkehren. Stattdessen sollten deutsche Unternehmen ausländische Spitzenkräfte ausdrücklich als Bereicherung ansehen. Sie steigern die Wettbewerbsfähigkeit der deutschen Unternehmen – und zwar so sehr, dass dadurch für deutsche Spitzenkräfte ebenfalls Beschäftigungspotenziale geschaffen werden.

2.8 Dienstleistungen um Industrieprodukte herum entwickeln und Systemlösungen anbieten

Das Angebot an Dienstleistungen hat sich in Deutschland zwar gebessert – hier sind uns andere aber deutlich voraus. Sehr gut sind wir aber, wenn es darum geht, physische Produkte um Dienstleistungen zu erweitern, also Güterbündel um ein Industrieprodukt als Kern zu entwickeln. Dies beginnt schon damit, Hardware um Softwarekomponenten zu erweitern und ihr so Intelligenz zu verleihen. Ein typisches Beispiel sind „Embedded Systems“, die im Auto zahlreiche Funktionen steuern – ein Bereich, in dem deutsche Unternehmen führend sind.

In den Serviceleistungen, die mit dem Produkt angeboten werden, steckt wesentliches Know-how – sei es Software oder zum Beispiel die Beratungsleistung bei der Bedienung komplexer Maschinen oder Geräte, man denke hier nur an Druckmaschinen oder medizinische Geräte. Die Entwicklung dieser Leistungen gehört eindeutig auch zu Systemkopf-Funktionen und ist natürlicherweise eng an die Entwicklung der Hardware gekoppelt. Zwar können Standardaufgaben – zum Beispiel im Bereich der Softwareprogrammierung – ausgelagert werden. Anspruchsvolle Entwicklungsaufgaben, welche die Funktionalität des physischen Produkts unmittelbar betreffen, bleiben aber eine Domäne der Entwickler vor Ort: Hier entsteht ein zusätzliches Beschäftigungspotenzial für deutsche Spezialisten am Systemkopf.

Die Erweiterung physischer Produkte um Dienstleistungen kommt der immer stärkeren Nachfrage von Kunden nach Systemlösungen entgegen. Sie ist deshalb für deutsche Unternehmen so interessant, weil sie auf dem Know-how der Hardwarekomponenten aufbaut. An eine Stärke wird also eine weitere Stärke angedockt, anstatt eine Stärke für eine andere aufzugeben. Diese Entwicklung ist schon deswegen wichtig, weil Deutschland als industriefreie Dienstleistungsgesellschaft gar keine Perspektive hat. Unternehmensnahe

Dienstleistungen brauchen die Nähe zur Produktion – und umgekehrt. Den Weg, hochwertige Produkte um hochwertige Dienstleistungen zu ergänzen, müssen deutsche Unternehmen konsequent weiterverfolgen.

2.9 Kooperationen regional wie international nutzen, Universitäten besser einbinden

Kooperationen können Unternehmen im Wettbewerb entscheidende Vorteile verschaffen. Unternehmen sollten daher Kooperationen sowohl auf regionaler als auch auf internationaler Ebene ins Auge fassen. Regionale Kooperationen lassen sich oft schnell initiieren und funktionieren in der Regel gut, weil die Partner sich kulturell gut verstehen, weil sie schon sehr lange zusammenarbeiten und weil sie sich gemeinsam mit der Region identifizieren. Unsere Untersuchung hat gezeigt, dass gerade Systemkopf-Unternehmen häufiger als andere Unternehmen in lokale Zulieferer-, Produktions- oder Entwicklungsverbünde eingebunden sind und diese ganz konkret steuern. Die Vorteile der Nähe – zum Beispiel die kurzen Wege und das persönliche Vertrauen, das aufgebaut werden kann – spielen offensichtlich eine große Rolle.

Regionale Kooperationen sind jedoch kein hinreichendes Erfolgsmuster: Wenn Unternehmen mit Partnern aus der Region erfolgreich sind, müssen sie dennoch den Blick darüber hinauswerfen. Loewe ist tief verwurzelt in Kronach und bezieht dennoch 80 Prozent seines Beschaffungsvolumens aus dem Ausland und kooperiert intensiv mit Sharp. Ähnlich handeln andere der von uns untersuchten Fallstudienunternehmen. Und wenn Partner aus der Region ohnehin nicht infrage kommen, richten auch Mittelständler wie Ribe ihren Blick in die Welt und kooperieren erfolgreich global.

Unsere Studie hat weiter gezeigt: Besonders erfolgsträchtig ist die Verknüpfung von Kooperationen auf Unternehmensebene mit Kooperationen im Bereich der Wissenschaft und Forschung. Die Systemkopf-Unternehmen machen es vor. Hier gilt es, ein großes Potenzial auszuschöpfen. Zwar arbeiten heute schon gut 30 Prozent unserer großen Unternehmen eng mit Universitäten bei Innovationen zusammen, aber erst 7 Prozent der mittelständischen Firmen. Warum erst so wenige? Diese offensichtlichen Berührungsängste – vermutlich auf beiden Seiten – müssen wir überwinden.

2.10 Selbstbewusst auf die „deutschen Stärken" bauen

Deutsche Unternehmen können weltweit nur durch besseres Know-how konkurrieren. Innerhalb der Wertschöpfungskette schlägt sich dieses Know-how insbesondere in den Systemkopf-Funktionen nieder – daher sind sie für die deutschen Unternehmen und damit für unsere Volkswirtschaft so wichtig. Mit innovativen Produkten hoher Qualität sind deutsche Unternehmen global erfolgreich. Diese Erkenntnis müssen sich die Unternehmen immer wieder vor Augen führen. Dies fällt möglicherweise in der aktuellen Situation, in der es den meisten Unternehmen sehr gut geht, leicht. Innovationen und hohe Qualität zahlen sich aber auch aus, wenn die Konjunktur schlechter läuft.

Es ist wichtig, sich der „deutschen Stärken" bewusst zu sein, die sich bei Produkten in Eigenschaften wie Zuverlässigkeit, Sicherheit, Qualität, Langlebigkeit, Innovationsstärke, Individualität und Design widerspiegeln. Das Wissen um die eigenen Stärken verleiht

Selbstbewusstsein, auf dem Unternehmen aufbauen können. Dann müssen sie nicht dem Mainstream des Marktes folgen, sondern können erfolgreich ihren eigenen Weg gehen, selbst Trends setzen und Vorreiter sein. Deutsche Produkte erleben im Ausland höchste Anerkennung – das zeigen zum einen die deutschen Exporterfolge, zum anderen hat fast jeder schon erlebt, wie sehr deutsche Produkte gelobt werden, wenn man sich im Ausland aufhält und mit den Menschen spricht.

Es soll hier keinem übersteigerten und ungerechtfertigten Selbstbewusstsein das Wort geredet werden – das ist gefährlich, weil es schnell zu Selbstzufriedenheit führt. Vielmehr geht es darum, auf den einzigen Weg zu verweisen, den deutsche Unternehmen nehmen können: Nur Wissen und Kompetenzen sichern ihren Erfolg. Diesen Weg können sie mit breiter Brust beschreiten, sie dürfen ihn aber nicht verlassen. Mit Billigproduzenten können deutsche Unternehmen nicht konkurrieren. Und wenn man einmal den Pfad der Qualitätsproduktion verlassen hat, kommt man nicht mehr zurück: Das Know-how wäre verloren und man würde vom Markt nicht mehr als Qualitätsanbieter anerkannt. Deswegen ist es auch äußerst wichtig, weiterhin auf Qualität zu setzen, wenn man Produktion im Ausland aufbaut. Die dortigen Mitarbeiter müssen intensiv geschult werden. Und es müssen effiziente Qualitätssicherungsmaßnahmen aufgesetzt werden, damit das Qualitätsniveau der deutschen Werke auch im Ausland erreicht wird.

Zum Glück für deutsche Unternehmen ist der weltweite Markt für Qualitätsprodukte groß. Und er wird in Zukunft weiter wachsen: In Indien und China – und natürlich auch in anderen Schwellenländern – beginnt sich eine immer größere Mittelschicht herauszubilden: Das sind viele neue Kunden für deutsche Produkte.

Dabei bedeutet die Konzentration auf Know-how nicht, dass sich deutsche Unternehmen von der Produktion in Deutschland gänzlich verabschieden sollten. Im Gegenteil: „Made in Germany“ bleibt ein Markenzeichen. Hochwertige Produktion in Deutschland bleibt wichtig, damit Forschung und Entwicklung hierzulande nicht im luftleeren Raum agieren. Bei optimaler Produktionseffizienz hat selbst die Massenproduktion hochwertiger Teile in Deutschland eine Zukunft, wie das Beispiel der Zündkerzenproduktion von Bosch in Bamberg zeigt.

3 Handlungsempfehlungen für die Politik

Systemkopf-Unternehmen agieren global. Sie sind im Grundsatz relativ standortungebunden und damit auch ein Stück weit unabhängig von der nationalen Wirtschaftspolitik. Umso wichtiger ist es, dass eine standortbezogene Wirtschaftspolitik ihre Interessen berücksichtigt. Je besser die Rahmenbedingungen für Systemköpfe an einem Standort sind, desto eher münzen sich ihre Wertschöpfungspotenziale in Wachstum und Beschäftigung um. Eine hochentwickelte Volkswirtschaft wie die deutsche mit ihrem hohen Wohlstandsniveau, ihren ausgeprägten Sozial- und Umweltstandards und letztlich auch ihren hohen Ansprüchen der Menschen an Einkommen und Beschäftigung kann ihr Level in der globalen Arbeitsteilung nur halten, wenn sie es versteht, die Systemköpfe im Land zu halten und sich entwickeln zu lassen. Systemköpfe sind für den Standort Deutschland nicht alles, aber ohne sie gäbe es vieles andere nicht. Welche politisch gestaltbaren Rahmenbedingungen für Systemköpfe besonders relevant sind, wird auf den folgenden Seiten dargestellt.

3.1 Die Wirtschaftspolitik konsequent auf Wertschöpfung ausrichten

Wirtschaftspolitisch geht es im Kern darum, so viel Wertschöpfung wie möglich am Standort Deutschland (wieder) rentabel zu machen. In welchen Sektoren diese Wertschöpfung erfolgt, ist zunächst einmal zweitrangig. Jede wirtschaftliche Aktivität, mit der sich am Markt Einkommen erzielen lässt, sollte willkommen sein. Das Spektrum reicht von einfachen Dienstleistungen mit geringen Qualifikationsanforderungen bis hin zu integrierten Problemlösungskonzepten, kombiniert aus technologieintensiven Industriegütern und komplementären industrienahen Dienstleistungen. Systemkopf-Funktionen bilden dabei die Spitze der Wertschöpfungspyramide. Wirtschaftspolitik, die in diesem Sinne erfolgreich sein will, muss in all ihren Bereichen wertschöpfungsorientiert sein.

Eine wertschöpfungsorientierte Wirtschaftspolitik darf keinem verengten Leitbild anhängen, das Begriffe wie Informations-, Wissens- oder Dienstleistungsgesellschaft suggerieren. Ein so komplexes und bevölkerungsreiches Land wie Deutschland kann es sich nicht wie kleinere Länder leisten, seine Wirtschaftsstruktur auf einige wenige Bereiche zu konzentrieren. Volkswirtschaftliche Nischenstrategien (beziehungsweise sektorale Spezialisierungsstrategien) sind für die drittgrößte Industrienation und die größte Exportnation der Welt nicht erfolgversprechend. Auch eine alleinige Fokussierung auf die Systemköpfe wäre nicht sinnvoll. Der Wertschöpfungsstandort Deutschland muss für die Informations-, Wissens- und Dienstleistungsgesellschaft attraktiver gemacht werden und für die Industriegesellschaft attraktiv bleiben.

Dass bisherige Wertschöpfungsprozesse – also das Schaffen von Werten durch Investieren und Produzieren – und damit Beschäftigungsmöglichkeiten an etablierten Produktionsstandorten infrage gestellt werden, ist angesichts des Strukturwandels und bei zunehmender Verflechtung der Weltwirtschaft normal und akzeptabel. Zum Problem wird dies dadurch, weil es häufig nicht gelingt, neue Wertschöpfungsprozesse in Deutschland rentabel zu machen. Das muss sich ändern. Mehr Wertschöpfung rentabel zu machen heißt, den verteilbaren Kuchen so groß wie möglich werden zu lassen. In dem Maße, wie dies gelingt, entschärfen sich auch die latent immer vorhandenen Verteilungskonflikte. Aus einem größeren Kuchen lassen sich mehr Ansprüche bedienen als aus einem kleineren.

Umso erstaunlicher, dass in der Politik, aber auch in gesellschaftlichen Gruppen wie den Gewerkschaften und den Kirchen, das Verteilungsdenken (wieder) so eindeutig dominiert. Selten hört man aus diesen Gruppen ein überzeugendes Plädoyer für mehr Wertschöpfung. Die Politik bemüht zwar zumindest rhetorisch gelegentlich das Wertschöpfungsvokabular. Die neuen Grundsatzprogramme der beiden großen Volksparteien sprechen jedoch überdeutlich eine Sprache der Umverteilung. Eine wertschöpfungsorientierte Wirtschaftspolitik kann Unternehmern und Bürgern wieder Vertrauen und Zuversicht vermitteln. Sie verdeutlicht, wieso es sich lohnt, unser Wirtschafts- und Gesellschaftssystem grundlegend, das heißt strukturell zu reformieren. Sie hilft, solche einschneidenden Strukturreformen als Investition in die Zukunft zu begreifen.

3.2 Die Globalisierung nicht verteufeln, sondern nutzen und gestalten

Die Globalisierung der Wirtschaft ist der vermutlich folgenreichste Megatrend der strukturellen Entwicklung. Sie hat für eine außenhandelsintensive, industriegeprägte Volkswirtschaft wie Deutschland tiefgreifende Konsequenzen. Größeren Chancen durch die allseitige Öffnung von Märkten stehen erhöhte Risiken aus einer Verschärfung des Wettbewerbs entgegen. Wertschöpfungsketten werden weltweit anders zusammengesetzt, regionale Standortbindung der Unternehmen geht verloren. Die Standorte selbst treten in einen intensiven Wettbewerb um knappe und mobile Produktionsfaktoren. Aufgrund der zunehmenden Öffnung der nationalen Kapital-, Güter- und Dienstleistungsmärkte gewinnen neben dem klassischen Handel mit Gütern auch die Direktinvestitionen, der Handel mit Dienstleistungen und Finanzmarkttransaktionen als Parameter der Globalisierung an Bedeutung. Systemköpfe stehen im Fokus der Globalisierung. In der weltweiten Neuausrichtung der Wertschöpfungsketten spielen sie eine prägende Rolle.

Leider dominieren Ängste die Diskussion um die Globalisierung. Sie wird von vielen vorrangig als Bedrohung von Wohlstand und Sicherheit empfunden. Die Tatsache, dass der bisherige Verlauf der weltwirtschaftlichen Öffnung und Integration der Menschheit eine gigantische Wohlstandssteigerung ermöglicht hat, gerät allzu leicht in Vergessenheit. Die Frage, wo die Volkswirtschaften der Welt heute stünden, wenn sie sich nicht zu dem Netzwerk der internationalen Arbeitsteilung formiert hätten, wird nicht gestellt, geschweige denn beantwortet. Die Antwort wäre jedoch klar: Das Wohlstandsniveau wäre weltweit deutlich geringer, ebenso die sozialen Standards sowie die Leistungsfähigkeit von Wissenschaft und Kultur. Eine Welt aus geschlossenen Ökonomien wäre außerdem wohl auch kaum sicherer als eine Welt mit intensivem Austausch und offenen Grenzen.

Am unmittelbarsten wird die Globalisierung dort als Bedrohung und Verlust empfunden, wo Menschen ihren Arbeitsplatz verlieren, ohne dass ihnen gleichzeitig neue Beschäftigungschancen zuwachsen. Die Verlustempfindungen sind verständlich und nachvollziehbar, ebenso die Reaktionen, die sich daraus ableiten – seien es Proteste von Arbeitnehmern oder Versuche von Unternehmen, die Politik zu Abwehr- oder Erhaltungsmaßnahmen zu motivieren. Erhaltung und Abschottung sind jedoch die falschen Wege. Nicht das, was im Prozess der Globalisierung wegfällt, ist das Problem, sondern das, was nicht neu hinzukommt. Globalisierung positiv zu gestalten und die Nutzung ihrer Chancen zu ermöglichen, ist vorrangige politische Gestaltungsaufgabe. Die Bewältigung des strukturellen Wandels wird zum ökonomischen Imperativ.

Veränderungsbereitschaft wird zum Schlüssel der Zukunftssicherung. Veränderungsmanagement heißt der zentrale Handlungsansatz für Politik, Wirtschaft und Gesellschaft. Hierzu gehört auch, der Bevölkerung zu verdeutlichen, warum Wandel und nicht Stillstand die attraktivere Zukunftsperspektive ist. Nur wenn den Menschen der Wandel als lohnend erscheint, werden sie die notwendige Veränderungsbereitschaft aufbringen. Der Strukturwandel war nie ein Nullsummenspiel, er wird auch in Zukunft kein Nullsummenspiel sein. Gerade der nunmehr ins dritte Jahr gehende Wirtschaftsaufschwung belegt den Chancenreichtum der Globalisierung. Deutschland hat sich als eindeutiger Globalisierungsgewinner erwiesen. Deutsche Unternehmen, allen voran die Systemköpfe, nutzen die Globalisierungschancen. Deutschland hat profitiert, wie sich an der positiven Wachstums- und Beschäftigungsperformance ganz eindeutig ablesen lässt.

Dies müsste die Wirtschaftspolitik vermitteln, statt weiter Globalisierungsängste zu schüren und facettenreiche Globalisierungsbremsen zu ersinnen. Nie war es für die Politik einfacher, die Menschen von der Globalisierung zu überzeugen, als in der gegenwärtigen Phase eines kräftigen globalisierungsgetriebenen Aufschwungs, der immer mehr Menschen erreicht. Ein weltoffenes und globalisierungsfreundliches Klima in einer Volkswirtschaft gehört zu den weichen Standortfaktoren, die gerade für die Spitze der Wertschöpfungskette – die Systemkopf-Unternehmen – von ganz zentraler Bedeutung sind. Warum sollen diese Unternehmen einem Standort mit globalisierungskritischer Grundstimmung die Treue halten? Den Systemköpfen stehen im Globalisierungswettbewerb alle Optionen offen, und sie machen von diesen Gestaltungsoptionen auch Gebrauch. Die Wirtschaftspolitik hat es in der Hand, die Rahmenbedingungen und das gesellschaftliche Klima so zu gestalten, dass Systemkopf-Unternehmen sich am Standort heimisch fühlen und sich entfalten können.

3.3 Die Marktwirtschaft stärken, das Unternehmertum aufwerten

Marktwirtschaftliche Ökonomien mit ihrer ausgeprägten Rolle des freien Unternehmers haben sich bei der Bewältigung des strukturellen Wandels eindeutig als überlegen erwiesen. In Deutschland hat das Vertrauen in die Steuerungskräfte des Marktes allerdings erheblichen Schaden erlitten. Dies belegen nicht nur aktuelle demoskopische Umfragen. Auch beim Blick in die neuen Grundsatzprogramme der großen Volksparteien drängt sich dieser Eindruck auf. Das ist – gerade in Zeiten starker Veränderung – eine fatale Entwicklung. Verbreitetes Misstrauen in den Markt lässt die Bereitschaft steigen, marktwirtschaftliche durch politische Steuerung zu ersetzen. Die Grundidee der Sozialen Marktwirtschaft, die eines wettbewerblich über Marktprozesse organisierten hochproduktiven Wirtschaftssystems, das durch geeignete Mechanismen zur Gewährleistung sozialer Sicherheit ergänzt wird, ist seit Begründung dieses Wirtschaftssystems durch Ludwig Erhard stetig erodiert. Die soziale Komponente wurde immer weiter ausgeweitet, die ökonomische Komponente immer weiter zurückgeschraubt. Eine Re-Ökonomisierung unserer Gesellschaft ist das Gebot der Stunde, wenn es um die Implementierung einer wertschöpfungsorientierten Wirtschaftspolitik geht.

Die Marktwirtschaft hat auch, wie gelegentlich behauptet, keine ethisch-moralischen Defizite. Kein anderes Wirtschaftssystem geht so sparsam mit knappen Ressourcen um, berücksichtigt so gründlich die Bedürfnisse einer nachhaltigen Entwicklung, versorgt die Menschen so umfassend mit leistungsfähigen und preiswerten Produkten und Dienstleistungen, schafft so viel Wohlstand und Arbeitsplätze. All diese Leistungen sind moralisch und ethisch höchst anspruchsvoll. Es waren eben auch nicht nur wirtschaftliche Effizienzgründe, welche die Begründer der Sozialen Marktwirtschaft bewogen hatten, dieser ökonomischen Ordnung den Vorzug einzuräumen, sondern auch ethische Erwägungen. Chancengleichheit, Leistungsgerechtigkeit, individuelle Freiheit verbinden sich eher mit der Sozialen Marktwirtschaft als mit einer Zentralverwaltungsökonomie. Und letztlich ist auch die Fähigkeit zum sozialen Ausgleich in einer Marktwirtschaft höher, weil der für soziale Zwecke verteilbare Kuchen des Sozialprodukts größer ausfällt.

Nach wie vor ist das Regulierungs-, Subventionierungs- und Interventionsbedürfnis im politischen System Deutschlands ausgeprägter als die Bereitschaft, staatliche Eingriffe in das Wirtschaftsgeschehen wirklich zurückzunehmen. Mehr noch: Der Hang zu staatlichem Interventionismus nimmt augenscheinlich zu. Vorboten einer regelrechten „Verbotskultur“ in der Politik sind nicht zu übersehen. Von der mentalen Verinnerlichung der Marktwirtschaft her ist Deutschland für die notwendigen Veränderungen in einer globalisierten Weltwirtschaft nicht ausreichend gerüstet. Marktwirtschaftliche Erneuerung ist dringend erforderlich, letztlich auch, um sozialen Zielsetzungen wieder besser gerecht werden zu können. Dies ergibt sich schon aus der grundgesetzlich verankerten Sozialbindung des Privateigentums in der Sozialen Marktwirtschaft. Diese Sozialbindung darf jedoch den für eine funktionierende marktwirtschaftliche Ordnung so wichtigen und prägenden Grundcharakter des Eigentums nicht infrage stellen. Wenn der Sozialstaatsgedanke überstrapaziert wird, kann das Privateigentum seine Anreiz- und Lenkungswirkung im Wirtschaftssystem nicht mehr erfüllen.

Aus der Systemkopf-Perspektive gehört auch die marktwirtschaftliche Orientierung einer Volkswirtschaft zu den weichen, aber umso bedeutenderen Standortfaktoren. Warum sollen sich Systemkopf-Unternehmen in einer Gesellschaft engagieren, in der die Marktwirtschaft als Raubtierkapitalismus betrachtet, in der Investoren als Heuschrecken diffamiert, in der Gewinne auf weltmarktüblichem Niveau mit Ausbeutung und Ungerechtigkeit gleichgesetzt und in der die Investitionsfreiheit beschränkt werden soll? Vernünftige Gründe fallen einem nicht ein. Die Wachstums- und Beschäftigungspotenziale der Systemköpfe werden sich nur dann am Standort halten und mobilisieren lassen, wenn das marktwirtschaftliche Umfeld stimmt, wenn das Unternehmertum geschätzt wird, wenn Gewinne als verdiente Risikoprämie und Erfolgsbelohnung angesehen werden. Dies zu vermitteln, gehört zu den wichtigsten Gestaltungsaufgaben einer wertschöpfungsorientierten Wirtschaftspolitik.

3.4 Kostennachteile abbauen, Prozesse flexibilisieren

Unternehmen, allen voran die Systemköpfe, stellen sich mit ihren Wertschöpfungsketten zunehmend weltweit auf. Wo die einzelnen Glieder angesiedelt werden, hängt auch von den Kostenstrukturen der einzelnen Standorte ab. Für eine wertschöpfungsorientierte Standortpolitik bedeutet dies: Kosten und Qualität am Standort Deutschland müssen ins Lot gebracht werden. Nur so kann Deutschland seine Position als einer der führenden Wirtschaftsstandorte halten. Notwendig ist eine Doppelstrategie: Die erste Strategiesäule nimmt Standortfaktoren ins Visier, bei denen Deutschland in der internationalen Arbeitsteilung komparative Wettbewerbsnachteile hat. Diese müssen konsequent abgebaut werden. Im Fokus stehen dabei die Unternehmenssteuern, die Arbeitskosten und die Bürokratielasten. Die zweite Strategiesäule fokussiert auf Standortfaktoren, bei denen Deutschland im internationalen Wettbewerb komparative Vorteile hat oder haben könnte. Diese gilt es konsequent auszubauen und in Wertschöpfungs- und Beschäftigungspotenziale umzusetzen. Bildung, Forschung, Innovation und Infrastruktur stehen dabei im Mittelpunkt.

Beide Säulen markieren zwei Seiten ein und derselben Medaille. Beide Säulen sind für eine erfolgreiche, auf mehr Wertschöpfung orientierte Wirtschaftspolitik gleichermaßen wichtig, beide bedürfen offensiven Handelns.

Ein wertschöpfungsorientiertes Steuersystem muss stärker auf die Einkommensverwendung fokussieren, statt die Einkommensentstehung über Gebühr zu belasten. Wertschöpfung fördern und nicht behindern – das muss die Grundrichtung sein. Die Unternehmenssteuerreform hat zwar zu einer deutlichen Absenkung der Steuersätze geführt. Dies wurde aber durch diverse Maßnahmen zur Verbreiterung der Bemessungsgrundlage teuer erkauft. So bleibt die angepeilte Nettoentlastung der Wirtschaft in Höhe von rund 5 Milliarden Euro pro Jahr denn auch weit hinter den Notwendigkeiten zurück. Eine nachhaltige Änderung des Investitionsverhaltens lässt sich so nicht erreichen. Dies wirkt umso schwerer, da einige Elemente zur Verbreiterung der Bemessungsgrundlage gerade aus Sicht weltweit operierender Systemkopf-Unternehmen total kontraproduktiv sind. Hierzu zählen insbesondere die auf eine Substanzbesteuerung hinauslaufende Einführung einer Zinsschranke, die Verschärfungen der Mantelkaufregelungen und vor allem die vorgesehene Besteuerung sogenannter Funktionsverlagerungen. Die Unternehmenssteuerreform kann daher nicht als abgeschlossen betrachtet werden, vielmehr besteht akuter Nachbesserungsbedarf. Auch für Holdinggesellschaften muss der Steuerstandort Deutschland gestärkt werden.

Die Arbeitskosten sind wohl derjenige defensive Standortfaktor, bei dem Deutschland nach wie vor die augenfälligsten komparativen Wettbewerbsnachteile hat. Dies gilt gleichermaßen für die beiden großen Komponenten der Arbeitskosten: den Direktlohn und die Personalzusatzkosten. Der Direktlohn wird in erster Linie durch die Lohnpolitik – assistiert durch die Arbeitsmarktordnung – determiniert. Der entscheidende Bestimmungsgrund der Personalzusatzkosten ist die Sozialpolitik. Zwar hat die Lohnpolitik in den vergangenen Jahren eindeutig moderat gewirkt und so zur positiven Beschäftigungsentwicklung maßgeblich beigetragen. In jüngster Zeit hat sie diesen Kurs aber wieder verlassen, die Lohnstückkosten beginnen wieder zu steigen. Die Lohnpolitik muss unbedingt auf einen moderaten Kurs zurückkehren, zudem muss sie für mehr Differenzierung und Flexibilisierung sorgen. Standortverlagerungen aus (Arbeits-)Kostengründen muss auch lohnpolitisch entgegengewirkt werden.

Hand in Hand mit der moderaten Lohnpolitik in Deutschland verliefen in den vergangenen Jahren strukturelle Reformen der Arbeitsmarktordnung. Die auf die Agenda 2010 zurückgehenden Erleichterungen beim Kündigungsschutz, die Flexibilisierungen bei der Arbeitnehmerüberlassung, die Neuausrichtung der Bundesagentur für Arbeit und die Neujustierung des Prinzips „Fördern und Fordern“ beim Bezug von Lohnersatzleistungen haben ebenfalls ihre positiven Wirkungen auf dem Arbeitsmarkt nicht verfehlt. Umso erstaunlicher und kontraproduktiver, dass die Politik bestrebt ist, diese Reformen schrittweise zurückzudrehen – und das just zu einem Zeitpunkt, wo die ersten Beschäftigungsimpulse sichtbar werden. Dieser Kehrtwende in der Arbeitsmarktpolitik muss Einhalt geboten werden. Gesetzliche Mindestlöhne, die Ausweitung von Entsendegesetz und Allgemeinverbindlichkeitserklärungen sowie Einschränkungen bei der Leiharbeit sind unter Wertschöpfungsaspekten die völlig falschen Signale.

Besonders drückend sind im internationalen Vergleich die Personalzusatzkosten am Standort Deutschland. Zwar wurde der Beitragssatz zur Arbeitslosenversicherung gesenkt. Durch Beitragssatzsteigerungen in der Renten-, Kranken- und Pflegeversicherung wurde dies jedoch nahezu kompensiert. Um die Personalzusatzkosten in Deutschland auf ein international vergleichbares Niveau abzusenken, müssen die bei der Bundesagentur für Arbeit aufgelaufenen Überschüsse zu einer stärkeren Beitragssatzsenkung genutzt werden. Durch den Ausbau der privaten Altersvorsorge sind in der Rentenversicherung Beitragssenkungsspielräume zu erschließen, ebenso wie in der Gesetzlichen Krankenversicherung, wo eine insgesamt stärkere Wettbewerbsorientierung im Gesundheitssystem das passende Instrument ist.

Auch Systemkopf-Unternehmen beklagen die ausgeprägte Bürokratie am Standort Deutschland. Mit dem Normenkontrollrat und der systematischen Ermittlung der Kosten von staatlich induzierten Informationspflichten hat die Bundesregierung einen neuen Ansatz zum Bürokratieabbau gewählt. Die Messungen sind abgeschlossen, ein Belastungsvolumen in der Größenordnung von 30 Milliarden Euro pro Jahr liegt auf dem Tisch. Nun muss die eigentliche politische Arbeit beginnen. Messen von Bürokratie ist das eine, Abbau von Bürokratie das andere. Gerade international aufgestellte Unternehmen – und hier in besonderer Weise die Systemköpfe – haben vielfältige Optionen, sich übermäßiger bürokratischer Gängelung zu entziehen, zum Beispiel durch Standortverlagerung. Dies darf eine wertschöpfungsorientierte Wirtschaftspolitik nicht zulassen.

3.5 Infrastrukturelle Voraussetzungen der Wertschöpfung verbessern

Zu den Produktivkräften, die das wirtschaftliche Wachstum stimulieren, gehören neben einem hochmodernen Kapitalstock für die Produktion, qualifizierter menschlicher Arbeit und der Verfügbarkeit von Wissen eine leistungsfähige Infrastruktur. Die Infrastruktur einer Volkswirtschaft bildet gewissermaßen den Nährboden für den Wachstumspfad dieser Ökonomie. Ist die Infrastruktur gut ausgebaut, kann der Wachstumspfad hoch verlaufen. Wird zu wenig in die Infrastruktur investiert, fällt das Wachstumspotenzial geringer aus. Der Infrastruktur kommt daher im Rahmen einer wertschöpfungsorientierten Strategie eine Schlüsselrolle zu. Dies gilt insbesondere vor dem Hintergrund, dass im Zuge des strukturellen Wandels Wertschöpfungsketten verstärkt zerlegt und global neu zusammengesetzt werden. Dies setzt leistungsfähige Infrastrukturen in den beteiligten Ländern geradezu zwingend voraus. Systemkopf-Unternehmen mit ihrer Konzentration auf die höherwertigen Teile der Wertschöpfungskette brauchen nicht nur hierzulande eine leistungsfähige Infrastruktur, sie erwarten sie auch an dem Standort, an dem sie sich niederlassen.

Zu den vernachlässigten strategischen Infrastrukturbereichen gehört in vorderster Front der Verkehr. Qualität und Kosten des Transports zählen zu den entscheidenden Determinanten der Standortwahl von Unternehmen. Im globalen Wettbewerb ist ein modernes und flächendeckendes Verkehrssystem ein strategischer Vorteil, der das Wachstums- und Beschäftigungspotenzial einer Volkswirtschaft entscheidend mitbestimmt. Die Verkehrsinfrastruktur ist das Instrument, um die natürlichen Mobilitätsbedürfnisse der Menschen zu befriedigen, aber auch um den steigenden Mobilitätsbedarf einer expandierenden

Wirtschaft abzudecken. Logistik ist einer der Jobmotoren der Zukunft. Schon heute sind dort rund 8 Prozent der Erwerbstätigen beschäftigt und werden etwa 7 Prozent der inländischen Wertschöpfung erwirtschaftet. Anders als der Energieverbrauch und die Umweltbeanspruchung lassen sich Verkehrsleistungen nicht so ohne Weiteres vom Wirtschaftswachstum abkoppeln. Im Gegenteil: Eine wachsende Wirtschaft ist in aller Regel mit erhöhtem Verkehrsaufkommen verbunden.

Dies gilt weltweit. Die zunehmende europäische und internationale Arbeitsteilung erfordert leistungsfähige Verkehrswege. Die Verkehrsinfrastrukturinvestitionen in Deutschland bleiben jedoch mit rund 9,5 Milliarden Euro weit hinter dem jährlichen Bedarf von 12 Milliarden Euro zurück. Ein Lösungsansatz wäre, die Einnahmen aus der Lkw-Maut in voller Höhe dem Verkehrsetat zuzuweisen. Weiterhin müssen die bestehenden Kapazitätsengpässe an großen Flughäfen zügig überwunden werden. Dazu gehört auch, den Flickenteppich nationaler Flugsicherungen in einen einheitlichen europäischen Luftraum zu überführen. Mit Blick auf die Seehäfen sollten die land- und seeseitigen Zufahrten schnell ausgebaut werden. Bei der Bahn kommt es auf neue Anreizstrukturen für echten Wettbewerb und eine EU-weite Harmonisierung technischer Systeme an. Angesichts des dynamischen Verkehrswachstums ist es darüber hinaus entscheidend, die Vernetzung von Straße, Schiene, Luft- und Wasserwegen durch Innovationen voranzutreiben.

Die Bereitstellung einer zukunftsfähigen Verkehrsinfrastruktur ist dabei nicht ausschließlich Aufgabe des Staates. Auch privates Engagement und Kapital sind hier gefordert. Public Private Partnerships (PPP) bieten gerade im Straßenbau ein erhebliches Potenzial für Kostensenkungen und Effizienzsteigerungen und sollten deutlich ausgebaut werden. Ausländische Erfahrungen sprechen eindeutig dafür. Was beim Bau und Betrieb von Krankenhäusern, Schulen, Rathäusern, ja sogar Gefängnissen funktioniert, kann auch im Straßenbau nützlich sein. Dabei geht es um weit mehr als um eine kurzfristige Entlastung der öffentlichen Haushalte, wie es den in Zeiten knapper Kassen so beliebten Sale-and-lease-back-Projekten eigen ist. Es geht vielmehr um die Nutzung unternehmerischen Know-hows bei Kostenmanagement, Projektbetrieb und Vermarktung.

3.6 Drei Schlüssel zur Zukunft: Bildung, Bildung, Bildung

Die Systemkopf-Funktionen in den Unternehmen sind fast durchgängig wissensintensiv. Systemköpfe sind die Wertschöpfungsspitze der Wissensgesellschaft. Bildung und die Generierung verwertbaren Wissens sind daher Schlüsselelemente einer wertschöpfungsorientierten Wirtschaftspolitik. Wissen steigert die Produktivität des Faktors Arbeit und ist damit eine wesentliche Grundlage für die Wertschöpfung in modernen Wissensgesellschaften. Je wertvoller das ökonomisch verwertbare Wissen ist, desto höher können Löhne und Gehälter sein, ohne dass es zu Arbeitslosigkeit kommt. Wohlstand und Beschäftigung aller Bürger hängen damit in hohem Maße davon ab, wie effizient die Entstehung, Verbreitung und Anwendung von Wissen in der Gesellschaft organisiert sind. Von einer wettbewerbsfähigen Wissensgesellschaft ist Deutschland allerdings noch sehr weit entfernt.

Die PISA-Studien haben verdeutlicht: Das allgemeine Bildungsniveau in Deutschland hält mit konkurrierenden Ländern nicht Schritt. Der Ingenieur- und der Fachkräftemangel bei gleichzeitig steigender Arbeitslosigkeit dokumentieren die geringe Neigung der Schüler und Studenten, sich den technologisch wichtigen Disziplinen der Natur- und Ingenieurwissenschaften zuzuwenden. Hohe Studienabbrecherquoten und Bildungsergebnisse an Hauptschulen, die für eine duale Berufsausbildung nicht ausreichen, beschreiben gravierende Ineffizienzen. Die Verschwendungen und Fehlentwicklungen bei der Entstehung, Verbreitung und Anwendung von Wissen, die in diesen Fakten zum Ausdruck kommen, kann sich Deutschland nicht länger leisten.

Die politisch-bürokratische Steuerung von Bildung und Wissenschaft hat nicht zu den gewünschten Ergebnissen geführt. Sie muss durch den Wettbewerb auf den Bildungsmärkten – auch um die öffentlichen Finanzmittel – ersetzt werden. Im Hochschulsektor sollte diese Umsteuerung zuerst vorgenommen werden. Der Wettbewerb um die finanziellen Ressourcen legitimiert den Verzicht auf politisch-bürokratische Kontrollinstrumente und setzt die Autonomie der Bildungseinrichtungen geradezu voraus. Denn ohne Autonomie über Finanzen, Personal, Profil und Investitionen ist der Erfolg im Wettbewerb auf Dauer nicht möglich. Autonomen Einrichtungen muss es dabei erlaubt sein, auf eigene Initiative zusätzliche Mittel am Markt einzuwerben und neue Tätigkeitsfelder zu erschließen. Für die Qualität der Bildung – und damit auch direkt für die Belange der wertschöpfenden Wirtschaft – kann das nur von Vorteil sein. Diese Perspektive wird dazu führen, dass die privaten Investitionen in Bildung und Wissenschaft steigen und damit die Basis für die Wertschöpfung der Zukunft gestärkt wird.

Gerade Systemkopf-Unternehmen sind auf hochqualifiziertes Personal angewiesen. Sie leiden daher besonders – vor allem im akademischen Bereich – unter dem Fachkräftemangel, der sich zur Wachstumsbremse entwickelt. Die deutliche Erhöhung der Studentenquote, vor allem in den technisch-naturwissenschaftlichen Fachrichtungen, die Erhöhung des Frauenanteils in diesen Disziplinen, die Minimierung von Studienabbrüchen und die permanente Weiterbildung der Beschäftigten stehen gerade aus der Systemkopf-Perspektive ganz oben auf der bildungspolitischen Agenda. Bis das deutsche Bildungssystem jedoch so aufgestellt sein wird, dass es diesen Forderungen nachkommen kann, wird es dauern. Kurzfristig ist daher auch eine arbeitsmarktorientierte Zuwanderungspolitik erforderlich. Die engstirnigen Restriktionen im deutschen Zuwanderungsgesetz sind hierfür kontraproduktiv. Insofern ist das Ziel der Blue-Card-Initiative der EU-Kommission, den Arbeitsmarkt für hochqualifizierte Arbeitskräfte zu öffnen, grundsätzlich zu begrüßen. Bei der Umsetzung der Initiative kommt es allerdings darauf an, dass auch weiterhin eine gezielte und am Bedarf der nationalen Arbeitsmärkte ausgerichtete Zuwanderung möglich ist.

3.7 Forschungs- und Innovationspotenziale stärker nutzen

Innovation ist der Schlüssel zur Lösung nahezu aller Probleme, mit denen sich die deutsche Wirtschaft und Gesellschaft heute konfrontiert sehen. Nur mit innovativen Produkten und Dienstleistungen werden unsere Unternehmen auf den Weltmärkten Marktchancen ausschöpfen können. Nur mit modernsten, ressourcensparenden Produktionsverfahren werden die Betriebe im internationalen Kostenwettbewerb bestehen können. Rentable, wettbewerbsfähige Arbeitsplätze werden vor allem in innovativen Bereichen angesiedelt sein, bei denen hohe Produktionskosten durch hohe Produktivität, Qualität und hohen Innovationsgehalt gedeckt sind. Auf einen nachhaltig höheren Wachstumspfad kommt Deutschland nur mit Erfolgen im Innovationswettbewerb. Systemköpfe werden den Standort Deutschland nur attraktiv finden, wenn er eine hervorragende Forschungsinfrastruktur zusammen mit einer für neue Technologien offenen Gesellschaft bietet.

Wie der vom BDI und der Telekom-Stiftung beim DIW in Auftrag gegebene Innovationsindikator 2007 belegt, ist die Innovationskraft am Standort Deutschland insgesamt nur mäßig. Vor diesem Hintergrund ist es im Grundsatz sinnvoll, dass die Bundesregierung eine Hightech-Strategie verfolgt, die Schwächen im Innovationssystem überwinden und dem Technologiestandort Deutschland neue Impulse geben soll. Die Identifikation von Zukunftstechnologien und Zukunftsmärkten muss aber dezentral in den Forschungslabors und in den Unternehmen geleistet werden. Hier ist das meiste Wissen darüber vorhanden, welches Potenzial in neuen Technologie-Entwicklungen steckt und was die Märkte verlangen. Aber auch auf dieser dezentralen Ebene gibt es kein gesichertes Zukunftswissen. Fehleinschätzungen und Flops sind hier genauso möglich und wahrscheinlich wie auf der Staatsebene. Aber es gibt einen fundamentalen Unterschied: Wenn der einzelne Forscher oder das einzelne Unternehmen mit einer neuen Idee scheitern, wird dies kompensiert durch die vielen Forscher und Unternehmen, deren Ideen Erfolg haben. Der Saldo von Scheitern und Erfolg ist positiv. Anders, wenn der Staat seine Ressourcen auf bestimmte Technologielinien, die vermeintlich zukunftsträchtig sind, konzentriert. Hat der Staat auf die falschen Pferde gesetzt, sind die Forschungsressourcen vergeudet, eine Kompensation gibt es in der Regel nicht. Dezentrale Suchprozesse nach erfolgreichen Innovationen bergen die Gefahr lokaler Flops. Zentrale Suchprozesse dagegen bergen die Gefahr globaler Flops.

Deutschland muss im internationalen Innovationswettbewerb zulegen. Dies ist zunächst einmal auch eine Frage der Ressourcen. Es müssen mehr Mittel für Forschung und Innovation eingesetzt werden. Und aus den eingesetzten Mitteln muss mehr an Forschung und Innovation generiert werden. Das Ziel, in Umsetzung der modifizierten Lissabon-Strategie wieder 3 Prozent des BIP für Forschung und Entwicklung auszugeben, muss mit höchster Priorität in nicht zu ferner Zeit realisiert werden. Insbesondere der Staat, dessen Finanzierungsanteil am FuE-Budget in der jüngsten Vergangenheit rückläufig war, muss hier wieder aufschließen. Aber auch privates Kapital muss noch stärker für FuE und Innovationen mobilisiert werden. Damit ist vor allem die Frage der Ertragskraft der Unternehmen angesprochen. Diese durch eine nachhaltige Senkung der Steuer- und Abgabenbelastung zu stärken, ist der wirksamste Anreiz für Unternehmen, mehr in FuE und die Umsetzung in Produkt- und Verfahrensinnovationen zu investieren.

Neben dem Einsatz von mehr Ressourcen kommt es vor allem auch darauf an, mehr aus den Ressourcen herauszuholen. Die Produktivität des Forschungs- und Innovationssystems muss erhöht werden. Dies gilt zuallererst für den Bereich der staatlichen Forschungsinfrastruktur, die vor allem noch stärker wettbewerblich organisiert werden muss. So wie Wettbewerb im Bereich der Wirtschaft für eine effiziente Ressourcenallokation sorgt und Innovationen vorantreibt, so ist auch im Wissenschafts- und Forschungsbetrieb Wettbewerb ein wichtiger Schlüssel zum Erfolg. Weniger Grundfinanzierung, mehr im Wettbewerb ausgeschriebene Projektmittel und Forschungsaufträge – das ist der Weg zu mehr Spitzenleistungen.

Nach verbreiteter Auffassung steckt Deutschland in einer Umsetzungsfalle. Aus vorhandenen Forschungsergebnissen wird zu wenig Innovation am Markt erzeugt. Hinzu kommt, dass die Umsetzung häufig nicht schnell genug erfolgt. Dabei spielt der Faktor Zeit heute im Innovationsprozess eine ganz entscheidende Rolle. Die Produktzyklen haben sich rasant verkürzt. Häufig besteht ein Innovationsvorsprung nur wenige Jahre, in denen der Innovationsaufwand verdient werden muss. Danach hat der nachstoßende Wettbewerb die Vorsprünge aufgeholt. Die eingeführte Forschungsprämie ist ein richtiger und noch ausbaufähiger Ansatz, die Zusammenarbeit von Wirtschaft und Wissenschaft zu stärken und so die Umsetzung neuer Forschungsergebnisse in marktfähige Produkte, Dienstleistungen und Verfahren zu intensivieren.

3.8 Cluster – Netzwerke der Wertschöpfung

Systemköpfe sind häufiger und intensiver als andere Unternehmen in regionale oder branchenmäßige Cluster eingebunden. Diese bieten durch die räumliche Nähe von anderen Unternehmen, Forschungseinrichtungen und Dienstleistern und ihr hohes Innovationspotenzial Standortvorteile. Ein solcher Cluster bringt den Unternehmen ganz offenbar einen spürbaren Mehrwert, er ist in der Gesamtheit mehr als die Summe seiner einzelnen Elemente. In Netzwerken und Clustern herrscht eine bessere Beschäftigungsentwicklung als in Branchen und Produktionen, die nicht in solche Verbünde integriert sind. Besonders erfolgreich sind Unternehmen, die in Wissensverbünden mit Forschungseinrichtungen kooperieren. Unter gesamtwirtschaftlichen Wertschöpfungsaspekten erhalten Cluster dadurch zusätzliche Bedeutung, dass sie über ihren eigenen Bereich hinaus auf ihr Umfeld abstrahlen und Multiplikatoreffekte entfalten.

Einige Beispiele können dies verdeutlichen. So belegen die Abstrahleffekte internationaler Messestandorte in Deutschland deutlich, wie messenahe Dienstleister für Beschäftigung und Wertschöpfung sorgen. Zudem zeigen sie, wie Cluster entstehen, die den Standort insgesamt begünstigen und auch für neue Messen attraktiv machen. Viele mittlere Großstädte in Deutschland versuchen, von diesen positiven regionalen Effekten einer stabilen Messelandschaft zu profitieren und drängen mit neuen Kapazitäten auf den Markt. Ein anderes Beispiel ist in der Logistik zu finden. Zentrale Flughäfen als logistische Drehscheiben sind Bereiche, die sich auch in Zeiten gesamtwirtschaftlich niedrigen Wachstums überdurchschnittlich gut entwickeln. Sie führen nahezu zwangsläufig zu einem regionalen Flughafencluster mit positiven Beschäftigungsfolgen weit darüber hinaus. Auch neu gegründete Branchenparks, zum Beispiel im Bereich der Biotechnologie oder der Medien, können als positive Beispiele für Abstrahl- und Multiplikatoreffekte angeführt werden. So zeigen zahlreiche erfolgreiche biotechnologische Cluster in Deutschland, dass vieles dafür spricht, Forschung und Entwicklung in räumlicher Nähe zur Produktion zu halten und auf diese Weise „Verklumpungen", auch in Kooperationen mit Universitäten und öffentlichen Forschungseinrichtungen, entstehen zu lassen. Der unter „Silicon Saxony" firmierende Mikroelektronikcluster im Dresdner Raum passt gut in diese Argumentationslinie.

Eine Analyse erfolgreicher Netzwerkstrukturen zeigt, dass Cluster nicht von oben herab erzeugt werden können. Sie müssen von unten aus den Branchen und Regionen heraus aufwachsen. Dies heißt nicht, dass die Wirtschaftspolitik hier keine Rolle spielt.

Die regionale Wirtschaftspolitik hat die Cluster genauso im Visier wie die staatliche Innovationspolitik. Immer muss es jedoch um Unterstützung gehen, nicht um Lenkung. Gelegentlich gewinnt man den Eindruck, die Wirtschaftspolitik überschießt in der Fokussierung auf Cluster. Falls dies so wäre, würde es durch die Befunde der vorliegenden Studie jedenfalls nicht gerechtfertigt. Netzwerke und Cluster sind wichtig, vor allem auch für die Systemköpfe, ihre Bedeutung als Erfolgsfaktor fällt jedoch hinter andere Größen zurück.

3.9 Märkte offen halten, Investitionsfreiheit sichern

Gerade unter Wertschöpfungsaspekten bereitet es Sorge, dass industriepolitische Interventionismen der verschiedensten Couleur wieder hoffähig, um nicht zu sagen staatstragend werden. Nach ihrer Blütezeit in den siebziger und frühen achtziger Jahren des vorigen Jahrhunderts steht die Industriepolitik möglicherweise vor einer Renaissance, sodass man durchaus von einer Neuen Industriepolitik sprechen könnte. Die im Adverb „möglicherweise“ enthaltene Unschärfe bezieht sich darauf, dass neuere industriepolitische Ansätze und Anläufe in den seltensten Fällen explizit unter dem Begriff „Industriepolitik“ firmieren. Aber unabhängig davon, unter welcher Flagge solche Bestrebungen segeln, der marktliche Allokationsmechanismus wird in der Konsequenz stets verzerrt. Im Kern sind derartige Staatsinterventionen mit marktwirtschaftlichen Ordnungsprinzipien nicht vereinbar. Dabei geht es in aller Regel nicht um die Korrektur von Marktversagen, sondern zumeist um die Korrektur von politisch unerwünschten Marktergebnissen oder um die Korrektur von Politikversagen. Letzteres kann dabei sowohl auf eigenes politisches Handeln in der Vergangenheit – die berüchtigte Interventionsspirale – als auch auf gezielte Staatseingriffe oder marktwidriges Verhalten anderer Staaten zurückzuführen sein.

Das Wiederaufleben industriepolitischer Neigungen hat vielfältige Ursachen und es gibt dafür viele Begründungen. Darunter spielt die Intensivierung des weltwirtschaftlichen Strukturwandels mit seinen gravierenden Umbrüchen in den Wertschöpfungsketten und den entsprechenden standortpolitischen Rückwirkungen eine prominente Rolle. Globalisierung und Informatisierung haben die Handlungsoptionen der Unternehmen, vor allem der Systemköpfe, enorm ausgeweitet, die Zahl der an der weltweiten Arbeitsteilung teilnehmenden Akteure hat beträchtlich zugenommen, die Intensität des globalen Wettbewerbs hat sich erheblich erhöht. Standortgebundene Produktionsprozesse und Arbeitsplätze sind so unter enormen Anpassungsdruck geraten. Die Anpassungsfähigkeit von Menschen, Unternehmen und ganzen Volkswirtschaften hält diesem Druck nur allzu oft nicht stand, was dann zuweilen den Ruf nach Industriepolitik nach sich zieht. Dieser Ruf kommt aus vielen Richtungen: mal vom Staat selbst, mal von den betroffenen Arbeitnehmern und ihren institutionellen Vertretern und in anderen Fällen auch von den tangierten Unternehmen.

Ordnungspolitisch ist hier äußerste Wachsamkeit geboten. Ein nachhaltig höherer Wachstumspfad für die deutsche Volkswirtschaft kann nur über eine Stärkung der Marktkräfte und die Nutzung von Marktchancen erreicht werden. Ein höheres Wachstumspotenzial kann und sollte nicht industriepolitisch herbeiinterveniert werden – und das nicht nur, weil eine solche Politik nicht in ein liberales marktwirtschaftliches Leitbild passt. Industriepolitik ist bislang in aller Regel den Nachweis ihres Erfolgs schuldig geblieben. Die zusätzlichen finanziellen und politischen Handlungsspielräume, die der unerwartete

Konjunkturaufschwung auch der Wirtschaftspolitik beschert, sollten nicht für neue Staatseingriffe, sondern für eine Verbesserung der Investitionsbedingungen genutzt werden.

Die aktuellen Bestrebungen des Staates, die internationale Investitionsfreiheit einzuschränken und Restriktionen für sogenannte Staatsfonds einzuführen, geht zumindest zu weit, wenn nicht gar in die völlig falsche Richtung. Deutschland profitiert wie kaum ein anderes Land von offenen Märkten. Unsere Unternehmen, insbesondere auch die Systemköpfe, sind auf das Kapital in- und ausländischer Investoren angewiesen. Zugleich sind deutsche Investitionen im Ausland ein Schlüssel für den Erfolg in der Globalisierung.

Der Schutz der nationalen Sicherheit ist ein legitimes politisches Anliegen. Er darf aber nicht als Vorwand für eine Diskriminierung bestimmter ausländischer Investoren missbraucht werden. Bereits heute bieten Außenwirtschaftsrecht und gesellschaftsrechtliche Instrumente Schutz vor unerwünschten Beteiligungen. Darüber hinaus sind Transparenz und Wettbewerb geeignete Instrumente, um Missbrauch zu begrenzen. Die Notwendigkeit zusätzlicher Regelungen muss genau begründet werden. Sofern eine weitere Beschränkung der Investitionsfreiheit wirklich notwendig ist, muss sie auf objektiven und nachprüfbaren Kriterien beruhen. Außerdem muss eine Regelung geeignet und verhältnismäßig sein, ihre Anwendung muss transparent und nicht diskriminierend erfolgen. Die Frage nach der richtigen Regulierung ausländischer Investitionen ist zudem kein rein nationales Problem. Beschränkungen der Investitionsfreiheit sollten einer gemeinsamen europäischen Linie entsprechen. In die richtige Richtung weist die beim G-8-Gipfel in Heiligendamm getroffene Entscheidung, im Rahmen der OECD Grundprinzipien eines Investitionsregimes zu erarbeiten.

3.10 Das „Plus" mobilisieren

Systemkopf-Funktionen bieten sowohl Unternehmen, die am Standort Deutschland operieren wollen, als auch dem Standort Deutschland selbst hohe Wertschöpfungspotenziale im Globalisierungswettbewerb. So hoch die Bedeutung des Systemkopf-Bereichs qualitativ zu veranschlagen ist, quantitativ bleiben seine direkten Wachstums- und Beschäftigungseffekte überschaubar. Eine stark ausdifferenzierte Volkswirtschaft mit über 80 Millionen Einwohnern und 40 Millionen Erwerbstätigen kann Wohlstand nicht allein über Systemkopf-Funktionen sichern. Zwar ist die Bedeutung von Forschung und Innovation für den Standort Deutschland unbestritten hoch. Gleichwohl stellt die von der Politik angekündigte und bereits in Teilen umgesetzte Aufwertung dieses Bereichs keine umfassende Lösung für die Probleme des Standorts dar – schließlich sind die Bildungsanstrengungen und Begabungen in der Bevölkerung nicht gleich verteilt. Natürlich muss Deutschland auf den Technologiefeldern der Zukunft eine Führungsrolle und Spitzenleistungen durch hervorragend ausgebildete Spitzenkräfte anstreben und seine internationale Position insbesondere im Bereich der Hochtechnologien dringend verbessern. Eine Fokussierung auf Elitenbildung und Spitzenleistungen in Forschung und Entwicklung, so wichtig diese für den Hochtechnologiestandort Deutschland auch ist, reicht für sich genommen allerdings nicht aus, um die deutsche Volkswirtschaft als Ganzes auf einen nachhaltig höheren Wachstumspfad zu hieven.

Hier setzt das Konzept „Systemkopf Plus“ an. Kerngedanke dabei ist, aus den höheren Ebenen der volkswirtschaftlichen Wertschöpfungskette, die im Systemkopf zusammengefasst sind, Abstrahleffekte in tiefere Wertschöpfungsebenen zu mobilisieren. Erst so entfaltet das Systemkopf-Konzept Wachstums- und Beschäftigungseffekte von volkswirtschaftlicher Relevanz. Abstrahleffekte können sich dabei zum einen in Richtung industrieller Produktionstätigkeiten ergeben, die eng mit den Systemkopf-Funktionen vernetzt sind. Solche Cluster aus hochwertigen, kreativen Systemkopf-Diensten und nachgelagerten Industrieproduktionen gilt es zu identifizieren, ihre Verlinkung zu spezifizieren und sodann Kriterien und Ansatzpunkte für ihre Fortentwicklung zu bestimmen.

Zu dem Konzept gehört auch, einen funktionierenden Niedriglohnsektor zu etablieren. Erste Schritte in diese Richtung wurden mit der Agenda 2010 und den Hartz-Reformen bereits gegangen. Denn bei Einführung des Arbeitslosengelds II stand vor allem die Frage im Vordergrund, wie Geringqualifizierte und Langzeitarbeitslose wieder in den ersten Arbeitsmarkt integriert werden können, Stichwort „Fördern und Fordern“. Inzwischen dreht sich die Diskussion wieder stärker um die Ausweitung des öffentlichen Beschäftigungssektors, die Einführung neuer Transferleistungen und von Mindestlöhnen. Damit lassen sich die Probleme des Niedriglohnsektors jedoch nicht lösen. Vielmehr sollte das bestehende, am Bedürftigkeitsprinzip orientierte Fürsorgesystem weiterentwickelt und optimiert werden. Darüber hinaus sind Reformen im Bildungssystem und in der sozialen Sicherung notwendig, um möglichst vielen Jugendlichen eine gute Ausbildung zu ermöglichen und die Lücke zwischen Brutto- und Nettolöhnen zu verringern. Die Ergebnisse der Studie haben gezeigt, dass auch das Lohnniveau eine wichtige Rolle dafür spielt, ob Arbeitsplätze in einfachen Tätigkeiten am Standort Deutschland verbleiben. Gerade Langzeitarbeitslosen, die geringqualifiziert sind, wird der (Wieder-)Einstieg in den Arbeitsmarkt nur über eine einfache und damit niedriger entlohnte Tätigkeit gelingen. Die Voraussetzungen hierfür muss auch die Tarifpolitik schaffen, indem sie eine höhere Lohnspreizung zulässt. Mindestlöhne und die Rücknahme richtiger Reformen aus der Vergangenheit – zum Beispiel die Flexibilisierung der Zeitarbeit – wirken daher gerade für den Niedriglohnbereich kontraproduktiv. Sie erschweren die Sicherung des „Plus“ am Standort Deutschland und verhindern eine Mobilisierung von Abstrahleffekten aus dem Systemkopf in nachgelagerte oder begleitende Dienstleistungsbereiche hinein.

Hierbei handelt es sich um sehr einfache Dienste wie Gebäudereinigung, aber auch um höherwertige unternehmensnahe Dienstleistungen zum Beispiel aus den Bereichen Logistik, Telekommunikation, Finanzierung, Leasing, Versicherung, Immobilienmanagement. Der gesamte Bereich der unternehmensnahen Dienstleitungen dürfte auch in den nächsten Jahrzehnten zu den wichtigsten Wachstumsbereichen in Deutschland gehören. Je wertschöpfungsintensiver die Systemkopf-Strukturen am Standort Deutschland sind, umso höherwertigere Dienstleistungen werden nachgefragt. Je mehr Systemkopf-Unternehmen am Standort angesiedelt sind, desto mehr Dienstleistungsunternehmen jedweder Art werden durch sie mitgezogen.

Offshoring- und Outsourcing-Prozesse begünstigen die Entstehung zusätzlicher innovativer Dienstleistungen. Die Organisation grenzüberschreitender Wertschöpfungsprozesse und deren zeitliche und sachliche Abstimmung mit komplexen Produktionsverfahren erfordern anspruchvollste Lösungen und Dienstleistungen. Darüber hinaus birgt die Internationalisierung große Potenziale in der Logistik. Auch der Begriff der Basar-Ökonomie kann, selbst wenn er die Situation am Standort Deutschland überspitzt darstellt, konstruktiv gewendet gleichermaßen für zusätzliche und zukunftsfähige Formen der Wertschöpfung und Beschäftigung stehen. Bereits heute finden zwei Drittel aller wichtigen internationalen Messen in Deutschland statt. Wer seine Produkte international absetzen will, muss sie in Deutschland zeigen. Diese Spitzenposition gilt es auszubauen. Deutschland als geografisches Herz der EU und als Mittler und Drehscheibe zwischen Ost und West hat hier enorme komparative Vorteile.

Ein stabiler, wertschöpfungsintensiver und wachsender „Systemkopf Deutschland" wird demnach auf andere Wertschöpfungsbereiche ausstrahlen und somit für das „Plus" sorgen. Eine der zentralen Herausforderungen der künftigen Standortpolitik wird sein, diese Abstrahleffekte in höchstem Maße zu mobilisieren.

Die Autoren

Prof. Dr. rer. pol. **Michael Grömling**, geboren 1965 in Würzburg; Studium der Volkswirtschaftslehre und Promotion in Würzburg; seit 1996 im Institut der deutschen Wirtschaft Köln, Referent für „Makroökonomische Grundsatzfragen" innerhalb des Wissenschaftsbereichs Wirtschaftspolitik und Sozialpolitik sowie Redakteur der Zeitschrift „IW-Trends"; seit 2006 zudem Professor für Volkswirtschaftslehre an der Internationalen Fachhochschule in Bad Honnef/Bonn.

Dr. **Hans-Joachim Haß**, geboren 1953 in Owschlag (Schleswig-Holstein); Studium der Volkswirtschaftslehre an der Universität Kiel und Promotion über die Messung des technischen Fortschritts; seit 1993 Leiter der Abteilung „Allgemeine Wirtschaftspolitik" beim Bundesverband der Deutschen Industrie (BDI), Berlin; Arbeitsschwerpunkte: Grundsatzfragen der Wirtschafts-, Struktur- und Industriepolitik, struktureller Wandel der Wirtschaft, Globalisierung, Tertiarisierung, Informationsgesellschaft; Mitglied des Economic Policy Committees von BusinessEurope.

Dipl.-Volkswirt **Matthias Krämer**, geboren 1971 in Mainz; Studium der Volkswirtschaftslehre an den Universitäten Mainz und Dijon/Frankreich; seit 1999 Referent in der Abteilung „Wirtschaftspolitik" beim Bundesverband der Deutschen Industrie (BDI), Berlin; Arbeitsschwerpunkte: Standort- und Strukturpolitik, Konjunkturprognosen, internationale Wettbewerbsfähigkeit.

Dr. **Christian Krys**, geboren 1965 in Essen; Studium der Elektrotechnik und der Wirtschaftswissenschaften an den Universitäten Bochum und Hagen, Promotion in Betriebswirtschaftslehre an der Universität Bamberg; seit 1996 bei Roland Berger Strategy Consultants, derzeit als Senior Expert zuständig für das Promotionsprogramm und für die Erstellung betriebswirtschaftlicher Studien.

Dr. rer. pol. **Karl Lichtblau**, geboren 1957 in Darmstadt; Studium der Wirtschaftswissenschaften in Gießen; von 1982 bis 1988 wissenschaftlicher Mitarbeiter an den Universitäten Gießen und Würzburg, Promotion in Würzburg; von 1988 bis 1992 im Bundesverband der Deutschen Industrie, Köln; seit Januar 1993 im Institut der deutschen Wirtschaft Köln, Arbeitsbereich „Wettbewerbs- und Strukturpolitik"; seit 1998 Geschäftsführer und seit 2001 Sprecher der Geschäftsführung der IW Consult GmbH; seit September 2001 Mitglied der Geschäftsführung des Instituts der deutschen Wirtschaft Köln.

Dipl.-Volkswirt **Jürgen Matthes**, geboren 1967 in Dortmund; Studium der Volkswirtschaftslehre in Dortmund, Studienaufenthalt in Dublin/Irland; seit 1995 im Institut der deutschen Wirtschaft Köln, zunächst persönlicher Referent des Direktors, seit 2000 Referent für „Neue Ökonomie" und seit 2003 Referent für „Internationale Wirtschaftspolitik" innerhalb des Wissenschaftsbereichs Wirtschaftspolitik und Sozialpolitik.

Dr. **Adriana Neligan** (Ph.D.), geboren 1974 in Stuttgart; Studium der Ökonomie in Augsburg und Valladolid/Spanien; von 1999 bis 2004 wissenschaftliche Mitarbeiterin am Trinity College, Dublin; Promotion am Trinity College, Dublin; seit 2004 Referentin im Bereich Research, Gutachten, Dienste der IW Consult; seit 2007 Leiterin des Berliner Büros der IW Consult.

Dipl.-Volkswirt **Christof Römer** M.A., geboren 1974 in Landau in der Pfalz; Violoncello-Studium an der Staatlichen Hochschule für Musik Karlsruhe, Studium der Volkswirtschaftslehre und Politikwissenschaft an der Johannes Gutenberg-Universität Mainz; von September 2001 bis Januar 2003 Referent bei der Bundesvereinigung der Deutschen Arbeitgeberverbände (BDA), Berlin, Abteilung Volkswirtschaft, Finanzen, Steuern; seit Februar 2003 im Institut der deutschen Wirtschaft Köln, Arbeitsbereich „Außenwirtschaft und Auslandskonjunktur" innerhalb des Wissenschaftsbereichs Wirtschaftspolitik und Sozialpolitik.

Andreas Spannbauer, geboren 1974 in Passau; Studium der Politikwissenschaft an der Freien Universität Berlin; von Juli 2004 bis September 2007 bei Roland Berger Strategy Consultants, verantwortlich für die Erstellung volks- und betriebswirtschaftlicher Analysen für die Geschäftsführung; seit Oktober 2007 Manager Executive Communications bei der Daimler AG, Stuttgart.